国家体育总局“国家女子足球队2012年奥运会科技攻关与服务”（10A088）项目

高水平女子足球比赛运动员体能表现特征及其训练体系构建

部义峰 著

北京体育大学出版社

策划编辑　钱春华　潘海英
责任编辑　潘海英
责任校对　陈建峰
版式设计　博文宏图

图书在版编目（CIP）数据

高水平女子足球比赛运动员体能表现特征及其训练体系构建/部义峰著. --北京：北京体育大学出版社，2018.12
ISBN 978-7-5644-3107-5

Ⅰ.①高… Ⅱ.①部… Ⅲ.①足球运动-女子项目-运动员-体能-研究 Ⅳ.①G843

中国版本图书馆CIP数据核字（2018）第299441号

高水平女子足球比赛运动员体能表现特征及其训练体系构建　　部义峰　著

出版发行：北京体育大学出版社
地　　址：北京市海淀区农大南路1号院2号楼4层办公B-421
邮　　编：100084
网　　址：http://cbs.bsu.edu.cn
发 行 部：010-62989320
邮 购 部：北京体育大学出版社读者服务部 010-62989432
印　　刷：北京虎彩文化传播有限公司
开　　本：710 mm×1000 mm　1/16
成品尺寸：170 mm×228 mm
印　　张：16.75
字　　数：280千字
版　　次：2018年12月第1版
印　　次：2018年12月第1次印刷
定　　价：68.00元

序

2008年末，我在国家体育总局科研所正忙于奥运攻关课题的结题工作，一位个子不高、皮肤略黑的小伙子敲门进入办公室，并自荐希望能帮我们整理些资料。聊天中得知他刚硕士毕业，我当时并未对一位刚走出校门的硕士生抱太多的期望。2009年5—6月，在北京体育大学足球专业博士的复试中我又见到了他的面孔。让我记忆犹新的是，在所有参加复试的学生中，他在运动训练学理论方面表现得非常突出；更让我惊喜的是，他在本科和硕士阶段居然在核心期刊发表过多篇学术论文，这让我对他的发展有了美好的憧憬。

按照北京体育大学研究生院要求，兼职教授每人每年只允许带一名学生，而且我早有想法不准备再带博士生。但在与部义峰接触过程中，我越发感觉到他具有从事科学研究的能力，是一个可塑之才。于是，部义峰便进入了我们的科研团队，成为我退休之前兼职带博士生涯中的最后一名学生。

在部义峰攻读北京体育大学博士学位的三年时间里，正值我们科研团队的成果高产期，他付出许多艰辛的努力。2010年，在《足球运动训练与比赛监控的理论与实践》一书的撰写过程中，他作为副主编对该书许多重要理论问题做出系统的论述，并完成串编修改等工作。2011年，在《青少年足球训练纲要与教法指导》一书的撰写过程中，他作为副主编承担了相应章节的写作任务，对全书的结构完善、章节调整、串联定稿等工作做出巨大贡献。他先后作为主要成员参与完成"同场对抗性集体球类项目的比赛负荷特征研究""同场对抗性集体球类项目比赛技战术分析评价体系研究""2012年奥运会国家女子足球队科技攻关与服务""青少年训练教法指导与训练过程监控"等系列课题。

参加工作后，部义峰的研究兴趣有所拓展。当时，国家体育总局青少司为促进我国青少年基础训练工作，规范业余体校的训练，决定对26个奥运会项目的青少年训练大纲进行修订。该工作涉及知识面广，技术烦琐，需要对不同运动特征的项目都有一定的理论知识储备，熟练运用运动训练学、体育管理学等多学科理论，部义峰作为课题总编审组的年轻成员之一，参与了排球运动管理中心、网球运动管理中心、田径运动管理中心、羽毛球运动管理中心等分编审组的许多重要会议。学如弓弩，才如箭镞，经过各种历练的部义峰博士学习掌握了大量知识，进一步开阔了研究视野，穿梭游弋在体育科学的大海中。

2012年，部义峰博士走出校门。随后我在2014年退休，谢绝了一切有关评审、会议、职称、课题等工作并移居东北，在山水林田间弃笔务农，学习同大自然和谐相处。近年，偶尔听到部义峰不断进步的讯息，得知他曾留学美国，作为专家赴法国学习校园足球，并任职江苏师范大学体育学院副院长。至2018年底我与他已有两年未见，直到从电话中得知部义峰博士邀请我为他新书《高水平女子足球比赛运动员体能表现特征及其训练体系构建》作序。作序实不敢当，写几句话谈谈我接触过的山东小伙子却义不容辞。离开体育科研战线，离开功过是非的绿茵场，我极少参与校园足球的任何活动，但我很欣赏部义峰博士刻苦钻研、拼搏奋进的精神，以及为中国草根足球和体能训练做出的贡献。

由于我具有多年从事女足工作的经历，在我的博士生中，从事女足和体能方向研究的学生居多。从跑动距离到评价标准的建立，从分段分位置的能量代谢特征到训练控制的研究，从体能训练体系到体能对技战术的影响等，每一位博士生都能在前人研究的基础上有所突破和创新。部义峰博士正是以此为基础，选择以国家女子足球队为蓝本，研究了高水平女子足球比赛运动员的体能表现、需求及体能训练体系的理论构建和体能训练的实施等。他突破了以往同类研究中的唯数字说话、就体能现象论体能、以理论证明理论的研究范式，并将足球专项理论与运动训练学接轨，努力尝试填补运动训练学中专项训练理论实践的欠缺。

部义峰博士完成的关于女子足球运动员运动表现与体能训练的系统研究聚焦于在比赛中运动员的体能表现，首先基于现代方法与手段，对高水平女子足球比赛的活动与间歇特征、跑动特征、生理负荷特征进行了研究，从运动员在比赛中承受的外部负荷与内部负荷着手，对运动员在比赛中的体能表现进行了系统分析，然后根据运动员的体能表现对生理需求、生物力学需求（动作模式与活动形式）等进行归纳，构建了高水平女子足球运动员的体能训练目标体系、内容体系、方法体系、板块组织体系和监控体系等，并将研究成果应用于国家队的训练过程中，对形成的研究成果进行了实证。整个研究过程，从实践中来，最后再回到实践中去，真正做到了理论与实践相结合。

当然，作为首部探索女子足球运动员体能训练体系之作，该书也存在有待进一步充实、拓展的地方，如在体能训练体系构建中关于损伤预防的训练、功能性训练及传统体能训练与功能训练如何有效结合等。但是“千里之行，始于足下”，本书出版对于女子足球运动员体能训练研究将起到有益的促进和推动作用，希望部义峰博士在该书出版之后，能够继续对女子足球运动员体能训练进行深入研究，为构建科学化的女子足球运动员体能训练体系撰写出更多大作。

目前，对于部义峰博士来讲，正处于学术创作的黄金期。借该书出版之际，我祝贺部义峰博士取得的进步，更乐意看到他继续为中国足球、体育教育事业、中国体育做出更大更多的贡献。

刘丹

于辽宁西丰

前　言

中国女子足球队（以下简称中国女足）曾经是世界一流强队，取得过女子世界杯和奥运会的亚军，在亚洲连续多年获得各项比赛的冠军。但从21世纪初期开始，中国女足的竞技水平急剧下降。2004年奥运会，中国女足在小组赛中被淘汰，2005年失去亚洲冠军，在东亚四强赛中接连输给日本和朝鲜等国家，2008年奥运会成绩也不尽如人意，2010年女子足球亚洲杯赛获得第四名，第一次失去了参加女子足球世界杯资格。中国女足的连续失利，使中国足球的发展雪上加霜。2010年9月，中国女足开始备战伦敦奥运会预选赛，从中国女足现实竞技水平和国际女子足球的发展现状来看，预选赛任务的完成面临着严峻的挑战。为了在现有基础上最大限度地提高中国女足的运动水平，本着贯彻国家体育总局科技攻关与科技服务的指导原则，本书对中国女足存在的问题进行了科技攻关，主要任务就是在系统解构女子足球比赛的基础上对运动员在比赛中的体能表现、需求进行系统分析，并建立优秀女子足球运动员的体能训练体系。

本书遵循了“从实践中来到实践中去”的研究方式，即实践—理论—实践。首先，基于经典的Time-motion（时间－运动）分析法和符号分析法对女子足球比赛中运动员的体能表现进行系统解构与分析，采集运动员在比赛中的生理学数据，归纳优秀女子足球运动员在比赛中的运动表现规律；其次，根据得出的运动表现规律，分析运动员的负荷特征与体能需求，构建女子足球运动员的体能训练体系；

再次，根据体能训练内容构建训练监控体系；最后，对形成的体能训练体系进行验证，检验其有效性。

本书包括九章内容。第一章、第二章主要对足球体能训练的研究范式与体能训练的主要方向进行梳理。读者可以通过阅读该部分内容了解当前足球体能训练的主要研究范式、方法、内容及进展等。

第三章至第五章主要是对女子足球比赛中运动员的外部负荷和内部负荷进行系统分析。其中，外部负荷主要是各种体能表现形式，内部负荷则主要是外部负荷引起的机体生理变化。读者通过阅读本部分内容可以清楚地认识足球比赛中运动员在运动生物力学（动作模式与形式）和生理学（能量代谢）方面的表现形式。本部分内容为构建女子足球的体能训练体系提供现实依据。第三章主要对运动员在比赛中的主要动作模式进行了归纳，对高强度活动与低强度活动的交替特征进行分析。研究结果可以从运动生物力学和能量代谢视角为体能训练体系构建提供支撑。第四章主要对运动员在比赛中的跑动特征进行系统分析，涉及运动员的跑动总距离特征、无氧跑动特征、动态变化特征、特殊阶段跑动特征、位置跑动特征等。为了检验跑动能力对运动表现的影响，第四章还对疲劳与技能的关系、跑动能力与比赛胜负的关系进行了研究，结果证实运动员跑动能力与比赛整体运动表现存在密切关系。读者通过阅读该章内容可以了解运动员在比赛中的跑动形式、规律与位置体能需求。第五章主要采集了正式比赛中运动员的心率，通过心率分析运动员在比赛中承受的生理负荷，以准确把握运动员的能量代谢特征。

第六章主要根据第三章至第五章对动作模式、高强度活动与低强度活动交替特征、不同跑动形式与特征、位置跑动表现形式、体能表现的动态变化特征、生理负荷特征等的研究，对运动员体能需求进行分析，并从目标、内容、方法与组织四个维度构建了女子足球运动员的体能训练体系。

为了实现对体能训练过程监控，尤其对运动负荷的精确控制，实现科学化训练，第七章构建了体能训练的监控体系，从身体机能、负荷、营养三个维度分别阐述了监控的目的、内容与方法，通过这三个维度基本可以实现对体能训练过程的精准监控。

第八章主要对构建的女子足球运动员体能训练体系进行验证，以检验所构建的体能训练体系的有效性。国家队集训不同于俱乐部集训，集训时间往往是碎片化的，缺乏系统性，因此体能训练的目标侧重于预防损伤、保持体能，以及有针对性地补缺或重点发展某一薄弱环节，本书论述的以板块的形式组织体能训练恰好有助于上述目标的实现，也更加适合高水平运动员，为以集训为主要形式的国家队备战计划的制订提供了理论依据。

第九章总结概括了本书第三章至第五章主要得出的在体能表现、负荷特征、体能需求等方面的主要结论，以及第六章和第七章构建的体能训练体系的主要结论。本章主要是对全书研究结论的高度概括。

本书的主要创新点与贡献包括以下两点。

第一，研究范式与研究方法的系统性。本书通过现代方法与手段对高水平比赛中运动员的体能表现与需求进行分析，以此构建了女子足球运动员的体能训练体系，并进行了实证研究。研究过程从实践出发，再到理论总结，最后回到实践应用，遵循了理论来源于实践、理论又指导实践的原则，摆脱了以往研究以理论推演理论、以理论证明理论的研究范式，使得研究结论具有更好的外部效度。在研究方法上，本文运用 Time-motion 分析法、符号分析法及遥测心率对运动员在比赛中的外部负荷与内部负荷进行系统研究，既梳理了运动员在比赛中的活动形式，又掌握了运动员的生理负荷特征。研究方法的系统性支撑了研究内容的多维性，使得所有的研究结论都有翔实的数据支撑，提高了研究的可信度。

第二，研究内容的多维性。对运动员在比赛中体能表现的分析涵盖了动作模式分析、高强度活动与低强度活动交替规律分析。对跑动总体特征、无氧跑动特征、高强度跑动特征、冲刺跑特征、位置跑动特征、运球跑动特征、体能表现动态变化特征、体能与技能表现的关系和生理负荷特征等的分析，既涵盖了在体能训练中对运动生物力学方面的要求（动作表现、活动规律等），也包括了能量代谢特征等。对女子足球比赛体能表现与需求进行的系统分析，丰富了女子足球体能训练的理论体系，推进了研究深度，拓展了研究边界。

当然，本书也存在不足之处。首先，由于研究对象均为国家队运动员，而且采集数据均来源于国际 A 级赛事，数据的选择不能完全根据研究需求进行，对不同内容的研究选择的样本并不完全一致，可能会导致随机误差的扩大。其次，由于客观条件与比赛规则限制，心率数据仅基于中国女子足球队的数据，无法与其他国家运动员进行对比研究。最后，关于体能训练体系的构建虽然本书对力量训练、有氧训练和无氧训练均进行了阐述，但是对某些具体问题的分析还不够深入，缺乏系统、详细的阐述，如运动员的损伤预防训练与功能训练、体能训练的周期组织体系等。希望今后的研究工作能够对这些不足之处加以弥补，从而深化与完善相关问题的研究。

本书是国家体育总局“国家女子足球队 2012 年奥运会科技攻关与服务”（10A088）的主要成果之一。

目录

Contents

第一章 引 言

近年来，随着世界足球运动的发展，女子足球发展迅猛，许多国家开始逐步重视女子足球运动，其在世界范围内越来越普及，竞争也越来越激烈，甚至比赛强度朝着男性化方向发展。但相对于女子足球迅猛发展态势而言，女子足球的相关研究较少，对体能训练的系统研究更是匮乏，很多训练内容与训练模式也主要借鉴了男子足球。诚然，无论男子足球比赛还是女子足球比赛，足球项目的特征具有一致性，但由于运动员性别与生理差异，必然存在体能需求的差异，尤其是女子足球运动员受其生理特征影响，体能训练具有特殊性。因此，在对现有男子足球比赛体能表现与需求的研究基础上，加强对女子足球运动员体能训练体系的研究迫在眉睫。

第一节 研究背景

一、女子足球运动员体能训练理论研究亟须完善

自 1990 年以来，中国女子足球队（以下简称中国女足）进行了卓有成效的科

技攻关和科技服务工作，受到原国家体委（现国家体育总局）、科学技术部及中国足球协会的表彰。自2000年开始，国家体育总局专门拨款鼓励各项目运动管理中心成立科研小组进行科研攻关。对于足球项目，以刘丹为负责人的中国足球科研团队先后对中国女足进行了亚洲杯、世界杯和奥运会等赛事的科研攻关，对于促进足球队的科学化训练与比赛起到了积极作用。科研团队在长期的实践摸索中，对体能训练进行了系统梳理，并编写了《足球体能训练》《足球运动训练与比赛监控的理论与实证》等有关足球训练的学术著作，丰富了足球运动的理论体系，对促进我国女子足球的发展起到了积极作用。

目前，国家队的科技攻关模式在不断探索中逐渐得以完善。随着科技攻关服务的不断深入，科研人员的工作职责及运动队对科研教练的要求也日趋多元化，不仅包括日常的医务监督，还包括训练监控、比赛技战术分析、情报搜集、营养配餐等工作，在对足球项目的综合攻关模式上形成了较为完善的体系。但是，纵观各种科研攻关与科技服务，对于足球训练的研究多是应用研究，相关的足球训练理论多是来自欧美足球发达国家，缺少基础研究。而基础研究与实证研究的缺乏将会影响应用研究的开展，正如刘丹所说，尽管多年来，对中国足球进行了多次的科研攻关与服务，也取得了一定的成效，但缺少基础研究是不争的事实。然而，正是基础研究的缺乏在一定程度上限制了应用研究的深入开展，今后的研究重心必须适度向基础研究倾斜。由此可见，基础研究作为认识事物的基本理论研究对于应用研究的发展与推广具有重要的指导意义，在整个研究体系中发挥重要作用，对足球训练的研究决不能跨过基础与实证阶段而直接进入应用阶段。

二、国家队备战各类大型赛事体能训练的迫切需求

中国女足曾经是世界一流强队，取得过女子世界杯和奥运会的亚军，在亚洲连续多年获得各项比赛的冠军。但近年来，中国女足的竞技水平急剧下降。中国女足在2004年奥运会的小组赛被淘汰，2005年失去亚洲冠军，在东亚四强赛中接连输给日本和朝鲜等国，2008年奥运会成绩也不尽如人意；2010年女子足球亚洲杯获得第四名，第一次失去了参加女子足球世界杯的资格。同时，2010年中国女足又面临奥运会预选赛的任务，从中国女足现实竞技水平和国际女子足球的发展

现状来看，预选赛任务的完成面临着严峻的挑战。为了在已有基础上最大限度地提高中国女足的运动水平，本着贯彻国家体育总局科技攻关与科技服务的指导原则，对中国女足进行科技攻关和科技服务，这对提高中国女足的竞技能力和科学化训练水平发挥了重要作用。

现代女子足球运动的发展日趋男性化，在比赛中对抗激烈，节奏变化加快，跑动距离增多，对体能的要求越来越高，体能水平对比赛成绩的影响程度也越来越高。然而，女子足球运动员由于其本身的生理特点，在体能训练上并不能完全照搬男子足球运动员的训练模式，而当前对女子足球运动员体能训练的基础研究仍是空白，因此，基于国家队的现实状况，建立女子足球运动员的体能训练体系，提升女子足球运动员体能训练的科学化水平成为迫切需求。

三、女子足球运动员体能训练研究的意义与价值

本研究基于女子足球的比赛特征构建优秀女子足球运动员的体能训练体系，研究内容涵盖了比赛活动特征、体能训练目标体系、体能训练内容体系、体能训练方法体系、体能训练的周期组织体系和监控体系。研究内容在理论上丰富了女子足球的训练理论，拓宽了女子足球研究的边界，完善了女子足球运动员的体能训练体系；在实践上，为指导女子足球训练、规划女子足球训练过程提供了一定的参考。女子足球运动员体能训练体系的构建既有一定的理论意义，又有一定的实践价值。

第二节　研究目标、内容与技术路线

一、研究目标

总目标：本书对高水平女子足球比赛的活动特征进行系统解构，充分认识高水平女子足球比赛的体能表现特征与体能需求，构建优秀女子足球运动员的体能训练体系。

分目标1：本书通过现代科技手段对高水平女子足球比赛的活动－间歇特征、跑动特征进行系统分析，总结和概括优秀女子足球运动员在比赛中的体能表现，分析其体能需求。

分目标2：本书在完成“分目标1”的基础上，归纳与概括优秀女子足球运动员的体能训练目标、体能训练内容、体能训练方法、体能训练板块组织模式及体能训练监控方法，形成系统的优秀女子足球运动员体能训练体系及体能训练监控体系。

二、研究内容

（一）高水平女子足球比赛体能表现特征与体能需求研究

本部分主要基于Time-motion（时间－运动）分析法、符号分析法对女子足球比赛的活动－间歇特征、跑动特征和生理负荷特征进行系统分析，概括高水平女子足球比赛中运动员的体能表现规律和体能需求特征。

（二）优秀女子足球运动员体能训练目标体系的构建

本部分根据构建体能训练目标体系的基本理论，基于女子足球比赛的活动特

征进行体能需求分析，主要包括活动形式、有氧能力、无氧能力、专项力量，在上述分析的基础上形成体能训练目标体系，并对其内容效度进行检验。

（三）优秀女子足球运动员体能训练内容体系的构建

本部分根据上述构建的体能训练目标体系，基于演绎法并结合比赛体能表现与需求构建女子足球运动员的体能训练内容体系。

（四）优秀女子足球运动员体能训练方法体系的构建

本部分根据上述构建的体能训练内容体系，构建优秀女子足球运动员的有氧能力训练方法、无氧能力训练方法和肌肉力量训练方法。

（五）优秀女子足球运动员体能训练板块组织体系的构建

本部分对当前训练组织理论进行梳理，在梳理基础上构建中国女足的板块周期组织体系，并对如何结合板块理论组织中国女足体能训练进行研究。

（六）优秀女子足球运动员体能训练监控体系的构建

本部分主要对体能训练监控的基本理论问题、训练监控的结构、身体机能监控、训练负荷监控和营养监控等进行系统阐述，建立女子足球运动员的体能训练监控体系。

（七）优秀女子足球运动员体能训练体系的实证研究

根据构建的优秀女子足球运动员体能训练体系，组织中国女足进行体能训练，对构建的体能训练体系进行实证研究，检验体能训练体系的可靠性。

三、研究技术路线

本书以高水平女子足球比赛的活动表现特征为切入点，对高水平女子足球比赛中的间歇特征、跑动特征、位置特征和生理负荷特征等进行分析，系统总结归纳比赛中的体能需求，然后以比赛活动体能需求为基本出发点，结合文献资料与

专家访谈（专家访谈提纲见附件 A）构建优秀女子足球运动员的体能训练体系，并对其进行实证研究。研究技术路线如图 1－1 所示。

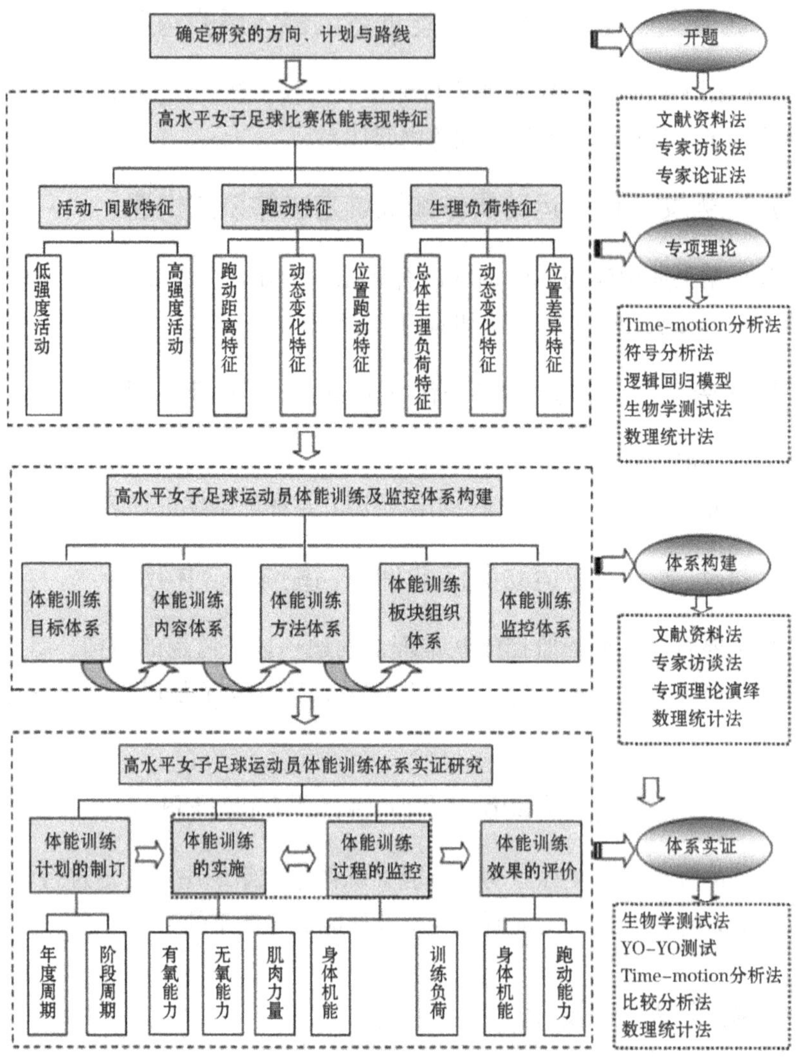

图 1－1　研究技术路线图

第二章　足球运动员的体能研究范式与体能训练

方法是为达到某种目的而采取的手段与行为方式。目前，对足球比赛体能表现特征研究的方法主要有两种：第一种是基于比赛活动能力表现的 Time-motion（时间 - 运动）分析方法，其研究内容主要包括跑动能力研究、位置活动特征研究和疲劳研究。通过该研究范式可以了解足球比赛的运动规律，为指导训练实践提供现实依据；第二种是基于适应与应激理论的生物学测试指标，其研究内容主要包含能量消耗、心率和血液指标。通过该研究范式可以了解运动员在比赛中承受的负荷特征。前者是对足球比赛的活动表现形式及特征进行的描述，后者是训练或比赛对运动员承受的负荷的表达，二者在数据获取与可解释性上各有优缺点。同时，二者共同构筑了足球运动员体能训练的三大核心内容，即有氧能力训练、无氧能力训练和力量训练。

第一节　体能与专项体能的概念

有关体能的起源与概念的辨析已经有学者进行了论述①。对体能认识的视角不

① 袁运平．运动员体能与专项体能特征的研究［J］．体育科学，2004，24（9）：48－52.

同造成了体能概念的多样化。苟波等对当前体能概念的研究进行了分类，认为当前对体能的分类主要有以下几种：①身体素质类。该类认为体能就是身体素质，包括力量、耐力、速度、灵敏等内容。②身体素质＋人体基本活动能力（或者身体机能）类。该类认为体能是人体机能与活动能力的表现，身体机能是物质基础，身体素质是外在表现。③形态＋身体素质＋机能类。该类是体育界最为常用的体能概念，它认为体能是运动员机体的运动能力，是运动员竞技能力的重要组成部分。运动员体能的发展水平是由身体形态、身体机能与运动素质决定的。④形态身体素质＋机能＋健康（或适应能力）类。该类较上一类在概念上有所扩展，不仅涵盖了第3类的所有元素，而且将身体健康因素也考虑在内，使得体能的概念在指向上更加宽泛。⑤能量类。该类则主要从能量的角度去阐述体能的概念，在实际运用中较少。对于不同概念，其内涵与外延也不尽相同，作者已在《“体能”概念辨析》一文中对其进行了较为详细的论述，在此不再赘述。

从上述“体能”的概念可以看出，切入视角不同，形成的定义类型就不同。为了更加准确地定义“体能”的概念，首先要清楚什么是“定义”，“定义”的目的就是将事情呈现、描述出来，它是认识主体使用判断或命题的语言逻辑形式，确定一个认识对象或事物在有关事物的综合分类系统中的位置和界限，使这个认识对象或事物从有关事物的综合分类系统中彰显出来的认识行为[①]。对事物进行定义可以采用逻辑学的“种加属差”的方法，即首先找到事物隶属的种概念，然后再通过属概念进行区分。对于“体能”，它首先是一种在训练或比赛中表现出的运动能力，技术、战术等均属于与其“同种属”的种概念。它与技术、战术的区别之处就是，前者是后者的基础，它是在身体机能与身体形态的作用下共同表现出来的运动能力，这种运动能力的表现形式就是身体素质。基于上述分析可以将“体能”定义为在身体形态与身体机能共同作用的基础上表现出的运动素质水平的能力。至于体能是先天遗传，还是后天获得，它们均属于体能的一种获得途径，而不应在定义中表现出来。

专项体能的主要含义则是与比赛密切相连，能体现比赛项目特征的体能特征。

---

① 百度百科．http：//baike. baidu. com/view/25538. htm.

袁运平在对体能与专项体能的论述中认为①，专项体能具有高度专项性、时间局限性、评估客观性、水平动态性和非衡互补性等特征。笔者认为，无论是在供能还是在运动形式上，专项体能特征必须能够体现项目的运动特征，其表现出的运动能力必须满足比赛的需求，因此可将专项体能定义为，为了满足比赛需求，运动员以身体机能为基础表现出的与比赛活动相适宜的长时间持续运动的能力。显然，这一概念的首要出发点是满足比赛需要，其次要保持较长的时间，直至比赛结束。例如，快速跑动能力是运动的一般体能，而反复冲刺跑能力就成了足球运动员的专项体能。

基于上述分析认为，体能不仅包括身体机能这一内部因素、身体形态这一外部载体，还包括运动素质这一外在表现形式。体能训练的根本目的是提高运动员的身体素质，但它是以前两者为基础的，只有前面两个因素的改变才能带来运动素质的变化，因此体能的训练体系不仅体现在对体能的表现层——运动素质的描述上，还应该更加深入地考虑其准则层，只有准确认识体能体系的各层次及各层次之间的关系，才能为体能科学化训练奠定坚实的基础。

第二节　足球专项体能的研究范式与应用

当前，对足球运动员体能的研究范式主要有两种，分别为基于比赛现实的Time-motion分析法和基于生理生化测试的负荷分析法，前者主要帮助了解运动员的运动表现特征，后者主要帮助了解运动员比赛中承受的负荷。

---

① 袁运平．运动员体能与专项体能特征的研究［J］．体育科学，2004，24（9）：48－52.

一、基于 Time-motion 分析法的比赛分析

（一）Time-motion 分析法概况

Time-motion 分析法是一种基于时间记录运动员活动行为，然后对运动员的活动行为进行分析研究的一种方法。该分析方法经历了手工符号分析阶段、计算机符号分析阶段、计算机视频分析阶段等几个重要阶段①。随着计算机技术的迅猛发展，Time-motion 分析法已经从过去的手工符号分析发展到现在的录像结合软件的分析方法，使得研究的效率大大提高。

比赛活动表现分析已经广泛用于足球运动员的比赛生理需求的研究中，其途径主要是通过比赛中运动员表现出的各种行为活动特征判断运动员的负荷特征。在这些研究中，他们将运动形式根据强度、持续时间、跑动距离及频率等形式进行划分②，然后根据活动－间歇特征得出运动员的活动－间歇比，或者对跑动总距离、冲刺跑动距离等参数进行更细化的研究③。这些数据无论是对足球科研人员还是教练员都有很大的帮助，对于前者而言，这些信息的获得可以帮助他们了解比赛中运动员的专项活动特征与生理需求；对于后者而言，这些信息可以帮助他们设计出更好的足球专项化训练模式④、进行更合理的体能评价，通过设计高效度的专项测试方法选拔与甄别足球运动员⑤。当然，设计专项测试方式必须在充分分析比赛活动形式、合理设计方案及准确数据分析的基础上进行⑥。LIST 测试与 YO-

---

① REILLY T. Science and soccer [M]. 2nd. London: Taylor & Francis Group, 2003: 245.

② REILLY T. Motion characteristics [M] //EKBLOM B. Football (soccer). Oxford: Blackwell Scientific, 1994: 31－42.

③ MAYHEW S R, WENGER H A. Time-motion analysis of professional soccer [J]. Journal of Human Movement Studies, 1985 (11): 49－52.

④ REILLY T. Science and soccer [M]. 2 nd. London: Taylor & Francis Group, 2003: 59.

⑤ REILLY T. An ergonomics model of the soccer training process [J]. Journal of Sports Sciences, 2005, 23 (6): 561－572.

⑥ SAFRIT M J. An overview of measurement [M] //SAFRIT M J, WOOD T M. Measurement concepts in physical education and exercise science. Champaign: Human Kinetics, 1989: 3－20.

YO 测试等众多足球专项测试手段均是这种方法的典型应用①。通过 Time-motion 分析法获得的比赛信息，无论是对于科学研究，还是训练辅助都具有较强的客观性、定量性，而且可以在不干扰运动员比赛的前提下获得正式比赛的相关数据，对于指导足球训练理论与实践及促进其快速发展具有积极的作用。

（二）Time-motion 分析法的应用

1. 跑动形式与跑动能力研究

通过 Time-motion 分析法可以了解运动员比赛中的工作能力，这种工作能力一般用运动员在比赛中的跑动距离反映。研究表明，男子足球运动员在一场比赛中的跑动距离平均为 9 ~ 12 km②，甚至有运动员能达到 14 km③。优秀女子足球运动员的跑动距离少于男性运动员，一般平均跑动距离为 8.7 ~ 12 km，但是在生理指标的表现特征上较为相似④。教练员可以根据跑动特征去对运动员进行比较，以确定运动员在比赛中的跑动能力或努力程度。例如，有研究表明，南美运动员在比赛中的跑动距离要比英超联赛中运动员的跑动距离少 1 km。但应引起注意的是，由于运动员在比赛中受到位置、战术角色、战术风格等因素影响，在横向比较中应该谨慎下结论。通过了解运动员的跑动总距离，我们还可以了解运动员多年的体能需求变化情况。有研究表明，英超联赛的比赛跑动距离远超过 20 年前的比赛跑动距离，这种改变注定了运动员的体能训练必须改变⑤。此外，我们还可以通过

---

① NICHOLAS C W, NUTTALL F E, WILLIAMS C. The Louthborough Intermittent Shuttle Test: a field test than simulates the activity pattern of soccer ［J］. Journal of Sports Science, 2000, 18 (2): 97 – 104.

② MOHR M, KRUSTRUP P, BANGSBO J. Match performance of high – standard soccer players with special reference to development of fatigue ［J］. Journal of Sports Sciences, 2003, 21 (7): 519 – 528.

③ FERNANDES O, MALTA P. Techno – tactics and running distance analysis by camera ［J］. Journal of Sports Sciences and Medicine, 2007, 6: 204.

④ KRUSTRUP P, MOHR M, ELLINGSGAARD H, et al. Physical demands during an elite female soccer game: importance of training status ［J］. Medicine and Science in Sports and Exercise, 2005, 37 (7): 1242 – 1248.

⑤ STRUDWICK T, REILLY T. Work-rate profiles of elite premier league football players ［J］. Insight FA Coaches Assoc J, 2001, 5 (3): 59.

比较在进攻与防守中的跑动距离来分析运动员在攻守两端的比赛能力①，通过比较跑动距离分析优秀运动员与一般运动员的差异等②。

根据运动强度的不同可以将跑动划分为不同等级的形式，使得研究更加细致、深入。国外最为经典的划分方式是将其分为站立、走、慢跑、中速跑、快速跑、冲刺跑和倒退跑等 7 种形式。在国内，以刘丹为代表的学者则根据女子运动员的能量代谢特征，将跑动划分为冲刺跑、高速跑、中速跑、低速跑、慢跑和慢跑以下 6 个等级③。研究表明，运动员比赛中的大部分时间都处于走、慢跑或站立状态④，而高强度跑动（国外研究的高强度跑动一般指中速跑以上的跑动）距离则一般占比赛跑动总距离的 10% 左右⑤。对女子足球比赛的研究表明，女子运动员较男子运动员有更多的时间处于低强度活动状态⑥。在比赛中，尽管高强度活动占的比例较低，但是高强度跑动能力是衡量运动员水平的重要标志之一⑦，比赛中的得分或失分多是在运动员的高速度运动中出现的⑧。此外，有学者对欧洲女子足球运动员的比赛活动能力进行了研究⑨，研究内容包含了运动的活动形式、各种活动形式发生的频率等。无疑，这些研究对了解女子足球运动员的比赛特征及体能需求具有重

---

① 陈超. 基于活动距离和心率对高水平女足运动员比赛负荷特征的研究［D］. 北京：北京体育大学，2010.

② ANDERSSON H，KRUSTRUP P，MOHR M. Differences in movement pattern，heart rate and fatigue development in international versus national league matches of Swedish and Danish elite female soccer players［J］. Journal of Sports Sciences and Medicine，2007，6：109.

③ 刘丹，曹晓东，赵刚，等. 2007 年女子足球世界杯赛运动员跑动能力研究［J］. 体育科学，2009，29（10）：51－60.

④ MOHR M，KRUSTRUP P，BANGSBO J. Match performance of high－standard soccer players with special reference to development of fatigue［J］. Journal of Sports Sciences，2003，21（7）：519－528.

⑤ DRUST B，REILLY T，RIENZI E. Analysis of work－rate in soccer［J］. Sports Exercise and Injury，1998，4（4）：151－155.

⑥ KIRKENDALL D T. Issues in training the female player［J］. British Journal of Sports Medicine，2007，41（Supplement 1）：i64－i67.

⑦ MOHR M，KRUSTRUP P，BANGSBO J. Fatigue in soccer：a brief review［J］. Journal of Sports Sciences，2005，23（6）：593－599.

⑧ 同⑥.

⑨ KRUSTRUP P，MOHR M，ELLINGSGAARD H，et al. Physical demands during an elite female soccer game：importance of training status［J］. Medicine and Science in Sports and Exercise，2005，37（7）：1242－1248.

要的意义。

间歇性是足球比赛的基本特征之一，在男子足球比赛中，一般平均每 60 s 运动员要进行一次高强度跑动，平均每 4 min 运动员要进行一次全速冲刺跑①。这就要求运动员必须具备反复高强度活动的能力。研究表明，无论是在有球跑动下，还是在无球跑动下，运动员的这种反复高强度活动能力都起着关键作用②。有学者的进一步研究表明，在同一级别联赛中，竞技水平高的球队在最高强度活动阶段（以 5 min 为单位）的高速跑与冲刺跑距离较多，在全场比赛中，冲刺跑的距离也显著高于一般水平的球队③。另有研究也通过半定量研究支持了这一观点，但其结果未进行统计学检验，一定程度上降低了结论的信度④。在比赛中，男子足球运动员的一次冲刺跑动的持续时间较短，一般不超过 20 s，多数情况下持续时间约为 4 s⑤,这提示运动员的加速能力比最大速度更加重要，因为运动员的多数冲刺跑可能在未达到最大速度时跑动就已经结束。运动员加速能力的提高可以帮助其完成既定的战术目的，如摆脱盯防、快速过人和反越位等。这些信息的获得为教练员更好地制定训练方案、提高训练的针对性提供了极大的理论支持。

近年来，对运动员运球跑动的研究已经出现。有学者对法国甲级联赛运动员的研究表明，运动员一场比赛中运球跑动的距离约为 191 m，约占比赛跑动总距离的 1. 7%，平均运球速度约为 3. 58 m/s，最大运球速度约为 6. 86 m/s，接球时的平

---

① STRUDWICK T, REILLY T. Work-rate profiles of elite premier league football players [J]. FA Coaches Assoc J, 2001, 5 (3): 59.

② REILLY T, THOMAS V. A motion analysis of work - rate in different positional roles in professional football match - play [J]. Journal of Human Movement Studies, 1976 (2): 87 - 97.

③ RANDERS M B, ROSTGAARD T, KRUSTRUP P. Physical match performance and yo - yo IR2 test results of successful and unsuccessful football teams in the Danish premier league [J]. Journal of Sports Sciences and Medicine, 2007, 6 (Supplement 10): 16.

④ 陈超. 基于活动距离和心率对高水平女足运动员比赛负荷特征的研究 [D]. 北京: 北京体育大学, 2010.

⑤ THATCHER R, BATTERHAM A M. Development and validation of a sport - specific exercise protocol for elite youth soccer players [J]. Journal of Sports Medicine and Physical Fitness, 2004, 44 (1): 15 - 22.

均速度约为2.86 m/s①。运动员运球跑动消耗的能量较无球跑动消耗的能量多②，因此在评估运动员体能消耗时，运动员的运球情况应予以考虑。同时，足球比赛运动形式的非周期性与不规律性要求运动员在短时间内进行频繁的加速、减速、变向、急转等活动，这在一定程度上也会增加运动员的能量消耗③。有学者对比赛中运动员的减速制动与转身进行了研究④，结果显示，在一场比赛中运动员平均要完成54.1次减速制动和558次转身，由此研究者建议在体能训练课中增加专门性减速制动与转身能力的训练或将这些元素融入专门性体能训练中。关于此方面，后续研究可以深入探索减速制动频率与冲刺跑能力下降的关系，以便更深入地发展与完善足球运动员的体能训练体系。

2. 位置跑动特征研究

了解比赛中不同位置运动员的活动特征可以帮助教练员制定专门性训练方案⑤。有研究已经表明，中场运动员的跑动距离多于前锋与后卫⑥。但也有学者在对女子足球的研究中发现，三个位置运动员的跑动总距离并无显著性差异，而高强度跑动距离与冲刺跑动距离则存在较大的差异⑦。尽管在对运动员位置特征进行研究时发现位置活动表现形式的特征差异不尽一致，但学者已经普遍认可运动员在比赛中的表现确实存在位置差异这一观点。这些差异一部分是运动员在比赛中承担的角色不同造成的，但也有一部分是运动员的体能差异造成的。

---

① CARLING C. Analysis of physical activity profiles when running with the ball in a professional soccer team [J]. Journal of Sports Sciences, 2010, 28 (3): 319-326.

② RUPF R, THOMAS S, WELLS G. Quantifying energy expenditure of dribbling a soccer ball in a field test [J]. Journal of Sports Sciences and Medicine, 2007, 6 (Supplement 10): 132.

③ REILLY T, THOMAS V. A motion analysis of work-rate in different positional roles in professional football match-play [J]. Journal of Human Movement Studies, 1976 (2): 87-97.

④ BLOOMFIELDJ, Polman R C J, O'DONOGHUE P G. Deceleration movements performed during FA Premier League soccermatches [J]. Journal of Sports Sciences and Medicine, 2007, 6 (Supplement 10): 6-9.

⑤ CLARKE M J, FOY A B, GARCES Y I, et al.. Performance characteristics according to playing position in elite soccer [J]. International Journal of Sports Medicine, 2007, 28 (3): 222-227.

⑥ IMPELLIZZERI F M, RAMPININI E, MARCORA S M. Physiological assessment of aerobic training in soccer [J]. Journal of Sports Sciences, 2005, 23 (6): 583-592.

⑦ MOHR M, KRUSTRUP P, ANDERSSON H, et al. Match activities of elite women soccer players at different performance levels [J]. Journal of Strength and Conditioning Research, 2008, 22 (2): 341-349.

研究表明，不同位置的运动员在比赛中的冲刺跑、高速跑、中速跑等形式的跑动距离与持续总时间不同。里恩齐①的研究表明，后卫具有比前锋更多的倒退跑，而前锋与前卫则具有更多的高强度跑动，而且还有更多的跳跃、对抗、摔倒与快速站起等活动②。卡林③还对不同位置运动员的运球跑动进行了研究，研究表明，在运球特征上存在明显的位置差异，中场运动员的运球跑动距离最多，并且运球跑动总距离占全场跑动总距离的比例最大。除此之外，在运球平均速度与运球最大速度上也表现出了位置特征。众多类似研究结果提示，在运动员体能训练时应该充分考虑位置差异，要在基本体能训练的基础上重点强调位置体能的训练。

在对运动员比赛中的位置活动表现特征进行研究时发现，即使同一位置的运动员其活动特征差异也较大。有研究发现，不同中场运动员的高强度跑动距离在一场比赛中相差可达 1.9 km④。还有学者对 123 名欧洲运动员进行研究发现，中后卫的跑动距离显著低于边后卫⑤。这些结果提示，在对运动员位置活动表现特征进行研究时必须细化各个位置。例如，将后卫分为中后卫与边后卫，将中场运动员分为进攻中场（前腰）、防守中场（后腰）和边前卫等。

此外，还有学者分析跑动时结合了运动技术的使用，考虑了体能与技术使用需求的关系。有学者对英超联赛运动员进行研究时发现⑥，前锋在接同伴传球时大多数出现在其高速跑或冲刺跑的状态时，而后卫与前卫在接球时的跑动速度则较前锋慢，这提示在前锋结合球的专项训练中要考虑这一比赛需求，重点提高运动

---

① RIENZI E, DRUST B, REILLY T, et al. Investigation of anthropometric and work - rate profiles of elite South American international players [J]. The Journal of Sports Medicine and Physical Fitness, 2000, 40 (2): 162 - 169.

② 刘丹，王新洛，朴刚，等．对国家男子足球队运动员比赛活动能力的研究［J］．中国体育科技，2006，42（4）：10 - 15.

③ CARLING C. Analysis of physical activity profiles when running with the ball in a professional soccer team [J]. Journal of Sports Sciences, 2010, 28 (3): 319 - 326.

④ MOHR M, KRUSTRUP P, BANGSBO J. Match performance of high - standard soccer players with special reference to development of fatigue [J]. Journal of Sports Sciences, 2003, 21 (7): 519 - 528.

⑤ CLARKE M J, FOY A B, GARCES Y I, et al. Performance characteristics according to playing position in elite soccer [J]. International Journal of Sports Medicine, 2007, 28 (3): 222 - 227.

⑥ WILLIAMS A, WILLIAMS A M, HORN R. Physical and technical demands of different playing positions [J]. Insight FA Coaches Assoc J, 2003, 2 (1): 24 - 28.

员的专项运动能力。

3. 疲劳研究

Time-motion 分析法可以了解运动员在比赛中运动能力的变化情况，也可以帮助了解运动员运动能力在比赛中下降的拐点，该信息的掌握可为教练员在制定训练计划与训练方案时提供理论依据。研究表明，运动员在下半场的跑动距离比上半场的跑动距离下降 1% ~10%①。还有以分钟为基本单位的更细化的研究对运动员的跑动变化情况进行了分析，结果显示，无论是运动员还是一般运动员在比赛最后阶段，其高强度活动能力都会下降②，莫尔等③的研究进一步表明，运动员运动能力的下降主要出现在比赛结束阶段的最后 15 min。并且莫尔等④的后续研究还发现，运动员的跳跃能力、冲刺跑能力、反复冲刺跑能力较比赛前要低。至于下降的原因还不完全清楚，最可能的解释是由肌糖原的消耗引起的，其支持论据为“长时间的间歇性运动能力的下降往往伴随着肌糖原含量的下降”。但是有研究发现，在比赛结束阶段运动员的肌糖原含量仍然保持在 150 ~ 350 mmol/净重，仍有能源物质可用⑤。因此对于长时间的间歇运动，肌糖原浓度与疲劳关系的真实机制还有待进一步研究。

多数研究已经证明，比赛结束阶段运动员的高强度活动能力会下降；同时也有研究表明，在比赛的特殊阶段运动员会产生高强度活动能力下降的现象，主要表现在比赛中最高强度跑动阶段后的 5 min。该阶段运动员的高强度活动能力要低于全场的平均水平，并且这一现象不仅出现在男子足球运动员中，同样也出现在

---

① MOHR M, KRUSTRUP P, BANGSBO J. Match performance of high - standard soccer players with special reference to development of fatigue [J] . Journal of Sports Sciences, 2003, 21 (7): 519 -528.

② KRUSTRUP P, MOHR M, STEENSBERG A, et al. Muscle and blood metabolites during a soccer game: Implications for sprint performance [J] . Medicine and Science in Sports and Exercise, 2006, 38 (6): 1165 - 1174.

③ MOHR M, KRUSTRUP P, BANGSBO J. Match performance of high - standard soccer players with special reference to development of fatigue [J] . Journal of Sports Sciences, 2003, 21 (7): 519 -528.

④ MOHR M, KRUSTRUP P, BANGSBO J. Fatigue in soccer: a brief review [J] . Journal of Sports Sciences, 2005, 23 (6): 593 -599.

⑤ KRUSTRUP P, MOHR M, STEENSBERG A, et al. Muscle and blood metabolites during a soccer game: Implications for sprint performance [J] . Medicine and Science in Sports and Exercise, 2006, 38 (6): 1165 - 1174.

女子足球比赛中①。对于该现象的出现，先前的解释是由比赛中的战术需要引起的，它是一种偶发现象。但是克鲁斯特普等②的研究表明，在高强度活动后的反复冲刺跑能力的即刻测试中发现，运动员在持续一段时间的高强度跑动后，运动员的活动能力确实出现下降趋势，但是这种能力的下降在上半场结束时得以恢复。这表明，阶段高强度活动后的运动能力的下降是暂时的，在比赛中是可以恢复的。有学者将这种高强度活动后出现的暂时性疲劳称为“假疲劳状态”③。对于假疲劳的出现有多种解释，其具体机制仍需要做深入研究与讨论。

（三）Time-motion 分析法研究的不足

1. “三性”的控制

在科学研究中，研究方法体系的应用带来的研究误差必须控制在合理范围内，以满足研究需要。对于研究方法的控制一般反映在三个方面，它们分别是可信性、真实性与客观性，也可称之为信度、效度与客观程度。有学者对该研究方法的信度进行了研究，其方法为让同一名分析者去分析同一场比赛的相同运动员，重测时间间隔为 6 个月。结果显示，两次测试的变异系数（coefficient of variation，CV）较小，低于 4%④。达西也进行了类似研究，重测时间间隔为 1 个月，证实了前者的结论⑤。有国内学者也对其进行了实证研究⑥，信度的研究方法类似于国外使用的方法，客观性的研究则是让多名分析者同时分析同一名运动员，通过比较每名

① MOHR M，KRUSTRUP P，ANDERSSON H，et al. Match activities of elite women soccer players at different performance levels［J］. Journal of Strength and Conditioning Research，2008，22（2）：341－349.

② KRUSTRUP P，MOHR M，STEENSBERG A，et al. Muscle and blood metabolites during a soccer game：Implications for sprint performance［J］. Medicine and Science in Sports and Exercise，2006，38（6）：1165－1174.

③ 部义峰，李世明．足球比赛中真、假运动性疲劳的产生及生理机制［J］．中国临床康复，2006，10（48）：167－170.

④ KRUSTRUP P，BANGSBO J. Physiological demands of top－class soccer refereeing in relation to physical capacity：effect of intense intermittent exercise training［J］. Journal of Sports Sciences，2001，19（11）：881－891.

⑤ DUTHIE G，PYNE D，HOOPER S. The reliability of video based time motion analysis［J］. Journal of Human Movement Studies，2003，44（3）：259－271.

⑥ 邱世海，部义峰．YO-YO 间歇测试与足球运动员比赛跑动能力关联研究［J］．中国体育科技，2012，48（1）：76－80，101.

分析者的统计结果来反映结果的客观程度，研究结果与国外研究结果基本类似。然而，尽管研究者已经对方法的“三性”进行了检验，但是检验结果在何种程度上可认为能满足研究需要并未有统一的标准。有学者还对上述“三性”检验的方法进行了质疑，认为该方法在反映统计结果的信度上存在一定的问题，它更适宜为比赛提供数据反馈，而应用于科学研究时存在局限性①。对于效度的检验，有学者曾经使用四种不同的跑动分析软件对同一场比赛进行过比较分析，结果显示，四种不同的分析软件得出的运动员活动特征的规律性较为一致，但是在绝对值上有差异②。这些信息提示，在对绝对数值进行横向比较研究时应该谨慎。

2. 数据的可解释性

Time-motion 分析法的主要原理就是通过科技手段收集运动员在比赛中的跑动数据，然后通过数据判断运动员的体能状况或体能需求。但是获得的比赛信息在解释上有一定的模糊性。首先，该评估方法是基于一种假设进行的，即运动员只有发生位移，才能产生体能消耗，然而在比赛中除跑动外，还有跳跃、冲撞、变向、转身等多种动作形式，这些动作发生时都不会产生位移，但是能量消耗比较大，而仅用跑动能力评估运动员体能时显然就低估了运动员的体能水平。其次，不同的研究使用的速度划分标准也不一致，导致各个研究之间无法进行横向比较，如有的将冲刺跑的速度阈值分别定义为 >8.33 m/s③、>6.39 m/s④、>6.67 m/s⑤等，有的对女子足球的研究也使用男子足球的研究标准⑥。这些现象充分说明该方法的应用在某些方面还未标准化，后续研究中应该详细制定合理的能反映运动员

① DRUST B, ATKINSON G, REILLY T. Future perspectives in the evaluation of the physiological demands of soccer [J]. Sports Medicine, 2007, 37 (9): 783 - 805.

② RANDERS M B, MUJIKA I, HEWITT A, et al. Application of four different football match analysis systems: a comparative study [J]. Journal of sports science, 2010, 28 (2): 171 - 182.

③ MOHR M, KRUSTRUP P, BANGSBO J. Match performance of high - standard soccer players with special reference to development of fatigue [J]. Journal of Sports Sciences, 2003, 21 (7): 519 - 528.

④ VALTER D S, ADAM C, BARRY M, et al. Validation of prozone: a new video - based performance analysis system [J]. International Journal of Performance Analysis in Sport, 2006, 6 (1): 108 - 119.

⑤ ROBERTS S, TREWARTHA G, STOKES K. A comparison of time - motion analysis methods for field based sports [J]. International Journal of Sports Physiology and Performance, 2006, 1 (4): 388 - 399.

⑥ MOHR M, KRUSTRUP P, ANDERSSON H, et al. Match activities of elite women soccer players at different performance levels [J]. Journal of Strength and Conditioning Research, 2008, 22 (2): 341 - 349.

体能水平的参考标准。再次，由于速度阈的存在可能导致统计误差，如将女子冲刺跑的速度定义为6 m/s，但是采集到的原始数据系列为5 m/s—5.8 m/s—6 m/s—6.2 m/s—5.9 m/s—6.3 m/s—5.4 m/s，那么在统计时就可能统计为2次跑动为冲刺跑，而忽略了加速阶段与减速阶段。这也会导致低估运动员的跑动能力。最后，运动员的跑动还受到气温、环境、位置及战术要求等因素的影响，这都可能导致在对运动员进行跑动能力评估时失之偏颇。

基于上述分析认为，Time-motion 分析法能在一定程度上反映运动员的体能水平与体能需求，并且由于来源于真实的比赛，因此具有很强的生态效度。但其本身也存在一定的局限性，这些局限性发生在数据采集与分析过程中，在研究中应该充分予以考虑，保证研究结果的可靠性。

二、基于生物学指标的生物学测试分析

（一）生物学测试的应用

运动员在比赛中会承受一定的负荷，这些负荷会引起人体生物学指标的反应，通过测试运动员身体生物学指标的反应程度就可以推断运动员比赛中负荷的承受程度，这就是基于生物学测试的负荷强度分析。足球比赛运动员负荷强度的研究主要是基于三个视角进行的，分别为能量消耗、心率和血液。这些测试方法在一定程度上能够帮助科研人员或教练员了解足球比赛的体能需求。

1. 能量消耗分析

安斯利等①已经对能量消耗的测试方法进行了综述，主要方式就是通过收集与分析运动员运动时呼出的气体来估算能量消耗。能量消耗就是基于摄氧量与气体交换率计算而来的。杜宁和帕斯莫尔②的研究表明，运动员在比赛中的能量需求约

---

① AINSLIE P, REILLY T, WESTERTERP K. Estimating human energy expenditure: a review of techniques with particular reference to doubly labelled water [J]. Sports Medicine, 2003, 33 (9): 683-698.

② DURNIN J V G A, PASSMORE R. Energy, work and leisure [M]. London: Heinemann, 1967: 118-120.

为每分钟 21 ~ 50 kJ（5 ~ 12 kcal）。但是该研究的对象为在校大学生运动员，可能低估了职业运动员的能量需求。科维尔等①也对在校大学生运动员进行了研究，结果是其每分钟的能量需求约为 22 ~ 44 kJ（5.2 ~ 10.6 kcal）。有研究用道格拉斯袋测量了运动员在模拟比赛中的运动员能量需求（10 min），其结果是每分钟每千克体重的能量需求为 0.75 kJ（0.18 kcal），对于一个 75 kg 的运动员，相当于每分钟的能量需求为 56.25 kJ（13.5 kcal）。后来，还有其他学者也用道格拉斯袋对比赛中的能量消耗进行了研究，其与前述研究结果不尽一致。这些研究被认为是最早采用仪器设备对运动员的能量消耗进行研究的。在上述这些测试中，运动员需要携带设备，一方面是增加了运动员的重量，另一方面是由于受到限制，可能减少运动员高强度活动或对抗的次数，导致低估运动员的能力需求。随着科技的发展，有学者开始使用重量小、便于携带的电子设备对比赛或足球专项训练方式进行研究②。最为典型的是霍夫用该类型设备测定了他自己设计的提高运动员最大有氧能力的霍夫专项训练方式，研究表明，采用霍夫专项训练方式进行训练时运动员的摄氧量（VO_2）接近实验室测得的最大摄氧量（$\dot{V}O_2max$），能够达到提高最大有氧能力的目的。

在运动员能量消耗评定的方法中，最为常见的是利用训练或比赛中的心率（heart rate，HR），然后根据实验室建立的 HR - VO_2 回归方程去预测能量消耗。有研究已经证明，采用该方式对运动员的 VO_2 进行预测，是一种较好的方式③。该方法较直接测定运动员能量消耗的方式更加快捷、方便，且对比赛或训练的干扰小，但由于心率容易受到心理、环境等各方面的影响，利用 HR - VO_2 预测能量消耗很有可能导致推测结果过高或过低，因此，其也存在一定的局限性。

2. 心率分析

心率本身就可以作为反映身体负荷的指标，而不必通过 HR - VO_2 去预测能量

① COVELL B，EL DIN N，PASSMORE R. Energy expenditure of young men during the weekend［J］. The Lancet，1965，285（7388）：727 - 728.

② KAWAKAMI Y，NOZAKI D，MATSUO A，et al. Reliability of measurement of oxygen uptake by a portable telemetric system［J］. European Journal of Applied Physiology and Occupational Physiology，1992，65（5）：409 - 414.

③ BOT S D M，HOLLANDER A P. The relationship between heart rate and oxygen uptake during non - steady state exercise［J］. Ergonomics，2000，43：1578 - 1592.

消耗。目前，心率的监测主要用于训练和非正式的比赛（邀请赛、友谊赛等），并通过获得的数据去推测正式比赛中的情况。监测裁判员心率的研究已见报道[①]，但是对运动员真实比赛中心率的相关研究报道还未出现，这一方面是受到比赛规则的限制，另一方面是考虑到监测会影响运动员在比赛中的发挥。但通过非正式比赛监测运动员比赛中的心率的报道已经出现[②]。有研究表明，男子足球运动员在比赛中的平均心率为 170 次/min，约为 $\dot{V}O_2max$ 的 75%。陈超[③]对女子足球的研究表明，女子足球运动员的平均心率为 167.5 次/min，最高心率平均为 186.2 次/min。这些结果在一定程度上反映了足球比赛的负荷强度。

心率监控在训练中的应用较为常见，一方面它可以了解运动员的负荷强度，另一方面它还可以控制负荷强度。霍夫利用心率监控的方式比较了小场地训练与足球专项练习的负荷强度特征，发现合理的小场地练习可以使运动强度达到 90% HRmax（最大心率）以上，而足球专项练习使运动员达到的心率比小场地练习更高，可以达到 93% HRmax，并由此得出结论，两种练习方式对于提高运动员的最大有氧能力均有积极作用[④]。2008 年中国女足奥运攻关课题组还通过心率监控的方式比较了运动员在训练中与比赛中的心率情况，发现多数运动员训练中的心率达不到比赛中的心率，认为训练强度不够，难以适应比赛，并提出了许多针对性的训练建议。

目前，使用心率表监控运动员的负荷强度已经被广泛认为是一种简洁、有效的手段。但是该方法也有其局限性，如在进行瞬时高强度练习（快速力量、冲刺跑等）时，运动员的心率变化可能与运动员的运动强度并非同步发展，心率的变化会有一定的滞后性，而在两次高强度活动之间心率才可能达到峰值，这会给结

① CATTERALL C, REILLY T, ATKINSON G, et al. Analysis of work rate and heart rates of association football referees [J]. British Journal of Sports Medicine, 1993, 27 (3): 193 – 196.

② DWARDS A M. Thermoregulatory observations in soccer match – play: professional and recreational level applications using an intestinal pill system to measure core temperature [J]. British Journal of Sports Medicine, 2006, 40 (2): 133 – 138.

③ 陈超. 基于活动距离和心率对高水平女足运动员比赛负荷特征的研究 [D]. 北京：北京体育大学，2010.

④ HOFF J. Soccer specific aerobic endurance training [J]. British Journal of Sports Medicine, 2002, 36 (3): 218 – 221.

果分析与评定带来一定困难，在实际应用中还应该稍加注意。

3. 血液分析

血液分析是较为普遍的一种判断运动负荷强度的方法。血液分析中最为常用的指标是血乳酸，通过测定血乳酸水平可以大致判定运动员承受的负荷强度。陈超对运用血乳酸监测的研究进行了综述①，如表 2－1 所示。结果表明，无论是男子足球运动员还是女子足球运动员，在比赛中的血乳酸水平都不高。尽管研究中可以获得血乳酸的测试结果，但在对结果的解释上仍存在一定困难，因为血乳酸的采集多在上半场或下半场结束时刻，而血乳酸浓度是受其当时运动强度影响的，在采集血乳酸时，运动员的血乳酸可能已经有一定程度的廓清，这可能会使研究结论出现误差，甚至出现错误判断。而克鲁斯特普等②的研究又表明，肌乳酸值与血乳酸值的变化并不相符，这意味着足球比赛中，即使肌乳酸值相对较低，血乳酸浓度也可能很高，这会使得对结果的评定更加复杂。除用血乳酸判定运动强度外，有学者还指出，可以用分析血液成分的方法判断运动过程中能源的消耗，人体三个供能系统的底物和生成能量后带来的副产品不同，通过分析这些副产品可判定三大供能系统在运动中的能源贡献情况，进一步判定运动员承受负荷的程度③。

由上述分析可知，生物学测试可以直接测定人体机能承受的负荷强度，但是，测试方法比较烦琐，且无法获得正式比赛中的数据，而在非正式比赛中受运动员的心理、动机影响较大，负荷强度可能达不到正式比赛的负荷强度，只能无限接近真实情况，因此利用这些指标判断运动员的负荷强度也存在一定的局限性。尽管如此，研究人员为了获取最大的生态学效度，生物学测试方法依然受到人们的关注。

---

① 陈超．基于活动距离和心率对高水平女足运动员比赛负荷特征的研究［D］．北京：北京体育大学，2010.

② KRUSTRUP P，MOHR M，STEENSBERG A，et al. Muscle and blood metabolites during a soccer game：Implications for sprint performance［J］. Medicine and Science in Sports and Exercise，2006，38（6）：1165－1174.

③ BANGSBO J. The physiology of soccer with special reference to intense intermittent exercise［J］. Acta Physiologica Scandinavica，1994，619：1－155.

表 2－1　足球运动员上、下半时血乳酸浓度比较　　单位：mmol/L

研究者	上半时	下半时	研究对象
何加才	4.9 ±1.49	4.5 ±1.45	中国优秀足球队
斯马罗斯	4.9 ±1.9	4.1 ±1.3	芬兰乙级队
埃克布洛姆	9.5（6.9～14.3）	7.2（4.5～10.8）	瑞典甲级队
	8.0（5.1～11.5）	6.6（3.1～11.0）	瑞典乙级队
	5.5（3.0～12.6）	4.2（3.2～8.0）	瑞典丙级队
	4.0（1.9～6.3）	3.9（1.0～8.5）	瑞典丁级队
罗德等	5.1 ±1.6	3.9 ±1.6	丹麦甲、乙级队
格里施等	5.6 ±2.0	4.7 ±2.2	德国高水平业余队
弗洛丽达·詹姆斯	4.4 ±1.2	4.5 ±2.1	爱尔兰职业足球俱乐部U21 运动员
赵赛一	6.63 ±3.0	4.17 ±1.81	足球专项大学生
王永权	3.29 ±1.19	2.96 ±1.25	全国优秀足球队教学比赛
王永权	4.35 ±1.97	3.65 ±1.73	全国优秀足球队公开比赛
尤春英	3.69 ±0.93	2.69 ±0.25	女足
魏宏文	2.8 ±0.75	1.95 ±0.37	北京女足教学比赛
魏宏文	4.2 ±0.96	3.2 ±0.52	北京女足全国联赛
埃克布洛姆	5.1 ±2.1	4.6 ±2.1	优秀瑞典女足

注：括号内指的是取值范围，括号外是均值。

（二）生物学测试方法的不足

生物学测试虽然可以用生物学指标直接测定运动员的各种生物变化特征，但是仍存在一定的局限性，这主要体现在以下几个方面。

1. 无法获取正式比赛中的数据

由于受到比赛规则、条件的限制，运动员无法携带测试设备进行比赛，因而无法获取正式比赛条件下的测试数据。

2. 测试烦琐，导致数据失真

在运用设备对运动员进行测试时，由于需要运动员携带设备，在一定程度上会限制运动员的发挥，导致运动员的运动强度下降，进而低估运动员的实际水平。

3. 数据的可解释性

运动员生物学指标的变化情况受到运动强度的影响，如果测试时机不准确，就可能导致测试数据出现偏差，对结果的解释造成一定的难度。总之，利用生物学测试方法评估运动员的运动能力在很大程度上是可行的，但是也存在一定局限性，在数据采集过程中和结果的解释与分析中需要谨慎对待。

第三节　足球专项体能与体能训练

对足球专项体能训练的研究一般都是围绕耐力训练、速度训练以及力量训练展开的，其体能训练的理论基础同其他项目一样都遵循基本的生理学、生物化学原理，只是在进行体能训练时，结合了足球的专项特征，形成了足球项目的专项体能训练。

一、耐力与耐力训练

对男子足球运动员跑动能力的研究表明，运动员在一场比赛中的跑动距离平均为 10 ~ 12 km，守门员平均约为 4 km①。运动员的跑动在绝大部分时间是由有氧供能完成的，因此足球运动员的专项耐力是足球运动员必须具备的基本能力。

① STØLEN T，CHAMARI K，CASTAGNA C，et al. Physiology of soccer：an update［J］. Sports Medicine，2005，35（6）：501 – 536.

氧运输能力是限制优秀运动员有氧能力的最主要因素。研究表明，90% ~95%的 HRmax 的负荷强度，持续时间为 3 ~8 min 的间歇可以有效提高运动员心脏泵血供能。有学者对其进行了实证研究，结果显示，运用该方法经过 8 ~10 周的训练，运动员的 $\dot{V}O_2max$ 可以提高 10% ~30%[①]；而使用 60% ~80% 的 HRmax 的负荷强度，$\dot{V}O_2max$ 仅能提高 5% ~10%[②]。赫尔格鲁德等[③]的研究表明，利用该方法进行训练，运动员的 $\dot{V}O_2max$、LT（乳酸阈）、C（跑步经济性）可分别提高 10.67%、15.90%、7%；比赛中的跑动距离、冲刺跑频率、控球次数可以分别提高 20%、100%、24%；平均运动强度可以从 82.7% 的 HRmax 提高到 85.6% 的 HRmax。亚亚综述了高强度有氧训练对生理指标和运动能力的影响，这些研究结果充分表明，高强度的间歇训练法对提高有氧能力的效果显著[④]。

有研究使用跑斜坡的方式进行了最大强度有氧训练，他们发现利用平地跑的方式，运动强度难以达到 90% ~95% 的 HRmax。但是该练习方式的专项程度非常低，很容易引起运动员的厌倦情绪。因此，霍夫设计了有氧高强度训练的专项训练方法与小场地训练方法[⑤]，该专项训练方法是一项结合球的活动方式，包含了变向、倒退跑、冲刺跑、绕过障碍物等元素。有研究表明，运球跑动可以增加近 8% 的能量消耗[⑥]。可见，霍夫设计的专项训练模式可以显著提高运动强度。霍夫还对小场地比赛的负荷强度进行了研究[⑦]，研究对象为挪威甲级联赛的运动员。研究表明，间歇性小场地比赛的负荷强度也可以达到 91% 的 HRmax，约为 85% 的 $\dot{V}O_2max$；而利用其设计的专项训练方式可以达到 92% ~94% 的 HRmax。因此，霍

① HELGERUD J，ENGEN L C，WISLØFF U，et al. Aerobic endurance training improves soccer performance [J]. Medicine and Science in Sports and Exercise，2001，33（11）：1925 -1931.

② POLLOCK M L. The quantification of endurance training program [J]. Exercise and Sport Sciences Reviews，1973，1（1）：155 -188.

③ HELGERUD J，ENGEN L C，WISLØFF U，et al. Aerobic endurance training improves soccer performance [J]. Medicine and Science in Sports and Exercise，2001，33（11）：1925 -1931.

④ IAIA F M，ERMANNO R，BANGSBO J. High - intensity training in football [J]. International Journal of Sports Physiology and Performance，2009，4（3）：291 -306.

⑤ HOFF J. Soccer specific aerobic endurance training [J]. British Journal of Sports Medicine，2002，36（3）：218 -221.

⑥ REILLY T. Physiological aspects of soccer [J]. Biology of Sport，1994，11（1）：3 -20.

⑦ 同⑤.

夫认为，两种训练模式都可以作为间歇训练的基本模式。但是，对于具有较大 $\dot{V}O_2max$ 的运动员，小场地比赛的强度却无法使他们达到超过 90% 的 HRmax，因此，建议这部分运动员最好通过其他专项训练方式或跑斜坡的形式进行。普拉特等①对小场地的研究表明，可以采用减少小场地比赛人数，合理增大比赛场地的方式来提高训练强度，他认为采用 3 VS 3 的方式较采用 5 VS 5 的方式可显著提高运动员比赛中的负荷强度。至于采用何种方式进行高强度有氧能力训练，教练员必须根据运动员的水平及其他现实条件进行选择。

近来，斯特伦等②进行了一项实证研究，他们将运动员分为两组，两组进行同样的常规训练，而在常规训练课后，第一组利用霍夫专项训练模式进行高强度有氧训练，第二组也是利用霍夫训练方式，但是训练强度降至 70% ~75% 的 HRmax，经过 10 d 的训练后，第一组的 $\dot{V}O_2max$ 提高了 7.3%，而第二组几乎无提高。该研究结果表明，在短时间内利用高强度训练模式来提高运动员的 $\dot{V}O_2max$ 是可行的。因此，在训练的准备期，或较长赛季的间歇期应该增加类似的高强度有氧训练课。当然，提高运动员有氧能力的训练方法还有很多，只是其他方法的训练强度难以达到刺激运动员心输出量的强度，在此不再赘述。

对于提高运动员无氧阈的训练方法，有研究认为持续时间超过 30 min，强度在 85% ~90% 的 HRmax 的训练模式取得的效果最好③。也有学者认为，提高无氧阈的最好方法是提高 $\dot{V}O_2max$，$\dot{V}O_2max$ 的提高会带来无氧阈的提高④。另外，有研究表明，通过上述间歇训练和高强度力量训练都会提高运动员的跑动经济性⑤，跑步经济性的提高可以显著提高运动员在比赛中的跑动距离。

---

① PLATT D, MAXWELL A, HORN R, et al. Physiological and technical analysis 3v3 and 5v5 youth football matches [J]. OR Insight, 2001, 4 (4): 23 -24.

② STØLEN T, CHAMARI K, CASTAGNA C, et al. Physiology of soccer: an update [J]. Sports Medicine, 2005, 35 (6): 501 -536.

③ HELGERUD J, INGJER F, STØLEN B. Sex differences in performance - matched marathon runners [J]. European Journal of Applied Physiology and Occupational Physiology, 1990, 61 (5/6): 433 -439.

④ HELGERUD J, ENGEN L C, WISLØFF U, et al. Aerobic endurance training improves soccer performance [J]. Medicine and Science in Sports and Exercise, 2001, 33 (11): 1925 -1931.

⑤ CHAMARI K. Endurance training and testing with the ball in young elite soccer players [J]. British Journal of Sports Medicine, 2005, 39 (1): 24 -28.

二、速度与速度耐力训练

对足球运动员速度与速度耐力的研究很少，只有少数学者对其进行了实证研究。杜邦等①的研究表明，经过10周的短距离反复冲刺跑训练对提高最大有氧速度具有积极的作用。有研究比较了每周两次的反复冲刺跑训练（6×40 m，共3组，次间间歇为20 s，组间间歇3 mim）与每周两次有氧高强度训练（4×4 min+间歇3 min，强度为90%～95%的HRmax）对YO-YO间歇测试和反复冲刺跑能力的影响，经过8周的训练后发现，两组的最大摄氧量与呼吸代偿点均有6%的提高，但只有反复冲刺跑练习组的反复冲刺能力有提高，提高幅度约为2%。此外，速度耐力训练组较高强度有氧训练组的YO-YO测试成绩有更明显的提高（28.1% VS 12.5%）。这一结果也被另一学者证实，即在赛季前进行7周的反复冲刺跑能力训练可以提高YO-YO测试成绩的22%②。由此看来，速度耐力训练可以提高高强度间歇活动的能力，并且可以提高足球专项耐力。这可能是反复冲刺跑能力训练既能够有效提高无氧代谢能力，也能对有氧代谢能力产生一定的影响。然而，速度耐力对与力量相关的运动能力（单个冲刺跑、纵跳）的影响却不得而知，速度耐力对冲刺跑与纵跳能力有正影响或负影响的研究均有报道③，对其关系的认识并未达成一致。

三、力量与力量训练

在足球比赛中，力量与爆发力被认为是与耐力同等重要的运动能力④。最大力

① DUPONT G，AKAKPO K，BERTHOIN S. The effect of in－season，high－intensity interval training in soccer players［J］. Journal of Strength and Conditioning Research，2004，18（3）：584－589.

② HILL－HAAS S V，COUTTS A J，ROWSELL G J，et al. Generic versus small－sided game training in soccer［J］. International Journal of Sports Medicine，2009，30（9）：636－642.

③ BRAVO D，IMPELLIZZERI F，RAMPININI E，et al. Sprint vs. interval training in football［J］. International Journal of Sports Medicine，2008，29（8）：668－674.

④ HOFF J，HELGERUD J. Endurance and strength training for soccer players［J］. Sports Medicine，2004，34（3）：165－180.

量是影响爆发力的一项最基本因素，最大力量的增加一般会伴随着相对力量的增加，继而爆发力就会相应得到提高。研究已经表明，1 次重复最大力量（1 repetition maximum，1RM）与加速能力、移动速度呈密切相关关系[①]。有学者通过研究纵跳与 30 m 冲刺跑的关系对其进行了证实[②]。通过增加相关肌肉或肌肉群的力量，与加速度有关的转身、冲刺跑及改变比赛节奏的能力均会有提高[③]。足球比赛中急停、急起的动作形式发生较为频繁，根据牛顿第二定律可知，加速度与力量呈正相关，因此，提高肌肉力量对于提高加速度等爆发性活动具有重要意义。

对足球运动员力量与运动能力的实证研究较少，霍夫等[④]验证了以神经适应为目的的力量练习对提高运动表现能力的影响，其方法为：4 组 ×5 次，强度为 > 85%1RM，练习强调肌肉的向心收缩能力，每周 3 次，共持续 8 周。结果显示，运动员的 1RM 半蹲能力从 161 kg 提高到 215 kg。力的梯度提高了 52%。10 m 冲刺跑的能力从 1.91 s 提高到 1.81 s，40 m 的冲刺跑能力从 5.68 s 提高到 5.65 s。赫尔格鲁德等[⑤]对赛季前的欧洲冠军联赛球队进行了研究，其方法为：4 组 ×4 次，强度为接近 90%1RM（最大力量），练习强调肌肉的向心收缩能力，每周 2 次，每次约 15 min，共持续 8 周。结果显示，运动员的 1RM 半蹲能力从 116 kg 提高到 176 kg，10 m 冲刺跑成绩从 1.87 s 提高到 1.81 s，20 m 冲刺跑成绩从 3.13 s 提高到 3.08 s，纵跳成绩从 57.2 cm 提高到 60.2 cm，而在干预期间并未进行冲刺跑与跳跃练习，这表明以神经适应为目的的训练对提高爆发力与加速跑能力效果显著。

以提高神经适应为主的力量训练不仅可以提高爆发力与加速度，而且有研究

---

① BÜHRLE M，SCHMIDTBLEICHER D. The influence of maximal strength training on movement velocity [J]. Leistungssport，1977，7（1）：3 –10.

② SCHMIDTBLEICHER D. Training for power event [M] //KOMI P. Strength and power in sport. London：Blackwell，1992：381 –395.

③ BANGSBO J L，NØRREGAARD L，THORSØ F N. Activity profile of competition soccer [J]. Canadian journal of sport sciences，1991，16（2）：110 –116.

④ HOFF J，HELGERUD J. Maximal strength training enhances running economy and aerobic endurance performance [M] //HOFF J，HELGERUD J. Football（soccer）：New developments in physical training research. Trondheim：Norwegian University of Science and Technology，2002：39 –55.

⑤ HELGERUD J，KEMI O J，HOFF J. Pre – season concurrent strength and endurance development in elite soccer players [M] //HOFF J，HELGERUD J. Football（soccer）：New developments in physical training research. Trondheim：Norwegian University of Science and Technology，2002：55 –66.

表明，该练习还能够提高跑步经济性。有相关研究证实，进行10周的力量训练后，运动员的1RM会提高27%，在$\dot{V}O_2max$没有提高的情况下，运动员的短时间耐力水平（4~8 min）却提高了11%~13%。对实验过程控制严格的研究也表明，爆发力的提高可以提高5%~15%的跑步经济性，力的梯度的提高是提高跑步经济性的重要因素①。

第四节 足球运动员体能训练的组织方法

传统的体能训练一般都是按照周期训练理论组织训练，分为准备期、比赛期与恢复期三个阶段。但是随着各个运动项目商业性比赛越来越频繁，传统周期训练理论已不能满足当前训练的需求。国家队的集训更是如此，受集训时间的限制，国家足球队的体能训练不可能按照周期训练模式进行，而是重点强调运动员体能的薄弱环节，通过特定的强化训练使其达到最佳的参赛状态，这就是板块周期训练理论。传统周期训练理论与板块周期训练理论各有优点和缺点，在组织训练时应该根据其特点进行选择。例如，在一个新的赛季前，由于间歇时间较长，俱乐部会按照传统周期训练理论组织训练，而对于国家队集训式的组织模式，由于时间短，可以使用板块周期训练模式进行体能训练。在实际应用中，应该辩证看待两种训练理论，根据训练实情选择相应的组织模式。

一、传统周期训练理论

周期训练是在20世纪50年代由苏联提出的，60年代马特维耶夫将其建设成

① PAAVOLAINEN L，HÄKKINEN K，HÄMÄLÄINEN I，et al. Explosive－strength training improves 5－km running time by improving running economy and muscle power［J］. Journal of Applied Physiology，1999，86（5）：1527－1533.

一个科学的理论。该理论先传到东欧，之后又传到西欧一些国家，并逐步成为高水平竞技运动训练中不可或缺的组成部分。其理论基础是人体对生物和社会活动具有周期性变化的规律。广义的训练周期由五个层次组成：第一个层次是以重大赛事为目标的多年训练周期，第二个层次是以年为单位的大周期或年周期，第三个层次是持续几个月或几周的中周期，第四个层次是以周或几天为单位的小周期，第五个层次则是训练课。这些训练周期为训练设计提供了一定的空间，并且每一个周期都有具体的训练目标、训练方法和训练负荷。这对于促进训练与实践的发展起了重要的推动作用。

体能专家约瑟夫将赛季划分为赛季前、赛季间、赛季后等阶段。赛季前分为准备阶段、提高阶段，赛季间分为特殊训练阶段、比赛训练阶段，赛季后为过渡或恢复阶段。对于单个赛季的联赛可将年度计划分为准备期、比赛期、休整期。赵刚①总结了赛季阶段划分与单个赛季的年度计划，如表 2 -2 和表 2 -3 所示。

表 2 -2　赛季阶段划分

赛季前阶段		赛季间阶段		赛季后阶段
准备阶段	提高阶段	特殊训练阶段	比赛训练阶段	过渡或恢复阶段
一般的基础训练，尤其是耐力训练	利用足球的特殊方法有重点地加强身体素质	技战术训练	针对比赛，合理运用技战术能力，进一步完善技战术能力	恢复身体及心理的疲劳

表 2 -3　单个赛季的年度计划

赛事	准备期	比赛期	休整期
欧洲联赛	7—8 月	9 月—次年 5 月	次年 6 月
2005 年中超联赛	1—3 月	4 月 2 日—11 月 5 日	11 月 6 日—12 月
2006 年中超联赛	1—2 月	3 月 11 日—10 月 30 日	11—12 月

① 赵刚．优秀足球运动员体能训练过程研究［D］．上海：上海体育学院，2006.

全年的训练目标及任务确定后，就可以将其分解到不同的阶段中，然后再将每个阶段的训练任务分解到训练小周期中，最终达到训练的总目标，赖利[①]以8个月竞赛期加4个月休整期（后8周为准备期）为例制订了年度的训练计划（附件B）。根据年度周期就可以制订出更为详细的中周期、小周期，直至训练课的训练计划。

尽管传统周期训练理论在推进体育理论与实践方面做出了巨大的贡献，但是随着人们对生物机体认识的不断深入及现代赛事特征的变化，传统周期训练理论已经受到广泛的质疑。其主要表现在以下方面：①传统的周期训练，其准备阶段的时间过长，增加了运动员的训练量；②无法提供多次竞技高峰，无法满足目前赛事频繁的竞赛特征；③过长的准备期，导致在准备期内形成的运动痕迹效应在比赛期消退。尽管如此，不可否认的是传统周期训练理论引起的训练变革，为训练安排带来的周期规划、训练负荷强度与量的变化等要素对当代训练仍具有指导作用，我们对于传统周期训练理论的优劣点需要辩证地去看，要根据项目与比赛的竞赛特征安排组织训练。

二、板块周期训练理论

板块周期训练理论是20世纪80年代出现的。总体上看，它是指一种高度专项化集中式训练负荷的周期训练模式[②]。该定义与人们对板块的普遍理解相一致，即由几个训练因素组织集合成一种具有专项功能的和彼此间紧密联系的单元。邦达尔丘克是运用该方法取得优异成绩的最成功教练员之一，他通过对链球运动员训练的观察构建了最初的非传统周期的训练计划。在2008年，伊索林整理编著了《板块周期：运动训练的创新突破》（*Block Periodization：Breakthrough in Sports Training*）一书，该书对传统周期与板块周期进行了比较，并对板块周期的安排进行了详细的阐释。

---

① REILLY T. Science and soccer［M］. Abingdon：Taylor & Francis Group，2003：62.

② ISSURIN V. 板块周期：运动训练的创新突破［M］. 王乔君，毕业，陈飞飞，译. 北京：北京体育大学出版社，2011：11.

板块周期参考借鉴了传统周期的方法，将训练分为年度周期、阶段周期、中周期、小周期等层次。小周期等同传统周期中的小周期，中周期可分为发展板块（训练负荷水平逐步增至最大）、竞赛板块（训练负荷水平稳定发展，重点打造比赛能力）和恢复板块（促进运动员积极恢复）。三个板块构成了一个阶段周期，分别相当于传统周期的准备期、比赛期、休整期，最后几个阶段周期就构成了年度周期。尽管在安排形式上仍然类似于传统周期，但其实质是不同的。板块周期训练内容的安排是基于专项能力与各训练内容的痕迹效应进行的，即使在发展板块，也不像传统周期训练的准备期那样安排大量的非专项训练，而是安排专项程度较高的训练内容，而训练内容的安排顺序则是依据不同运动能力训练痕迹效应的持续时间，例如有氧耐力与最大力量的痕迹效应持续时间较长，在练习内容安排时就将练习效应持续时间的训练安排在训练周期的前面，而最大速度的痕迹效应最短，就将其安排在比赛的前期。由此可见，板块周期的最基本原理就是训练负荷的高度集中。同时也可以看出，板块周期更加适合于比赛频繁的高水平运动员，而传统周期则较适合处于成长期的低水平或年轻运动员。

足球运动的赛事安排较为频繁，特别是对于高水平运动员或者国家队运动员，没有长时间的准备期，即使有较长时间的准备期，由于准备期训练的负荷降低，也无法对已经具备一定水平的运动员产生有效刺激，况且在足球运动中体能只是基础，是技战术的最重要支持要素，形成较强的战术能力才是最终目标，因此，在国家集训期不可能按部就班地发展体能，必须有重点地突出发展运动员的专项体能，以满足战术需求。有学者在对男子足球训练过程进行研究时认为，国家队体能训练的首要目标应该是帮助运动员恢复体能，预防损伤，其次才是提高。这就需要通过专项化、负荷强度更高的板块周期去实现，因此使用板块周期组织国家队训练效果更佳。

第五节 体能训练监控的研究及应用

一、生物学监控的研究与应用

早在19世纪，西方国家就开始把生物学测试方法引入运动员训练过程中用于身体机能状况的监测与评定，在20世纪50年代开始进入迅猛发展时期，而且苏联及东欧是最先开始利用生物学方法对运动员进行监测的。

20世纪50年代，人们对人体供能特征的了解及对各种代谢系统的深入研究，将运动生理学的研究往前推进了一步，特别是为运动员的机能评定奠定了理论基础。在国外，近40年来，训练方法的生理生化研究也在不断深入发展。

“监控”一词在训练中的出现要追溯到20世纪60年代，当时在利用生化方法进行检测和评定运动员机体的代谢规律、机能状态时使用了“诊断”“生化标准”“调控”等词语。直到1992年，“训练的生化监控”的概念正式被提出。进入21世纪，在欧美和苏联的研究基础上，A. 维鲁和M. 维鲁撰写了《运动训练的生化监控》一书，该书涵盖了监控的目的、手段及实施方法，标志着运动训练监控体系的初步形成。

在我国，竞技体育发展和研究兴盛的时间始于1958年。当时运动训练正处于大运动量时期，对运动员的身体机能进行评定成为当时的主要工作，运动员身体机能生理生化与医学评定的开展为大运动量训练提供了科学的参考。近30年来，运动员的机能评定一直都是运动训练领域的热点，我国先后出版了《优秀运动员机能评定手册》《优秀运动员身体机能的生理生化指标的检测与评定系统》《运动员身体机能评价常用生理生化指标测试方法与应用》《优秀运动员身体机能评定方法》。系列著作的出版为生理生化监控指标体系的建立及测试方法的标准化奠定了基础。之后，随着《运动训练的生理生化监控方法》《优秀运动员训练中的生理生化监控实用指南》两部著作的出版，我国的生理生化监控体系已经形成较为完整的系统。

我国对足球运动训练的生理生化监控始于20世纪90年代。为了备战1995年6月在瑞典举行的国际足球联合会第二届世界女子足球锦标赛，中国足球协会组建了由教练员、科研人员组成的教练班子。为贯彻当时国家体育运动委员会科学化训练的指示精神，在体能训练中刘丹尝试了运用无氧阈速度和无氧阈心率控制训练强度的方式，收到了一定效果，在第二届世界杯比赛中，中国女足进入四强，实现了历史性的突破。

二、心理学监控的研究与应用

心理学监控从20世纪60年代起就应用于训练之中，美国、加拿大、俄罗斯是最早对运动员实施心理训练的，他们把心理监测、心理咨询和心理训练作为一套完整的工作纳入整个训练计划之中，并保证经常化、系统化地实施。从1956年到1991年，几乎每届奥运会上，苏联、民主德国、美国都在金牌榜上名列前茅，而心理训练是他们共同的制胜法宝。

随着国际竞技运动的飞速发展和日益激烈的竞争趋势，世界各国对运动员参加重大比赛的心理训练工作越来越重视。各国体育界在大力加强体育科技投入的同时，都把运动员心理训练的研究和应用列为重点。

我国运动心理训练工作在20世纪80年代开始得到重视和快速发展。20世纪80年代初，数名运动心理学家应中国射击队和射箭队的邀请，开始对运动员进行心理训练和心理咨询。与此同时，一些心理专业研究人员深入跳水、游泳等项目进行心理训练与心理咨询，其他一些项目也陆续邀请心理学专家对运动员进行心理学训练。同场对抗集体球类项目也把心理训练与心理咨询作为训练中的重要环节，特别重大比赛的备战，经常邀请心理学专家对运动员进行科学监控，及时了解运动员的心理状态，并施以卓有成效的干预。

然而，由于足球项目的复杂性和比赛的过程更具突发性的特点，我国足球项目训练中心理干预的工作尚比较薄弱。尽管心理监控已经成为足球项目训练中的一个环节，但目前还缺乏系统性，并且其标准化程度还有待提高，心理监控的理

论与实践体系需要进一步完善。

三、比赛监控的研究与应用

（一）手工符号分析法

20世纪六七十年代，手工符号分析法是足球比赛分析最早采用的方法。由于科学技术手段的限制，研究人员只能通过比赛现场手工记录的方式对运动员比赛过程中的跑动情况和技战术指标进行现场记录。比赛跑动情况的记录是在事先准备好的按照球场比例做好的方格图上进行活动轨迹的描述，根据方格上的要求，按照一定的比例计算出运动员的跑动距离。

初期，国内有研究采用目测的方法，对国内甲级联赛运动员的比赛跑动距离进行了测试；通过科研人员分组，现场跟踪测试全国女子足球超级联赛前锋运动距离的方法，对前锋的跑动数据进行了统计和分析，并将跑动形式划分为走、中速度跑和快速冲刺三个级别，最后运用数据平滑处理进行计算分析，然后结合录像解析系统，指出存在的问题和相应的对策。赵荣瑞[①]采用现场记录和拍摄比赛视频的方法对北京与高雄足球队比赛中运动员的跑动距离进行了研究，记录在与球场等比例的图纸上，最后采用相关统计软件对记录结果进行计算分析。

国外已有研究采用了手工符号记录法，将符号记录在一条带子上，并结合赛后的比赛录像进行分析。除了统计跑动距离和强度，还对运动员技战术指标进行了记录分析。

综上分析，手工符号记录法是测量足球运动员比赛跑动距离最早的方法，其缺陷很明显，大多采用目测的方法和手工记录的方法，尽管也有结合比赛录像进行分析的事例，但是受主观因素的限制，误差相对较大。随着时代的发展，该方法已经不再用于足球运动员比赛跑动距离统计中，但是仍将应用于技战术的统计研究中。

---

① 赵荣瑞．关于足球比赛队员移动距离之研究［J］．中国体育科技，1997（9）：58－60.

（二）录像分析技术

20世纪80年代，随着科技的发展，特别是视频技术和设备的更新，应用录像分析技术研究足球运动员比赛跑动距离已成为可能。

有学者利用多台摄像机和记录仪，对比赛中运动员的跑动进行了研究。每台摄像机记录一名运动员，并以赛前记录的运动员跑动速度为依据计算运动员不同速度的跑动距离，将误差控制在4%以内。

录像分析技术相比手工符号法已经有了明显的进步，其优势在于，它最大限度地避免了观察者的主观目测误差，利用视频技术手段增加了研究的精确性。由于录像分析技术有着手工符号分析法不可比拟的优势，录像分析技术本应成为当时比赛跑动能力评价的发展趋势。但是文献资料显示，由于受各种历史条件的限制，国内此阶段的相关研究仍然局限于手工符号的方法，没有紧跟时代发展的潮流。

（三）无线电遥测和GPRS技术

20世纪90年代，我国科研人员不断探索新的比赛分析方法。如瞿煜忠等研究开发了足球运动员跑动记录仪，整套设备由步频传感器、步频发射器、专用调频接收机、分频接口电路等部件构成，其测试误差绝对值百分率的平均值约为4%，为足球训练科学化提供了更加准确的依据。

随着卫星定位技术的发展，利用此技术对足球比赛过程中的跑动距离进行测量已经可以实现。其优势在于，不需要手动统计和计算，完全依靠计算机和卫星定位技术实现，测试数据相对精确。但是其劣势在于，运动员必须佩戴仪器设备，且只能在训练过程中使用，无法对正式足球比赛中运动员的跑动情况进行统计分析。

（四）电脑软件分析法

随着计算机软件和视频技术的发展，利用相关软件进行足球比赛跑动能力测量的方法开始出现。马巍然等开发了足球比赛计算机统计系统，并应用在首届女足世界杯的临场技术统计中。但是此系统仅能对技战术的某些指标进行统计，未能涉及跑动距离的测量与评价。

国外利用计算机软件和视频技术的研究起步较早，并取得了一定的成果。具有代表性的就是德国的SIMI技战术分析系统，它不仅能够对足球比赛的技战术进行统计分析，还能利用其定位功能进行跑动距离的测量。2004—2010年，中国足球科研团队采用该方法对各支国家队进行了大量研究，对于推动国内足球科学研究进展发挥了积极作用。尽管该方法实现了技术上的突破，但是在解析过程中需要人工对运动员进行定位分析，虽然相比符号分析法有一定的进步，但是仍存在改进的空间。目前，随着电子技术的发展，可穿戴设备日益成熟，教练员可以通过可穿戴设备实时了解和掌握训练的负荷，实现训练数据的即时反馈，对于保障科学化训练发挥了重要作用。

四、对我国足球体能训练和比赛监控的回顾

我国早期足球训练和比赛监控工作是由体育专业院校教师和体育科研所人员担任。20世纪五六十年代，我国老一代足球科研人员何加才、尹怀容、孟宪武等人曾为各级国家队进行比赛分析和训练的监督工作。工作的主要内容是用手工符号计算运动员比赛跑动距离、分析训练的质量等。20世纪七八十年代则开始利用国家体育总局生物力学、生理生化的仪器设备，全面测试运动员的机能状况，即有氧、无氧运动能力。20世纪80年代后期我国足球训练专家开始利用心率监控训练强度效果，并利用昆明冬训对全国甲级队伍进行训练监督检查等科研工作。由于受当时人们思想观念和科技手段的限制，统计比赛跑动的准确性不高，比赛的分析效果比较浅显，真正意义的训练监控难以进行，对训练的借鉴意义有限。但是，不可否认当时的科研工作如实地反映了训练的实际状况，推动了贯彻“三从一大”科学训练的效果。同时也让教练员了解和掌握了如何检查和反馈训练强度，并在训练中得到广泛推广和应用。

20世纪90年代是我国足球科研飞速发展的一个时期。1990年，科研人员率先对中国女足开展随队科研工作，血尿素氮等生化指标的检测、无氧阈心率控制、力量速度训练方法的改进、利用心率手段对训练比赛的模拟等陆续得到应用。在20世纪90年代后期，从事足球科研工作的人员开始由足球训练学专家逐渐扩展到

生理、生化和运动创伤专业的科研人员担任。定期的常规身体检查和不定期的机能检测已成为国家男子与女子足球队的必经程序，对运动员进行生理生化测试、对生理机能状态进行分析、评价大强度训练课负荷也已在部分运动队中开始实施。科研人员刘丹、孙文新、魏宏文等人都在随队过程中尝试跑台最大摄氧量测试、最大功率自行车测试、等动肌力测试等。同时随队训练也积极引入场地测试，如12 min 跑、25 m×5 往返跑及众多的身体素质测试方法。他们的工作丰富了足球科研的内容，为足球科研工作提供了新的研究领域。

五、足球科研综合攻关的形成与发展

20 世纪 90 年代末期，伴随中国女足在系列足球大赛中取得优异成绩，中国女足的科研工作也有了开创性进展，综合性科研攻关初露端倪。此时我国足球的科研工作不再是单一项目，如解决身体速度上的某一问题、训练手段方法、录像技术分析等，而更注重多学科的系列研究。

2004 年足球项目首次引入 SIMI 技战术分析系统，开始对我国足球运动员的比赛跑动能力进行分析，能够较准确地反映足球运动员比赛的跑动距离、跑动的速度等级、不同跑速的距离，以及在比赛中速度的分布情况，为研究我国足球运动员的比赛体能水平，以及中外运动员比赛体能特征奠定了坚实的基础。其后众多国外先进的技战术分析软件都逐渐被引入到足球科研训练中，丰富了我国足球训练的研究，标志着我国足球运动的科研工作开始与世界接轨。

2006 年初为备战北京奥运会，受中国足球协会委托，足球科研团队开始以团队合作与联合攻关的形式参与国家男子和女子足球队的训练，为队伍提供技战术、医务、营养、恢复、对策研究、体能调控等全方位的科技服务。其中，最有代表性的两次攻关是 2007 年女足世界杯和 2008 年为国家男子足球参加世界杯亚洲区预选赛的昆明阶段训练提供科研服务。科研小组在继承以往攻关成果的基础上，提出了综合攻关的科研服务模式。该模式以训练学为核心，以训练目标为导向，以训练效果评定为基础，从生理、生化、营养、医学、训练等多学科为运动训练提供保障，是我国足球科研工作的一次创新。

以国家男子足球昆明高原训练为例，其包括以下几方面特点。第一，科研团

队根据高原的特殊环境和教练员的训练计划分阶段制订了运动状态发展目标。第二，根据监测结果分析竞技状态的变化趋势，分析阶段性目标的偏差程度，向教练员提出训练建议，并根据运动员训练中强度和量的变化，分析生理、生化指标的变化情况，实现了训练学指标与生理生化指标监控的结合。第三，将生理指标的分析与场地测试相结合，更准确地反映了运动员的训练状态与比赛即时状态，在监控中引入 OmegaWave 等先进的仪器对运动员的状态进行诊断。第四，将训练监控与比赛监控相结合，运用 SIMI（西米）技战术分析系统对运动员在热身赛的体能水平和技战术指标进行比较，分析训练对比赛的影响、运动竞技状态等的变化情况，为教练员调整训练计划提供了科学的数据。第五，把营养品补充作为调整运动员状态的重要手段，依据生理生化测试指标，针对不同个体制定详细的营养品补充方案，加速运动员的恢复过程，减缓运动疲劳的产生，保证训练的顺利进行。科研团队的综合性攻关在昆明集训阶段取得良好的效果，得到了中国足球协会领导、教练员、运动员的认可。

六、足球体能科研工作的努力方向

随着训练科学化程度的不断深入，人们对于训练过程的可控性的需求也更为强烈。科学技术的发展和专业人才队伍素质的不断提高，为科学有效的训练监控提供了可靠保障。从近年来足球科研实践及国际体育界不断拓展的科研领域来看，单方面的科研攻关已无法满足训练与比赛的要求，系列化、综合性、复合型的训练比赛监控将是未来体育科研攻关和科技服务发展的必然趋势，整合多学科的科研成果，不断完善和发展综合攻关模式，更准确地反映、评价运动员的竞技能力变化，对体能训练进行精准控制是大势所趋。

第三章 高水平女子足球比赛中运动员的“活动-间歇”特征

运动表现分析已经成为集体球类对抗项目研究的主流研究范式，尤其是近几年来，随着科技与互联网技术发展，直接采集比赛中的数据对运动员的表现进行分析成为实证研究的主流范式。由于采集的数据直接来源于比赛，相对于实验室研究得出的数据具有更好的外部效度，研究结果也具有更好的生态性。本书第三章至第五章主要从三个维度对高水平女子足球比赛中运动员的体能表现特征进行分析。第一，基于符号分析对运动员在比赛中的“活动-间歇”特征进行分析；第二，主要基于 Time-motion 分析法对运动员的跑动特征进行分析；第三，基于生理测试对运动员比赛中的心率特征进行分析。上述三个维度的分析有助于深入了解高水平女子足球比赛中运动员的体能表现特征，分析女子足球运动员的体能需求。本章主要完成第一个任务，即通过符号分析法，了解高水平女子足球比赛中运动员的“活动-间歇”基本规律。

第一节　数据来源与研究方法

一、数据来源

以中国女足参加奥运会预选赛、亚运会、永川四国赛和系列热身赛的各项国际 A 级赛事的部分主力运动员及对手的部分主力运动员为研究对象，主要包括累计 30 场比赛中的美国队、瑞典队、加拿大队、中国队等部分主力运动员。

由于追求研究结果的最大效度，本章选取的对象全部为国际 A 级赛事的运动员。由于受到比赛规则与客观条件的限制，研究过程中的样本数量不尽相同，具体样本数量在文中分别进行了标注。

二、研究方法

（一）基于 Time-motion 分析法的比赛跑动分析

1. 录像拍摄

将两台索尼摄像机分别放置于两个半场中央的同侧看台的最高处，保持两台摄像机处于同一高度。调整摄像机的焦距，使每台摄像机的镜头能够覆盖各自对应的半场，如图 3 - 1 所示。在拍摄过程中，保持摄像机的位置与焦距不变。然后利用德国产的 SIMI 技战术分析系统对比赛录像进行分析。

图 3 -1　录像拍摄示意图

2. 场地标定

计算运动员在比赛中的跑动距离与速度首先需要在场地上设置参考坐标，SIMI 技战术分析系统是以边线与短线的交点及边线与中线的交点为已知点对比赛场地进行二维标定的。每个半场为一个长方形，每条边的长度已知，定义图 3 -2 所示场地中近端边线与左侧端线交点的坐标为（0，0），其余 5 个点的坐标就会即刻生成。场地规格为 105 m×68 m 的标准球场，可以得到球场的 6 个坐标，具体如图 3 -2所示。进入该系统分析软件后，在左右两侧的摄像机的画面中分别点击各自半场的 4 个坐标即完成了场地的二维标定。系统标定后的测量距离可以精确到厘米。

3. 运动员的跑动解析与数据获取

在录像画面中对运动员定位较为简单。根据研究需要，只需用鼠标点击某一时刻运动员在画面中的位置即可获得该时刻运动员的位置，即运动员在 T_1 时刻的位置坐标（X_{T1}，Y_{T1}），同理，就可依次获得运动员在 T_2、T_3……T_{x-1}、T_x 时的位置坐标，然后根据运动员 T_{x-1}与 T_x 时刻的坐标即可计算出运动员在 T_x-T_{x-1}时间内的跑动距离 S_1。同时也获得了运动员在 T_x-T_{x-1}内的移动速度 V_1，即 $S_1/(T_x-T_{x-1})$。

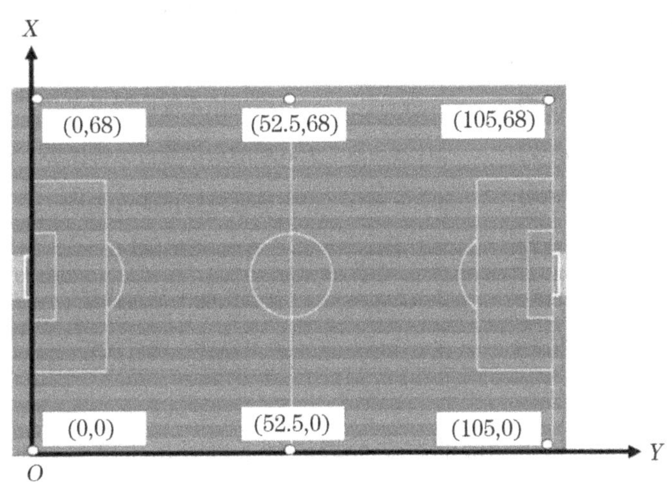

图 3－2　足球比赛场地标定示意图

4. 跑动速度等级的确定

本研究利用的速度标准是在顾晓敏①、刘丹②制定的女子足球运动员跑速标准基础上修订而成，主要变化为将中速跑的速度阈由 3.4 m/s 改为 3.6 m/s。由于 3.6 m/s的跑速是根据中国女足运动员的无氧阈跑速确定的，因此也可以将该速度标准作为划分无氧跑动与有氧跑动的阈值。其他速度等级则未变动，但是每个速度等级标准对应的供能方式已重新标注。同时，跑动等级划分为：高强度跑，包括冲刺跑与高速跑；中强度跑，主要为中速跑；低强度跑，主要包括低速跑、慢跑和慢跑以下。具体划分形式见表 3－1。

---

① 顾晓敏. 中国优秀女足运动员比赛活动距离特征的研究［D］. 北京：北京体育大学，2007.

② 刘丹，曹晓东，赵刚，等. 2007 年女子足球世界杯赛运动员跑动能力研究［J］. 体育科学，2009，29（10）：51－60.

表3－1 女子足球运动员跑动等级划分一览表

跑动等级	活动形式	速度界定	供能方式	跑动类型
高强度跑	冲刺跑	≥6 m/s	以磷酸原系统供能为主	无氧跑动
	高速跑	≥4.8 m/s	无氧糖酵解供能占绝对优势	无氧跑动
中强度跑	中速跑	≥3.6 m/s	无氧糖酵解供能占优势	无氧跑动
低强度跑	低速跑	≥2.4 m/s	有氧供能占优势	有氧跑动
	慢跑	≥1.5 m/s	有氧供能占绝对优势	有氧跑动
	慢跑以下	<1.5 m/s	有氧供能占绝对优势	有氧跑动

本研究对女子足球运动员的跑动等级进行了修订，将以前标准中的中速跑速度最小值由3.4 m/s提高到3.6 m/s。由于3.6 m/s的速度等级是在实验室跑台测试条件下测得的中国女足运动员的无氧阈跑速，因此使用该速度标准，有助于区分比赛中的无氧跑动距离与有氧跑动距离，女子足球比赛中供能方式的确定可以帮助教练员在训练中更加有针对性地组织训练。

中速跑的标准提高后，笔者对其对应的供能方式根据运动时间、运动强度与供能方式的变化图（图3－3）进行了重新标注。笔者将速度标准高于3.6 m/s的跑动定义为无氧跑动，跑动速度高于3.6 m/s后，机体供能方式开始以有氧供能为主变为以无氧供能为主，此时，无氧糖酵解系统供能开始占优势，因此，速度大于3.6 m/s且小于4.8 m/s的速度区间是有氧与无氧混合供能，无氧供能占优势的供能方式。随着跑动强度的逐渐增加，当跑动速度大于4.8 m/s且小于6 m/s时，有氧供能的比例逐渐降低，由无氧糖酵解供能占优势变为无氧糖酵解供能占绝对。当跑动强度继续增加，速度大于6 m/s后，无氧糖酵解的输出功率无法维持相应的运动强度，此时主要以磷酸原系统（ATP-CP系统）供能为主。同样根据无氧阈跑动速度标准，将小于3.6 m/s的跑动定义为有氧跑动，当速度小于3.6 m/s且大于2.4 m/s时，仍是有氧供能与无氧供能的混合供能方式，但此时有氧供能占优势，当跑动强度继续降低，速度降为小于2.4 m/s且大于1.5 m/s时，有氧供能则从占优势变为占绝对。当速度小于1.5 m/s时，供能方式则几乎全部为有氧供能。

有国外研究报道，意大利甲级球队运动员和参加欧洲冠军杯联赛的运动员的

无氧阈跑速为16～19 km/h①，即4.44～5.28 m/s。作为世界顶级男子足球运动员的无氧阈跑速仅为4.44 m/s，而修订前的女子足球运动员的跑动标准中，将大于3.4 m/s且小于4.8 m/s的区间定义为有氧高强度跑动，显然修订前的速度跑动标准在区分无氧跑动与有氧跑动的速度标准上过高，基于与国外研究相比较，认为本研究修订的女子足球运动员跑动速度等级标注更加合适。但是无氧阈跑速标准的确立是依据中国女足运动员制定的，无法代表世界范围内女足运动员的标准，具有一定的局限性。但与前标准相比，依然表现出一定的进步。

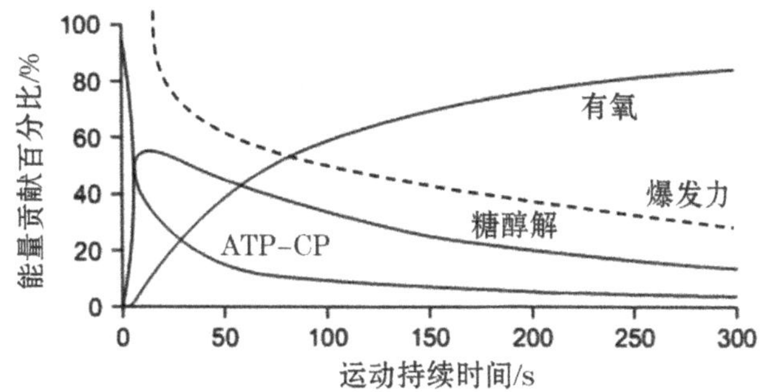

图3－3　运动时间、运动强度与供能方式的变化图②

（二）基于符号分析法的比赛跑动分析

1. 符号分析法

将拍摄的录像导入SportsCode软件中，该系统的设计是基于符号分析法原理进行的，它可以快速、简单、方便地记录、比较并分析运动员的运动表现。该软件使用时首先建立“编码输入窗口”，该窗口为开放式，教练员或研究人员可以根据需要灵活设计窗口中的按钮，该窗口是编码按钮的存储点，可以用来创建运动员的表现数据库。创建编码按钮后就完成了“编码输入窗口”的设置，然后建立时

---

① VIGNE G，GAUDINO C，ROGOWSKI I，et al. Activity profile in elite Italian soccer team［J］. International Journal of Sports Medicine，2010，31（5）：304－310.

② GASTIN P B. Energy system interaction and relative contribution during maximal exercise［J］. Sports Medicine，2001，31（10）：725－741.

间线，这样就可以根据运动员的行为动作点击相应的编码按钮，行为动作就会同步被记录在时间线上。比赛完成后，各种行为动作就会以矩阵的形式呈现出来，教练员或研究人员就可以根据需要统计、分析比赛。

2. 统计指标与尺度

本研究是在奥多诺休等①对男子足球比赛间歇特征的研究基础上进行的，将比赛中运动员的行为划分为高强度活动和低强度活动两类，即活动－间歇（work－rest）。统计时间为比赛的0～15 min。

高强度活动包括快速跑、冲刺跑、急起、急停、急转、跳跃、对抗、踢射和铲球等9类运动。9类活动的时间总和即为高强度活动时间。事实上，除快速跑与冲刺跑耗时较长外，其他几种运动形式耗时均很短，平均在0.5s左右，因此，高强度活动的时间主要由快速跑和冲刺跑所耗时间构成。在本研究中，快速跑与冲刺跑的速度标准为高于运动员的无氧阈跑速。

低强度活动，主要包括站立、走、慢跑、中速跑等4种形式，即除高强度活动形式外的其余运动形式。

本研究的主要统计内容如下：

（1）高强度活动形式的活动频率。

（2）高强度活动的平均时间与低强度运动的平均时间。

（3）高强度活动不同耗时的运动频率，主要包括0～<2 s、2～<4 s、4～<6 s、6～<8 s、8～<10 s、10～<12 s、≥12 s。

（4）低强度活动不同耗时的运动频率，主要包括0～<2 s、2～<4 s、4～<8 s、8～<12 s、12～<20 s、20～<45 s、45～<90 s、≥90 s。

（5）高强度活动与低强度运动的比率。

高强度活动与低强度活动不同持续时间活动频率的分类主要依据奥多诺休等②的研究，研究表明，一次高强度活动的持续时间一般不超过10 s，而一次低强度运

---

① O'DONOGUE P G，PARKER D. Time-motion analysis of FA Premier League soccer competition［M］. Cardiff：UWIC，2011：263－267.

② O'DONOGUE P G. Time-motion analysis of work－rate in English FA Premier League soccer［J］. International Journal of Performance Analysis in Sport，2002，2（1）：36－43.

动的持续时间变异较大，因此在进行高强度与低强度活动统计时，统计的时间段不同，高强度活动主要以 2 s 为一个基本时间段，低强度活动时间为 2 ~ <45 s。

（三）数理处理

根据研究需要，对比赛统计数据客观性分析采用了肯德尔和谐系数检验；对比赛统计数据可靠性分析采用了相关分析；对于位置差异的分析主要采用了单响应变量方差分析，方差分析中的后续检验采用 Bonferroni（邦费罗尼）法，确定显著性水平为 0.05，非常显著性水平为 0.01。

第二节　比赛中运动员的“活动 - 间歇”表现形式

一、比赛统计数据的客观性与可靠性

本节内容主要对女子足球比赛中的主要活动形式进行统计并进行归类，通过 Time-motion 分析法和符号分析法对高水平女子足球比赛的“活动 - 间歇”规律进行分析。

（一）比赛统计的客观性分析

为了检验比赛统计结果的客观性，研究人员对不同位置运动员的间歇活动特征进行了统计，统计时间共计 15 min，然后利用肯德尔和谐系数对研究人员统计尺度的一致性进行检验，检验结果如表 3 - 2 所示。

表3－2　不同分析者统计结果的肯德尔和谐系数检验一览表

	边后卫	中后卫	中场	前锋
肯德尔和谐系数	0.985	0.987	0.998	0.993
自由度	8	8	8	8
p	0.000**	0.000**	0.000**	0.000**

注：＊＊代表 $p<0.01$。

由表3－2可知，三位研究者统计结果的肯德尔和谐系数均接近于1，分别为0.985、0.987、0.998、0.993，且均具有统计学意义，表明三位研究者的统计尺度一致，同时也反映统计结果具有很好的客观性，能够满足研究需要。

（二）比赛统计的可靠性分析

为了检验比赛统计结果的可靠性，研究者分别对一名运动员的不同形式的活动进行了重复统计，两次统计的间隔时间为1周，统计完成后对两次测试结果进行了相关分析，以检验统计结果的可靠性，结果见图3－4。

由结果可知，急停、急起、对抗、高强度跑动、低强度跑动的重测结果均具有较高的相关性：（$r=0.88$，$p<0.01$；$r=0.82$，$p<0.05$；$r=0.92$，$p<0.01$；$r=0.84$，$p<0.05$；$r=0.88$，$p<0.01$），且具有统计学意义。只有对急转的统计，两次的测试相关系数低于0.80（$r=0.78$，$p<0.05$），但仍保持在中度相关的范围内，且具有统计学意义。跳跃、踢球、铲球三个指标的判断标准非常清晰，研究者很容易判断，因此前后两次测试的结果完全一致，两次测试的回归线与 $y=x$ 重合。

检验结果表明，急停、急起、急转、对抗、高强度跑动、低强度跑动回归线基本接近于 $y=x$，跳跃、踢球、铲球两次测试结果完全相同，说明两次测试相关性良好，统计结果具有较好的可靠性，能够满足研究需要。

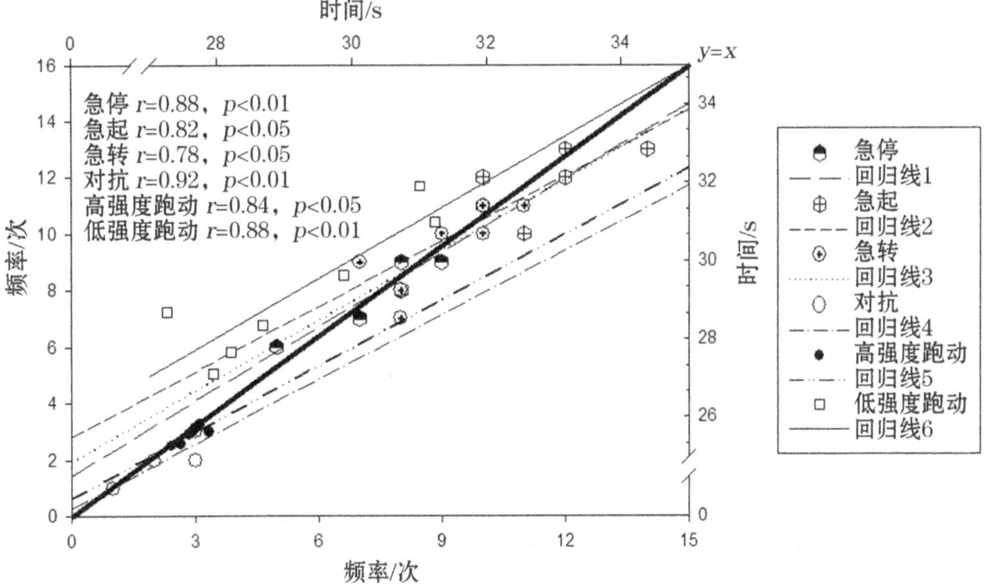

图3－4 不同类型高强度活动形式数据可靠性分析图

二、运动员不同形式爆发性活动总体特征

（一）不同位置运动员瞬时爆发性活动的分析

表3－3为不同位置运动员瞬时爆发性活动形式频率统计表。由结果可知，不同位置运动员的不同爆发性活动具有一定的差异性，除跳跃与铲球两项指标外，其他几项指标在统计学上均具有差异性，表现出明显的位置特征。

表3-3 不同位置运动员瞬时爆发类动作频率统计一览表 单位：次

动作	边后卫	中后卫	前卫	前锋	$F_{(3,52)}$	p
急停	8.57±1.87MYMMYM&&	15.29±1.14##@@	11.00±1.57	9.43±2.03	43.89	0.00**
急起	9.79±1.19&&%%	10.57±1.87##@@	13.36±1.28++	17.50±3.46	36.78	0.00**
急转	8.86±1.29MYM&&%%	10.50±1.34##@@	16.21±1.37++	12.36±1.60	70.86	0.00**
跳跃	0.43±0.65	0.50±0.52	0.36±0.50	0.29±0.47	0.41	0.75
对抗	2.43±1.16&&%%	2.21±0.89##@@	4.86±1.23	4.50±1.74	15.73	0.00**
踢球	5.00±2.11MYMMYM	3.00±1.41##	5.86±1.17	4.57±1.45	8.08	0.00**
铲球	0.36±0.50	0.29±0.47	0.29±0.47	0.14±0.36	0.55	0.65

注：

①方差分析显著性水平：*代表 $p<0.05$，**代表 $p<0.01$。②边后卫与中后卫的比较：MYM代表 $p<0.05$，MYMMYM代表 $p<0.01$。③边后卫与前卫的比较：&代表 $p<0.05$，&&代表 $p<0.01$。④边后卫与前锋的比较：%代表 $p<0.05$，%%代表 $p<0.01$。⑤中后卫与前卫的比较：#代表 $p<0.05$，##代表 $p<0.01$。⑥中后卫与前锋的比较：@代表 $p<0.05$，@@代表 $p<0.01$。⑦前卫与前锋的比较：+代表 $p<0.05$，++代表 $p<0.01$。

方差分析结果表明，在急停出现频率上，中后卫最高，与其他位置运动员相比具有非常显著性差异（$p<0.01$）；其次是前卫，与边后卫相比具有非常显著性差异（$p<0.01$）；与前锋相比无显著性差异（$p>0.05$），最少为前锋与边后卫，两个位置运动员出现频率相当，无显著性差异（$p>0.05$）。

在急起出现频率上，前锋最多，与其他三个位置运动员相比均具有非常显著性差异（$p<0.01$）；其次为前卫，出现频率高于后卫，且具有非常显著性差异（$p<0.01$）；边后卫与中后卫出现频率相当，无显著性差异（$p>0.05$）。

在急转出现频率上，前卫最多，均高于其他位置运动员，且具有非常显著性差异（$p<0.01$）；其次为前锋，高于后卫，且具有非常显著性差异（$p<0.01$）；然后为中后卫，出现频率高于边后卫，具有显著性差异（$p<0.05$）。

在对抗出现频率上，前卫与前锋最多，二者无统计学差异，但与中后卫与边后卫均具有非常显著性差异（$p<0.01$）；中后卫与边后卫相当，二者无统计学差异（$p>0.05$）。

在踢球出现频率上，前卫、前锋、边后卫相当，三者无显著性差异（$p>0.05$）；中后卫最少，均少于前卫与中后卫，且具有非常显著性差异（$p>0.01$）。

综合比较表明，急停、急起和急转占据了瞬时爆发性活动总数的76.81%～85.84%，平均为80.34%，见图3－5。从运动员的位置看，前锋急起的频率最高，前卫急转的频率最高，中后卫急停的频率最高，前卫与前锋较后卫具有更多的对抗。研究结果提示，在训练中应根据位置进行针对性训练，除进行一般体能与专项体能的训练外，还要加强专项动作与位置体能的训练。

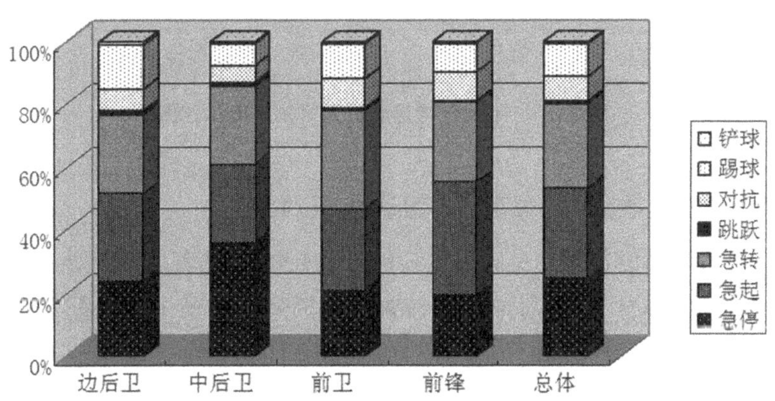

图3－5　不同位置运动员瞬时性爆发活动百分比

（二）运动员持续性高强度跑动与低强度活动的间歇特征分析

1. 运动员高强度跑动速度的确定

本研究将运动员高于无氧阈跑速的跑动规定为高强度跑动，反之定义为低强度跑动，或者称为间歇。为此，在研究过程中测定了中国女足运动员的无氧阈跑速，选取三个位置运动员的平均无氧阈跑速作为本研究中划定高强度跑动与低强度活动的基准线，其数值为3.6 m/s，如图3－6所示。

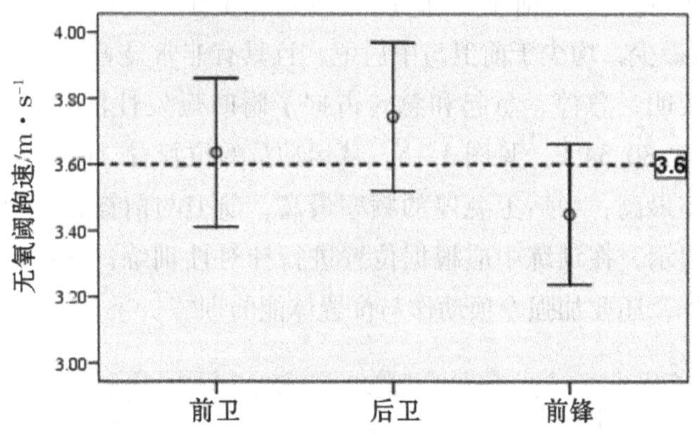

图 3-6　不同位置运动员无氧阈跑速示意图

2. 不同位置运动员持续性高强度跑动的间歇特征

表 3-4 为不同位置运动员高强度持续跑动特征一览表。结果显示，高强度跑动时间、高强度跑动比率、高强度跑动频率、低强度跑动平均时间等指标在统计学上均具有差异性，说明不同位置运动员的持续性高强度活动也存在较明显的位置特征。

表 3-4　不同位置运动员高强度持续跑动特征一览表

高强度持续跑动特征	边后卫	中后卫	前卫	前锋	$F_{(3,52)}$	p
15 min 高强度跑动时间/s	86.05 ± 7.78$^{MYM\&\&}$	70.87 ± 17.40$^{\#\#@}$	107.30 ± 19.83	93.52 ± 22.62	10.16	0.00**
高强度跑动比率/%	9.56 ± 0.87$^{MYM\&\&}$	7.87 ± 1.93$^{\#\#@}$	11.92 ± 2.20	10.39 ± 2.51	10.16	0.00**
15 min 高强度跑动频率/（次·min^{-1}）	28.85 ± 1.80$^{\&}$	27.07 ± 5.86$^{\#\#}$	35.21 ± 6.58	30.43 ± 5.64	6.07	0.00**

续表

高强度持续跑动特征	边后卫	中后卫	前卫	前锋	$F_{(3,52)}$	p
高强度跑动平均持续时间/s	2.99 ± 0.34	2.69 ± 0.38	3.07 ± 0.35	2.96 ± 0.44	2.59	0.06
低强度活动平均持续时间/s	27.68 ± 2.53	31.57 ± 6.08##	23.35 ± 5.53	27.38 ± 6.32	5.54	0.00**

注：

①高强度跑动比率 = 高强度跑动时间/总时间。②方差分析显著性水平：＊＊代表 $p<0.01$。③边后卫与中后卫的比较：MYM 代表 $p<0.05$。④边后卫与前卫的比较：& 代表 $p<0.05$，&& 代表 $p<0.01$。⑤中后卫与前卫的比较：##代表 $p<0.01$。⑥中后卫与前锋的比较：@ 代表 $p<0.05$。

方差分析表明，在高强度跑动持续时间、高强度活动比率上，前卫最多，均显著高于边后卫与中后卫（$p<0.01$），但与前锋相比无显著性意义（$p>0.05$）；前锋高于边后卫和中后卫，但仅与中后卫在统计学上具有差异性（$p<0.05$）、与边后卫的差异无统计学意义（$p>0.05$）；边后卫持续跑动时间最短，均显著少于其他位置运动员。

在高强度跑动频率上，前卫最多，均高于边后卫与中后卫（$p<0.05$；$p<0.01$），与前锋无显著性差异（$p>0.05$），其他三个位置运动员之间则无显著性差异（$p>0.05$）。

在低强度活动平均持续时间上，前卫低强度活动的间歇时间少，显著低于中后卫（$p<0.01$）；与其他位置运动员相比无统计学差异（$p>0.05$）。

综合比较表明，运动员在比赛中的高强度跑动与低强度活动的比例介于 1/10.81～1/8.52，平均为 1/10.65，见图 3－7。其中，前卫在比赛中具有较多且持续时间较长的高强度跑动，同时在每两次高强度跑动间均有最短的间歇时间。这提示不同位置运动员在高强度跑动与间歇上具有一定的差异，训练中应根据位置的体能需求，在一般体能训练与专项体能基础上，加强位置体能训练。

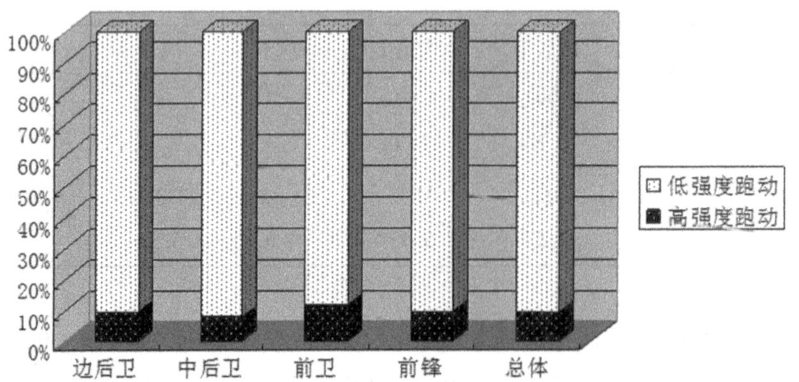

图3-7　不同位置运动员高、低强度跑动持续时间百分比

三、不同位置运动员不同持续时间的高强度跑动与低强度跑动特征

表3-5为不同位置运动员不同持续时间高强度跑动频率表。结果显示，不同位置运动员在<10 s的高强度跑动上无显著性差异（$p>0.05$）；在10～<12 s时间段上，中后卫跑动次数最少，前卫最多，边后卫与前锋居中，二者无显著性差异（$p>0.05$）。结合图3-8可知，四个位置的运动员在10 s内的短时间高强度跑动上未有明显的位置特征，而在10 s及以上的高强度跑动上才存在明显位置特征。相对于其他位置运动员，前卫与前锋具有更多的10 s以上的高强度跑动，持续时间越长的高强度跑动，其出现的频率越低。

表3-5　不同位置运动员不同持续时间高强度跑动频率表

持续时间/s	边后卫	中后卫	前卫	前锋
0～<2	13.01±3.89	13.2±5.99	15.16±6.24	12.14±6.15
2～<4	9.85±2.23	8.45±2.44	11.33±2.76	10.49±3.73

续表

持续时间/s	边后卫	中后卫	前卫	前锋
4 ~ <6	3.9 ±2.76	4.14 ±2.34	4.86 ±2.54	4.22 ±2.19
6 ~ <8	0.88 ±1.15	0.57 ±0.79	1.86 ±0.90	2.29 ±1.11
8 ~ <10	0.5 ±1.50	0.57 ±0.79	1.00 ±0.58	0.43 ±0.79
10 ~ <12	0.57 ±0.79[MYM]	0.14 ±0.38[##@]	0.86 ±0.69	0.57 ±0.53
≥12	0.14 ±0.38[MYMMYM]	0.02 ±0.01[##@@]	0.14 ±0.38	0.29 ±0.49
总计	28.85 ±1.80	27.07 ±5.86	35.21 ±6.58	30.43 ±5.64

注：

①边后卫与中后卫的比较：MYM 代表 $p<0.05$，MYMMYM 代表 $p<0.01$。②中后卫与前卫的比较：##代表 $p<0.01$。③中后卫与前锋的比较：@代表 $p<0.05$，@@代表 $p<0.01$。

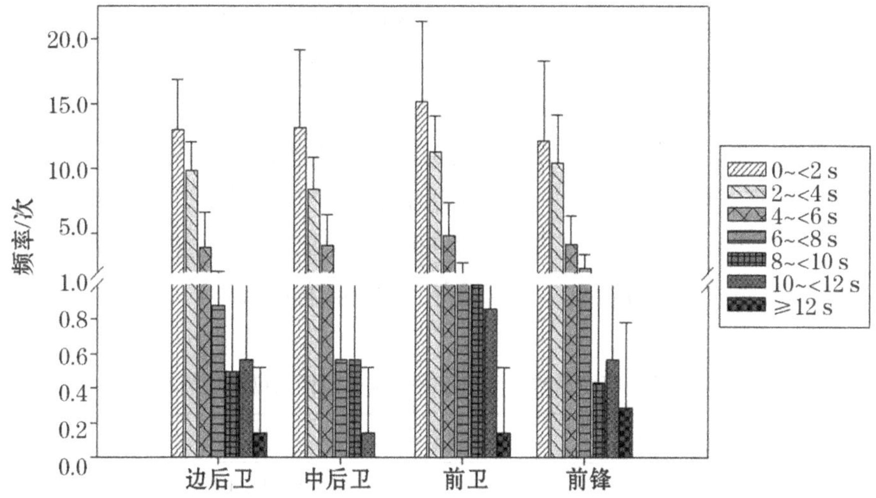

图3-8 不同位置运动员不同持续时间高强度跑动频率图

综合不同位置运动员运动特征发现（图3-9），运动员在比赛中的高强度跑动持续时间主要集中在<6 s，占总高强度跑动次数的88.23% ~95.20%，平均为91.09%。前锋与前卫主要集中于<8 s，分别占总高强度跑动次数的94.32%、95.76%。≥8 s的高强度跑动次数较少，仅占总高强度跑动次数的2.69% ~5.68%。

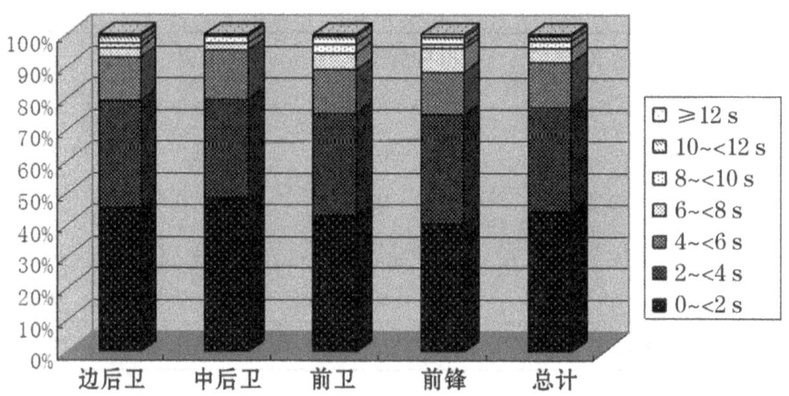

图 3－9　不同位置运动员高强度跑动不同持续时间百分比

表 3－6 为不同位置运动员不同持续时间低强度活动频率表。结果显示，前卫具有较多的 20 s 以内的间歇，占总间歇次数的 63.12%；前锋具有较多的 20～45 s 时间段的间歇，边后卫与中后卫具有较多≥45 s 的间歇。这表明中场运动员两次高强度跑动间的间歇时间较其他位置运动员要短。

从整体上看，四个位置运动员在间歇特征上表现出一定的共性（图 3－10），即在 20～≥45 s 与 45～≥90 s 时间段间歇上出现频率最多，占到总间歇次数的 33.95%～42.49%，平均为 38.87%。≥90 s 间歇频率最少，平均仅为 4.28%。其他时间段间歇频率尽管在统计学上有差异，但差异程度较小。

表 3－6　不同位置运动员不同持续时间低强度活动频率表

持续时间/s	边后卫	中后卫	前卫	前锋
0～<2	2.85±3.27&	2.43±2.07#	4.57±4.93	3.00±1.41
2～<4	3.6±2.64&	2.86±1.57#	4.71±2.50	3.71±2.87
4～<8	3.9±1.95	4.00±3.11	4.14±3.29	4.00±2.23
8～<12	2.43±1.72&	2.71±1.38#	3.71±2.29+	1.86±1.68
12～<20	3.82±1.95&	2.86±1.21#	4.86±1.35	4.43±3.10

续表

持续时间/s	边后卫	中后卫	前卫	前锋
20 ~ <45	6.21 ± 2.77%	6.85 ± 2.14@	7.12 ± 1.90+	8.01 ± 2.98
45 ~ <90	5.43 ± 2.37&%	5.29 ± 1.98#@	4.71 ± 2.14	4.62 ± 1.22
≥90	1.29 ± 0.95	1.57 ± 1.13	1.02 ± 0.28	1.43 ± 1.27
总计	29.53 ± 1.80	28.57 ± 5.86	34.84 ± 6.58	31.06 ± 5.64

注：

①边后卫与前卫的比较：& 代表 $p<0.05$。②边后卫与前锋的比较：% 代表 $p<0.05$。③中后卫与前卫的比较：#代表 $p<0.05$。④中后卫与前锋的比较：@ 代表 $p<0.05$。⑤前卫与前锋的比较：+代表 $p<0.05$。

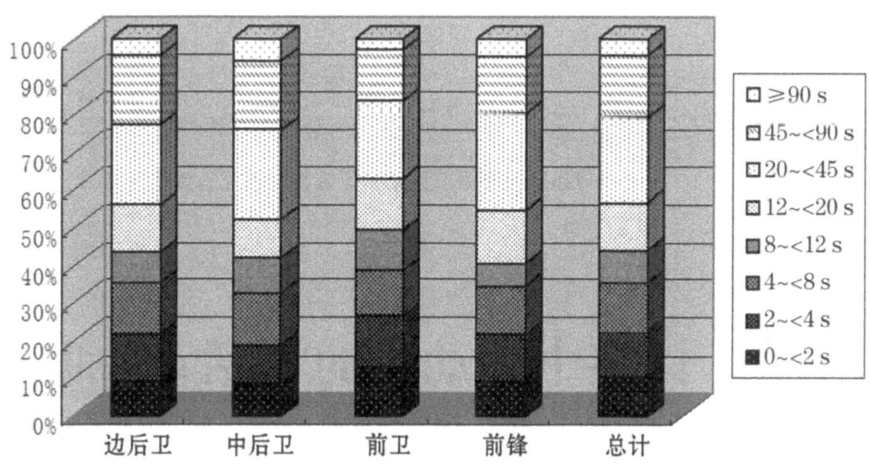

图 3－10　不同位置运动员不同间歇时间百分比

四、高强度跑动与低强度间歇交替变化特征

足球比赛中运动员的跑动表现出高、低强度交替变化的特征，研究表明，女子足球运动员每 30 s 左右进行一次高强度跑动，每次高强度跑动的持续时间约为

2.92 s，连续两次高强度跑动的间歇时间约为 27.50 s，表现出高强度跑动时间短、间歇时间长的变化特征（图 3－11）。

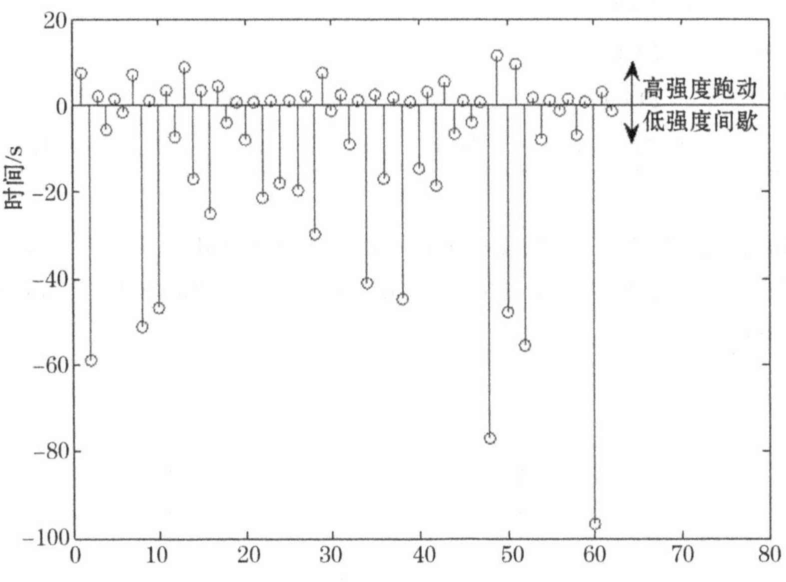

图 3－11　女子足球运动员高强度跑动与低强度间歇交替变化示意图

第三节　比赛中运动员的“活动－间歇”表现特征

一、统计数据的有效性分析

为了检验比赛统计结果的客观性与可靠性，本研究进行了不同评价者的一致性检验与重复测试一致性检验。如果不同评价者之间的评价结果一致性程度较高，

说明统计指标具有较强的客观性与可操作性，评价结果不受评价者主观因素的影响，反之，则说明评价结果随机性大，结果误差大。如果同一评价者的两次评价结果一致性程度较高，说明评价者在统计过程中客观一致，不受其他因素的影响，具有较好的可重复性，统计结果可信程度较高。

本研究中不同评价者的一致性检验采用了肯德尔一致性检验，肯德尔和谐系数（W）取值范围为［0～1］，W 越接近 1，说明评价值之间的评价结果一致性程度越高。本研究中，4 个位置运动员的 W 均高于 0.98，接近于 1，且具有统计学意义（$p<0.01$），这表明统计指标的选择具有较强的客观性与可操作性。同一评价者的重复测试结果一致性检验表明（图 3－4），急停、急起、对抗、高强度跑动、低强度跑动的重复测试均具有较好的一致性（$r=$［0.82～0.92］），重复测试的回归线接近于 $y=x$，甚至跳跃、踢球和铲球 3 个指标的重复测试回归线与 $y=x$ 重合，这表明评价者对比赛指标的统计具有较强的可重复性，统计结果可信程度高。

二、运动员的总体“活动－间歇”特征

足球是一项伴有间歇性高强度、爆发性活动且持续时间较长的运动项目①。无氧高强度活动是影响足球比赛胜负的核心因素，因此对女子足球比赛中运动员高强度活动形式进行研究具有重要意义。

研究结果表明，在女子足球比赛中，急停、急起和急转占据了瞬时爆发性活动的 80.34%，并且表现出明显的位置特征，这表明在训练中应根据比赛需求进行位置训练。在不同的位置，前锋主要参与进攻，特别是在进攻三区需要进行摆脱、快速跑位、反切等多种快速起动活动，所以急起较多；前卫需要在攻守两端完成任务，是攻防转换的枢纽，所以急转较多；中后卫主要任务是防守，其动作具有更多的被动属性，需要根据对方的行为不断地改变自己的行为，所以中后卫急停较多；前卫与前锋在进攻前端，被对方限制较多，特别是前锋经常在对抗中背身接应持球运动员，始终处于限制与反限制的状态，所以对抗较多。这提示，在一

① STØLEN T，CHAMARI K，CASTAGNA C，et al. Physiology of soccer：an update［J］. Sports Medicine，2005，35（6）：501－536.

般性训练的基础上，前锋、前卫、中后卫分别需要更多的向心力量训练、向心与离心力量训练、离心力量训练，以适应比赛需求。

除上述高强度瞬时性爆发活动外，比赛中还存在一种持续时间长、强度大的活动，即高强度跑动。目前，对高强度跑动的界定并未有统一的标准，有国外学者将速度大于14.4 km/h的跑动定义为高强度跑①，还有学者将高强度跑动的速度标准定为大于15 km/h②，也有学者将高强度跑动速度标准定为大于14 km/h③。国内学者根据美国体能教练巴里利用最大摄氧量划定女子运动员速度标准，将女子足球运动员在比赛中速度大于4.8 m/s（17.2 km/h）的跑动定义为高强度跑动，认为高于该速度的跑动为无氧供能④。截至目前，在对高强度跑动的定义上，国外学者一般将高于14～15 km/h的跑动定义为高强度跑动，但是理论依据并未见报道。相比国外的研究，国内学者顾晓敏的研究更有一定的理论意义，将最大摄氧量百分比对应的跑速作为划定速度标准的依据更容易认清事物的本质。尽管该方法较国外研究在方法学上更具科学性，但是获得的速度标准还是基于统计推断得出的，最大摄氧量与跑速只在一定范围内成线性相关，因此超出一定范围，推断结果必将产生较大误差，因此运用该方法制定的高强度跑动速度标准仍存在较大的误差。本研究在确定速度标准时采用了跑台测试的方法，跑台测试是一种较为成熟的测试方法，已经广泛地应用于训练科学中，该方法测定的运动员无氧阈跑速更加准确，因此，以大于3.6 m/s（13 km/h）作为高强度跑动的速度标准更加合理。

有研究表明，在男子足球比赛中，一名男子足球运动员有1 000～1 400次短时间的行为活动，其中2～4 s的冲刺跑（大于19 km/h）每隔90 s会出现一次，这

① DI SALVO V，GREGSON W，ATKINSON G，et al. Analysis of high intensity activity in premier league soccer［J］. International Journal of Sports Medicine，2009，30（3），205－212.

② MOHR M，KRUSTRUP P，ANDERSSON H，et al. Match activities of elite women soccer players at different performance levels［J］. Journal of Strength and Conditioning Research，2008，22（2）：341－349.

③ LAGO C，CASAIS L，DOMINGUEZ E，et al. The effects of situational variables on distance covered at various speeds in elite soccer［J］. European Journal of Sport Science，2010，10（2）：103－109.

④ 顾晓敏．中国优秀女足运动员比赛活动距离特征的研究［D］．北京：北京体育大学，2007.

种短时的爆发性活动被认为是比赛取得胜利的关键因素①。本研究表明，在女子足球比赛中，运动员一次高强度活动的平均时间约为 3 s（2.96 ~ 3.07 s），平均每 15 min出现 27.07 ~ 35.21 次，两次高强度跑动之间的间歇约为 30 s（23.35 ~ 31.57 s），即每隔 30 s 左右出现一次持续时间为 3 s 左右的高强度跑动，高强度活动与低强度活动的比率约为 1:10，而男子足球运动员的活动与间歇比约为 1:8②。该结果提示，女子足球运动员在安排间歇训练时，其间歇时间应长于男子足球运动员，以符合比赛的活动特征。从位置特征看，前卫与前锋具有更多的高强度跑动时间，尤其是前卫，在高强度跑动时间、平均每次高强度跑动时间与高强度跑动频率上均高于其他位置运动员，同时高强度跑动时间长，导致低强度活动的间歇时间较短，间歇时间仅为 23.35 s，活动与间歇比约为 1:8，研究结果与莫尔对男子足球运动员的研究结果一致。该结果提示，在训练中负荷结构的模式应该根据比赛需求按照运动员在比赛中的位置进行有针对性的安排。

三、运动员的高强度跑动与低强度活动特征

研究结果表明，女子足球运动员约 91% 的高强度跑动持续时间在 6 s 以内，约 98% 的高强度跑动在 10 s 以内，而持续时间在 10 s 及以上的高强度跑动较少，仅占 2%，这与国外的相关研究报道较为一致③。有研究表明，男子足球运动员 10 s 以内的高强度活动占到了总次数的 98%。与本研究共同佐证了彭斯博④等人的研究，即高强度爆发性活动的持续时间平均在 2.5 ~4 s。在位置特征上，前卫相比其他位置运动员具有更多的高强度跑动，在一定程度上与前人的研究相互佐证，即

① STØLEN T, CHAMARI K, CASTAGNA C, et al. Physiology of soccer: an update [J]. Sports Medicine, 2005, 35 (6): 501 -536.

② VIGNE G, GAUDINO C, ROGOWSKI I, et al. Activity profile in elite Italian soccer team [J]. International Journal of Sports Medicine, 2010, 31 (5): 304 -310.

③ O'DONOGUEP P G. Time-motion analysis of work - rate in English FA Premier League soccer [J]. International Journal of Performance Analysis in Sport, 2002, 2 (1): 36 -43.

④ BANGSBO J L, NØRREGAARD L, ThORSØ F N. Activity profile of competition soccer [J]. Canadian journal of sport sciences, 1991, 16 (2): 110 -116.

前卫的跑动距离高于其他位置运动员①。

根据活动与间歇的比率可知，女子足球比赛低强度活动时间约为90%（站立、走、低强度跑动），可以认为有氧供能在90%的时间内起着主导作用。无氧供能在一场比赛中起支配作用的时间较短，但是在高强度爆发性活动中，无氧供能却起着决定性作用②。本研究发现，女子足球运动员的高强度跑动持续时间一般在6 s以内，并且每隔30 s左右出现一次，且偶有超过10 s的高强度跑动出现，说明高强度跑动中的供能由无氧供能与有氧供能共同完成。

从间歇特征看，在两次高强度跑动间，低于45 s的间歇占了50%左右，超过90 s的间歇仅占到4%左右。伍顿等③的研究表明，在完成5个6 s最大速度冲刺跑后，间歇时间30 s较间歇时间60 s的乳酸堆积与运动能力下降的程度要高。巴尔索姆④的进一步研究表明，高强度活动后，如果间歇时间低于45 s，肌肉中磷酸肌酸（creatine phosphate，CP）的含量无法完全恢复。在女子足球比赛中，两次高强度跑动之间的间歇时间低于45 s的次数为50%，表明女子足球比赛中高强度跑动的完成并不是完全由ATP-CP系统供能的，无氧糖酵解供能与有氧供能在其中也起着重要作用。

四、运动员的“活动－间歇”特征对训练的启示

在女子足球比赛中，瞬时爆发性活动主要由急停、急起、急转等构成，并且由于位置不同，运动员之间在某一种或几种活动方式上有一定差异，因此，不管哪个位置的运动员都要进行必要的力量训练。力量训练既应该包含最大力量训练，

① 刘丹，曹晓东，赵刚，等.2007年女子足球世界杯赛运动员跑动能力研究［J］.体育科学，2009，29（10）：51－60.

② BANGSBO J. The physiology of intermittent activity in football［M］//REILLY T，BANGSBO J，HUGHES M. Science and Football III. London：E&FN Spon，1997：43－53.

③ WOOTTON S A，WILLIAMS C. The influence of recovery duration on repeated maximal sprints［M］//KNUTTGEN H G，VOGEL J A，POORTMANS J. Biochemistry of Exercise. Champaign：Human Kinetics Publishers，1983：269－273.

④ BALSOM P，SEGER J，SJÖDIN B，et al. Maximal－intensity intermittent exercise：effect of the recovery duration［J］. International Journal of Sports Medicine，1992，13（7）：528－533.

也应该包含发展爆发力的快速力量训练及核心力量训练。然后在此基础上，根据比赛中要求的位置体能特征对不同位置的运动员进行有针对性的训练。

本研究表明，女子足球比赛是一项持续时间长、高强度活动与低强度活动交替进行的运动项目，其高强度跑动与低强度活动的比率平均约为 1:10，在安排模拟性训练时，可以根据该比列进行间歇训练。安排专项体能训练时，可以根据运动员的位置在 1:10 的基础上进行微调。在女子足球比赛中 90% 的时间为低强度运动，这决定了运动员必须具备良好的有氧工作能力，同时由于比赛中运动员在进行无氧高强度活动时，ATP-CP 系统无法提供足够的能量，必须由无氧糖酵解供能系统与有氧供能系统协助完成，因此运动员还需具备较好的无氧糖酵解能力及出色的高强度有氧工作能力。

第四章 高水平女子足球比赛中运动员的跑动特征

体能是技战术能力发挥的基础，在体能的诸要素中，跑动能力是运动员比赛中最重要的要素之一，不仅直接反映比赛中运动员的体能表现，甚至直接影响着球队的技战术表现。已有研究指出，在男子足球比赛中，运动员的冲刺跑能力、长时间持续运动能力等因素会直接决定比赛表现，而且运动员会由于位置与分工不同表现出一定的体能差异。这些研究结果对于指导足球运动训练发挥了重要作用，表明训练不仅要遵循足球运动员在体能上的共性规律，而且还应包括针对性的位置体能训练。足球科研工作者应系统分析高水平女子足球比赛中运动员的跑动特征，深入挖掘女子足球运动员的体能表现特征与规律，为女子足球运动员进行科学化训练提供理论依据。

第一节　数据来源与研究方法

一、数据来源

本章以近10年中国女足参加奥运会预选赛、亚运会、永川四国赛和系列热身

赛的各项国际A级赛事（累计30场比赛）的部分主力运动员及对手的部分主力运动员为研究对象，包括美国队、瑞典队、加拿大队、中国队、德国队、日本队、巴西队、挪威队、加纳队、朝鲜队、澳大利亚队、丹麦队等队的部分主力运动员。

二、研究方法

（一）基于Time-motion分析法的比赛跑动分析

本部分主要采用Time-motion分析法获取运动员在比赛中的各种类型的跑动数据，获得原始数据后，根据研究需要对数据进行分类处理，分别计算了运动员的跑动总距离、无氧跑动距离，并分析比赛中随着时间的推移与疲劳的发生而出现的跑动动态变化、比赛中的位置跑动特征等，采用的手段与第三章相同，在此不再赘述。

（二）数据处理

首先，本部分对运动员跑动能力与进攻效果的关系进行研究，证实了运动员的跑动能力会直接影响进攻效果，主要采用了有序逻辑回归的方法。在方法的使用中，以比赛结果为因变量，分别设置比赛结果为胜、平、负；以高强度跑动距离、高强度跑动频率、高强度运球距离、高强度跑动距离下降率、高强度频率下降率和高强度运球距离下降率为自变量，建立逻辑回归方程。

其次，本部分分别使用独立样本 t 检验、单项因变量方差分析等参数检验方法对运动员的跑动总距离、无氧跑动距离，比赛中跑动能力的动态变化性，比赛中的位置跑动特征等进行了统计分析。

最后，本部分通过独立样本 t 检验与相关分析的方法探讨了下半场运动员疲劳后对运动技能下降的影响。采用的主要指标：控球、短传、成功短传次数，成功短传率，长传、成功长传次数，成功长传率、传中和抢断等。

第二节 比赛中运动员的跑动表现形式

一、运动员跑动能力与进攻效果的关系

有针对男子足球运动员的研究表明，跑动能力尤其是高强度跑动能力对比赛有积极的意义。为了考察各种高强度跑动对比赛结果的影响，本研究以比赛结果为因变量，以高强度跑动距离、高强度跑动频率、高强度运球距离、高强度跑动距离下降率、高强度跑动频率下降率、高强度运球距离下降率为自变量（表4－1），建立了逻辑回归方程。建立的回归方程模型经卡方检验，$p < 0.05$，说明最终模型要优于只含截距的模型，最终模型显著成立（表4－2）。在模型拟合优度检验中，皮尔逊检验与偏差检验均大于0.05，说明回归模型具有较好的拟合度（表4－3）。

表4－1　有序逻辑回归变量赋值情况一览表

变量名	赋值		
	负	平	胜
高强度跑动距离[a]/m	200以下	200～400	400以上
高强度跑动频率[a]/次	20以下	20～40	40以上
高强度运球距离/m	100以下	100～200	200以上
高强度跑动距离下降率[b]/%	10以下	10以上	
高强度跑动频率下降率/%	10以下	10以上	
高强度运球距离下降率[b]/%	5以内	5以上	

注：a为进攻时的参数，b为下半场下降率。

表4－2 模型拟合信息

模型	－2 对数似然	卡方值	自由度	p
反截距	61.690			
最终	37.476	24.214	11	0.012

表4－3 模型拟合优度检验

检验方法	卡方值	自由度	p
皮尔逊检验	44.176	37	0.194
偏差检验	32.561	37	0.677

表4－4为比赛结果对各自变量逻辑回归方程的参数估计一览表。结果表明：(1）高强度跑动距离越大，比赛结果获胜的概率越大，比赛中高强度跑动距离等级1与等级2的获胜概率是高强度跑动等级3的0.69倍、0.77倍。(2）高强度跑动频率越高，比赛获胜的概率越大，高强度跑动频率等级1与等级2分别是高强度跑动频率等级3的0.62倍、0.68倍。(3）高强度运球跑动越多，比赛获胜的概率越大，高强度运球跑动等级1与等级2分别是高强度运球跑动等级3的0.76倍、0.79倍。(4）高强度跑动距离减少率越小，比赛获胜的概率越大，高强度跑动距离减小率降低1个等级，获胜概率可增加1.32倍。(5）高强度跑动频率减少率越小，比赛获胜的概率越大，高强度跑动频率减小率降低1个等级，获胜概率可增加1.38倍。(6）高强度运球跑动距离减少率越小，比赛获胜的概率越大，高强度运球跑动减小率降低1个等级，获胜概率可增加1.26倍。除高强度运球跑动距离等级2与高强度运球跑动距离等级3的优势比、高强度运球减少率的优势比无统计学意义外，其他指标均具有统计学意义。

表 4 -4　有序逻辑回归方程的参数估计一览表

		估计值	标准误	卡方值	自由度	比值比	p
阈值	[比赛结果 =1]	-0.95	0.78	1.48	1	0.39	0.00
	[比赛结果 =2]	-0.36	0.67	0.29	1	0.70	0.99
位置	[高强度跑动距离 =1]	-0.38	0.31	1.49	1	0.69	0.01
	[高强度跑动距离 =2]	-0.26	0.84	0.09	1	0.77	0.04
	[高强度跑动距离 =3]	0			0		
	[高强度跑动频率 =1]	-0.48	0.29	2.68	1	0.62	0.01
	[高强度跑动频率 =2]	-0.39	0.73	0.29	1	0.68	0.03
	[高强度跑动频率 =3]	0			0		
	[高强度运球距离 =1]	-0.27	0.16	2.89	1	0.76	0.04
	[高强度运球距离 =2]	-0.24	0.09	7.11	1	0.79	0.05
	[高强度运球距离 =3]	0			0		
	[高强度跑动距离减少率 =1]	0.28	0.54	0.27	1	1.32	0.00
	[高强度跑动距离减少率 =2]	0			0		
	[高强度跑动频率减少率 =1]	0.32	0.49	0.43	1	1.38	0.02
	[高强度跑动频率减少率 =2]	0			0		
	[高强度运球跑动减少率 =1]	0.23	0.32	0.52	1	1.26	0.07
	[高强度运球跑动减少率 =2]	0			0		

根据研究结果，可以建立如下模型：

$$\text{logit}\ (p_{\text{比赛结果}=1}) = \text{logit}\ \frac{(p\mid \text{比赛结果}=1)}{1-(p\mid \text{比赛结果}=1)}$$

$$= -0.95 + (-0.38) \times (\text{高强度跑动距离}=1)$$

$$+ (-0.26) \times (\text{高强度跑动距离}=2)$$

$$+ (-0.48) \times (\text{高强度跑动频率}=1)$$

$$+ (-0.39) \times (\text{高强度跑动频率}=2)$$

$$+ (-0.27) \times (\text{高强度运球距离}=1)$$

$$
\begin{aligned}
&+(-0.24)\times(\text{高强度运球距离}=2)\\
&+0.28\times(\text{高强度跑动距离减少率}=1)\\
&+0.32\times(\text{高强度跑动频率减小率}=1)\\
&+0.23\times(\text{高强度运球跑动减小率}=1)
\end{aligned}
$$

$$
\begin{aligned}
\operatorname{logit}(p_{\text{比赛结果}=2/3}) &= \operatorname{logit}\frac{(p\mid\text{比赛结果}=1)+(p\mid\text{比赛结果}=2)}{(p\mid\text{比赛结果}=3)}\\
&= -0.36+(-0.38)\times(\text{高强度跑动距离}=1)\\
&\quad +(-0.26)\times(\text{高强度跑动距离}=2)\\
&\quad +(-0.48)\times(\text{高强度跑动频率}=1)\\
&\quad +(-0.39)\times(\text{高强度跑动频率}=2)\\
&\quad +(-0.27)\times(\text{高强度运球距离}=1)\\
&\quad +(-0.24)\times(\text{高强度运球距离}=2)\\
&\quad +0.28\times(\text{高强度跑动距离减少率}=1)\\
&\quad +0.32\times(\text{高强度跑动频率减小率}=1)\\
&\quad +0.23\times(\text{高强度运球跑动减小率}=1)
\end{aligned}
$$

有研究表明，在足球比赛中竞技水平高的运动队往往具有较多的高强度跑动距离、高强度跑动频率和高强度运球距离①。同时，对女子足球的研究表明，顶级女子足球运动员比高水平运动员在比赛中具有更多的高强度跑动与冲刺跑动②。因此，本研究将上述3个指标纳入预测因变量的自变量集中。此外，有研究表明，男子足球运动员在比赛结束阶段，高强度活动能力会显著下降③，或者在比赛下半场运动员的高强度活动能力会下降④。高强度活动能力的下降可能导致比赛竞技水平

---

① RAMPININI E，IMPELLIZZERI F M，CASTAGNA C，et al. Technical performance during soccer matches of the Italian Serie A League：effect of fatigue and competitive level［J］. Journal of Science and Medicine in Sport，2009，12（1）：227－233.

② MOHR M，KRUSTRUP P，ANDERSSON H，et al. Match activities of elite women soccer players at different performance levels［J］. Journal of Strength and Conditioning Research，2008，22（2）：341－349.

③ KRUSTRUP P，MOHR M，STEENSBERG A，et al. Muscle and blood metabolites during a soccer game：Implications for sprint performance［J］. Medicine and Science in Sports and Exercise，2006，38（6）：1165－1174.

④ BANGSBO J L，NØRREGAARD L，ThORSØ F N. Activity profile of competition soccer［J］. Canadian journal of Sport Sciences，1991，16（2）：110－116.

的下降，最后影响比赛的结果，因此，将高强度跑动距离、高强度跑动频率与高强度运球跑动距离 3 项指标的下降率也纳入预测比赛结果的自变量集中。

逻辑回归分析表明，高强度跑动距离、高强度跑动频率和高强度运球距离每增加 1 级，比赛获胜的概率就会增加。高强度跑动距离、高强度频率与高强度运球距离在下半场的减少率每降低 1 个单位，比赛的获胜率也会增大。结果表明，3 个因素及其在下半场的下降率对比赛的结果存在显著影响。因此，要想提高比赛获胜的概率，运动员必须具备高强度跑动与高强度运球能力和反复冲刺跑的能力。研究结果表明，女子足球运动中训练目标的确定必须充分考虑上述 3 个因素。

二、运动员的总体活动概况

研究结果表明（图 4 –1），在女子足球比赛中，冲刺跑、高速跑、中速跑、低速跑、慢跑、慢跑以下（走与站立）等 6 种跑动形式分别占比赛总时间的 1. 21%、1. 90%、3. 87%、20. 40%、41. 11%、31. 52%，其中高强度跑动仅占到 3. 11%，无氧跑动占 6. 98%。在不同跑动形式平均每次跑动持续时间上，无氧跑动的 3 种跑动形式每次的跑动时间均低于 3 s，分别为 2. 3 s、2. 42 s、2. 55 s，慢跑以下的平均每次跑动时间最长，约为 7 s，全场比赛中平均每次的跑动时间约为 3. 66 s。在跑动频率上，冲刺跑、高速跑、中速跑、低速跑、慢跑、慢跑以下的频率分别为 30 次、45 次、88 次、430 次、450 次、260 次，无氧跑动的频率约为 163 次。

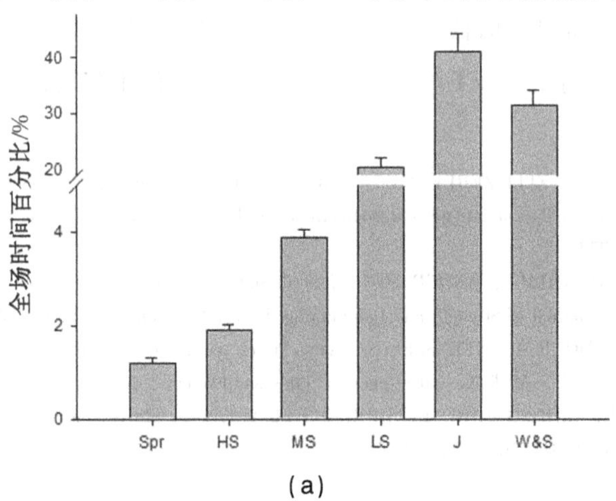

(a)

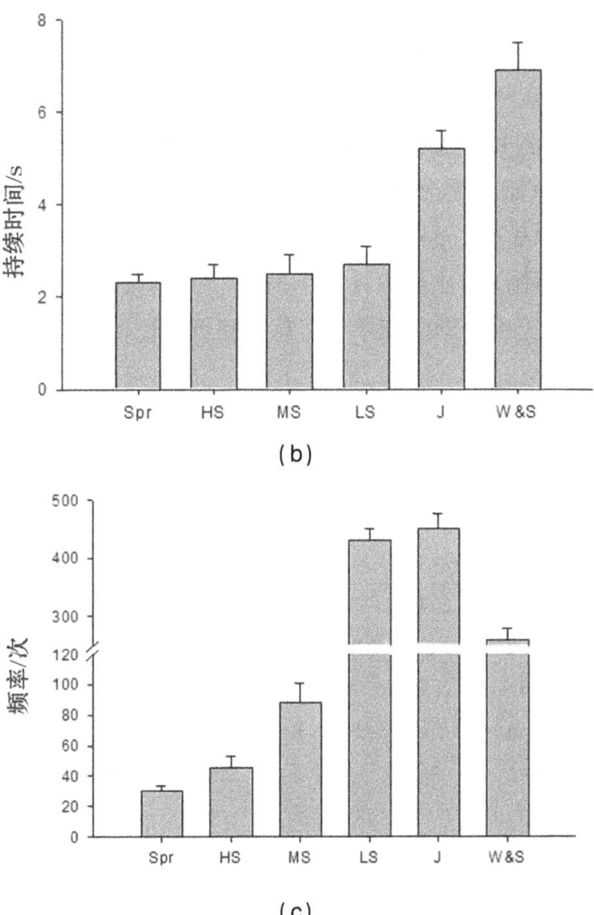

(b)

(c)

注：(a) 为各种跑动形式耗用时间占比赛总体时间的百分比。(b) 为各种跑动形式平均每次的持续时间。(c) 为各种跑动形式的活动频率。W&S、J、LS、MS、HS、Spr 分别代表走与站立 (walking and standing)、慢跑 (jogging)、低速跑 (low-speed running)、中速跑 (moderate-speed running)、高速跑 (high-speed running)、冲刺跑 (sprinting)。

图 4－1 女子足球比赛活动基本特征示意图 ($N=16$)

关于比赛中的各种活动参数，下半场与上半场相比，表现出了一定的差异性(表 4－5)。在跑动频率上，冲刺跑、高速跑、中速跑和总跑动次数均表现出了下降趋势 (19 次 VS 11 次，$p<0.01$；26 次 VS 19 次，$p<0.05$；52 次 VS 36 次，$p<$

0.05；682 次 VS 621 次，$p<0.05$）。在跑动时间上，下半场冲刺跑、高速跑和中速跑的耗用时间占下半场总时间的百分比较对应参数占上半场总时间的百分比显著下降（1.49% VS 0.95%，$p<0.01$；2.14% VS 1.68%，$p<0.05$；4.51% VS 3.30%，$p<0.05$）。各种跑动形式的平均每次跑动时间则未出现明显变化（$p>0.05$）。冲刺跑与无氧跑动无论是在频率上，还是在占总时间百分比上，下半场均表现出下降趋势（$p<0.05$，$p<0.01$）（图 4－2）。

总体上看，无氧跑动在比赛中耗用的时间、冲刺频率和占总时间的百分比均显著少于有氧跑动；无氧跑动的频率、占总时间百分比在下半场均出现下降趋势。

表 4－5　女子足球运动员上、下半场活动能力比较表　　$N=16$

	场次	冲刺跑	高速跑	中速跑	低速跑	慢跑	慢跑以下	平均 1 次跑动的持续时间或总和
持续时间/s	F. H	2.3 ± 0.2	2.42 ± 0.3	2.55 ± 0.4	2.7 ± 0.5	5.2 ± 0.5	6.9 ± 1.1	3.7 ± 0.3
	S. H	2.3 ± 0.3	2.37 ± 0.3	2.45 ± 0.3	2.6 ± 0.4	5.1 ± 0.6	6.8 ± 1.3	3.6 ± 0.5
频率/次	F. H	19 ± 3	26 ± 7	52 ± 12	220 ± 30	230 ± 28	135 ± 14	682 ± 18
	S. H	11 ± 5**	19 ± 6*	36 ± 10*	210 ± 33	220 ± 32	125 ± 18	621 ± 16*
占总时间百分比/%	F. H	1.49 ± 0.2	2.14 ± 0.4	4.51 ± 0.8	19.46 ± 0.6	40.70 ± 1.1	31.70 ± 1.0	100
	S. H	0.95 ± 0.2**	1.68 ± 0.2*	3.30 ± 0.4*	20.40 ± 0.8	41.92 ± 1.6	31.76 ± 1.4	100

注：

①F. H 为上半场，S. H 为下半场。②显著性水平：* 代表 $p<0.05$，** 代表 $p<0.01$。

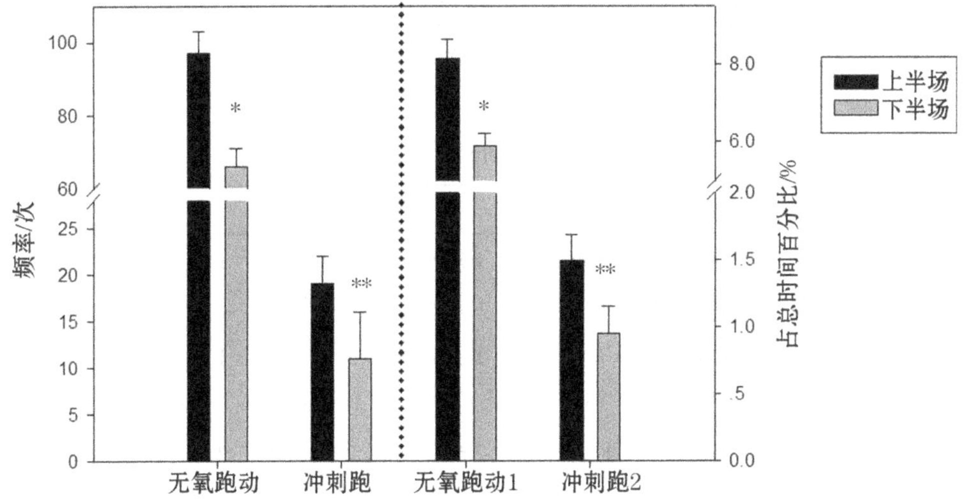

注：图中虚线左侧为无氧跑动与冲刺跑发生频率的比较，对应左侧坐标轴；虚线右侧为无氧跑动与冲刺跑占总时间的比较，对应右侧坐标轴。＊代表 $p<0.05$，＊＊代表 $p<0.01$。

图4－2　上、下半场无氧跑动与冲刺跑变化图（$N=16$）

三、运动员的跑动距离特征

（一）运动员的总体跑动特征

研究结果表明（表4－6），女子足球比赛中的跑动距离约为9 693.07 m，冲刺跑、高速跑、中速跑、低速跑、慢跑及慢跑以下分别为305.81 m、652.90 m、1 447.91 m、2 604.95 m、2 096.40 m、2 585.10 m，分别约占跑动总距离的3%、7%、15%、26%、22%、27%。在上、下半场的比较中，除慢跑的跑动距离未发现变化（$p>0.05$）外，冲刺跑、高速跑、中速跑、低速跑、慢跑以下及半场总距离均出现了下降趋势（181.32 m VS 124.49 m，$p<0.05$；352.86 m VS 300.04 m，$p<0.05$；749.55 m VS 698.06 m，$p<0.01$；1 339.30 m VS 1 265.65 m，$p<0.01$；1 254.01 m VS 1 331.09 m，$p<0.01$；4 942.99 m VS 4 750.08 m，$p<0.05$）。结果

显示，运动员在下半场的运动表现能力降低，体能的下降在一定程度上将影响运动员技战术能力的发挥，从而影响球队的整体运动表现。

表 4－6 不同跑动形式跑动距离一览表 单位：m；$N=72$

	冲刺跑	高速跑	中速跑	低速跑	慢跑	慢跑以下	半场距离
上半场	181.32 ± 90.45	352.86 ± 100.50	749.55 ± 197.27	1 339.30 ± 267.54	1 065.95 ± 144.04	1 254.01 ± 138.86	4 942.99 ± 455.68
下半场	124.49 ± 70.23	300.04 ± 80.06	698.36 ± 193.76	1 265.65 ± 227.06	1 030.45 ± 139.82	1 331.09 ± 126.12	4 750.08 ± 446.90
全场	305.81 ± 167.39	652.90 ± 188.70	1 447.91 ± 360.08	2 604.95 ± 449.01	2 096.40 ± 238.08	2 585.10 ± 240.18	9 693.07 ± 824.57
p	0.04*	0.03*	0.00**	0.00**	0.06	0.00**	0.04*

注：

上半场与下半场的比较：＊表示 $p<0.05$，＊＊表示 $p<0.01$。

（二）运动员的无氧跑动特征

表 4－7 为比赛中运动员无氧强度跑动情况。研究结果表明，比赛中运动员的无氧跑动约为 2 242.04 m，约占全场跑动总距离的 23.13%，其中，冲刺跑距离、高强度跑动距离分别占全场总跑动距离的 3.12%、9.70%。在进攻中，无氧跑动距离约为 1 011.48 m，其中，上半场为 531.43 m，下半场为 480.05 m，二者具有显著性差异（$p<0.05$）；高强度跑动距离约为 419.35 m，其中，上半场为 230.30 m，下半场为 189.05 m，二者具有显著性差异（$p<0.05$）；冲刺跑也表现出上述特征（85.42 m VS 60.34 m，$p<0.05$）。在防守中，无氧跑动距离约为 1 230.56 m，其中，上半场约为 656.54 m，下半场约为 574.02 m，二者具有非常显著性差异（$p<0.01$）；高强度跑动与冲刺跑也表现出与无氧跑动同样的特征（291.88 m VS 229.29 m，$p<0.01$；93.83 m VS 63.09 m，$p<0.01$）。

总体上看，冲刺跑距离、高强度跑动距离、无氧跑动距离在下半场均表现出

下降趋势，3 种无氧跑动形式中，上半场跑动所占百分比均显著高于下半场（$p<0.01$）（图4－3）。

表4－7　无氧跑动特征一览表　　单位：m；$N=72$

跑动形式	上半场			下半场			全场跑动总距离
	进攻	防守	进攻＋防守	进攻	防守	进攻＋防守	
冲刺跑	85.42 ± 74.78@	93.83 ± 50.44MYMMYM	179.25 ± 68.97++	60.34 ± 60.53	63.09 ± 65.22	123.43 ± 62.76	302.68 ± 65.78
高强度跑	230.30 ± 66.45@	291.88 ± 75.62MYMMYM	522.18 ± 70.66++	189.05 ± 70.45	229.29 ± 78.88	418.34 ± 76.19	940.52 ± 75.34
无氧跑动	531.43 ± 88.43@	656.54 ± 90.12MYMMYM	1 187.97 ± 90.10++	480.05 ± 70.91	574.02 ± 82.46	1 054.07 ± 80.71	2 242.04 ± 87.96

注：

①上半场进攻与下半场进攻的比较：@表示 $p<0.05$。②上半场防守与下半场防守的比较：MYM 表示 $p<0.05$，MYMMYM 表示 $p<0.01$。③上半场进攻＋防守与下半场进攻＋防守的比较：＋表示 $p<0.05$，＋＋表示 $p<0.01$。

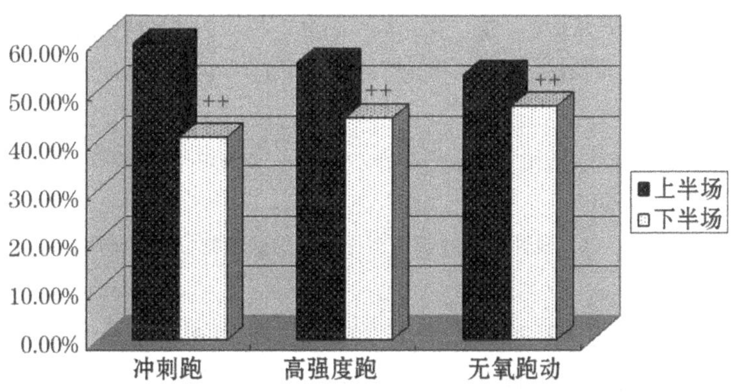

注：上半场与下半场的比较：＋＋表示 $p<0.01$。

图4－3　不同形式无氧跑动上、下半场跑动距离对比图（$N=72$）

冲刺跑在比赛中有着重要作用，按照从既定活动状态达到冲刺跑速度的耗时，可将冲刺跑分为 L-sprints（Leading-sprints）与 E-sprints（Explosive sprints），见图 4－4。结果显示，在比赛中冲刺跑的频率约为 30 次，其中 L-sprints 约为 22 次，E-sprints约为 8 次，二者出现的频率具有非常显著性差异（$p<0.01$）。对于 L-sprints，下半场的频率出现下降趋势（63% VS 40%，$p<0.05$），而 E-sprints 在下半场未发生显著性改变（$p>0.05$）。

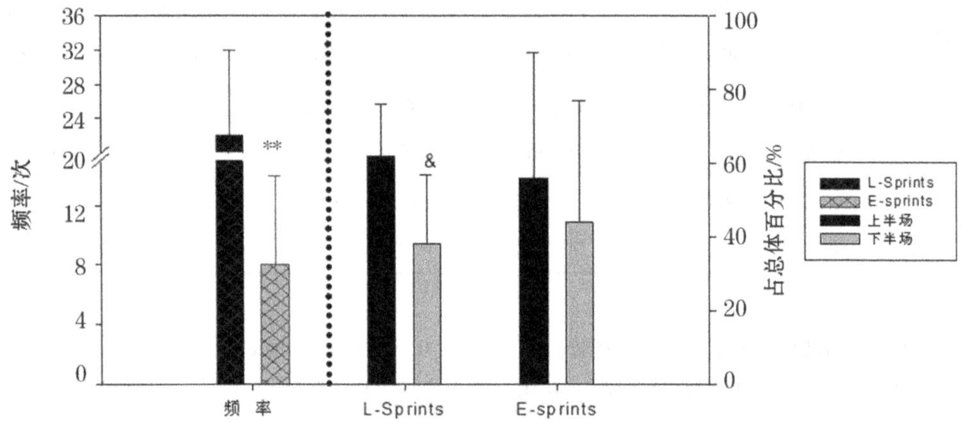

注：图中虚线左侧柱状图的坐标轴为左侧坐标轴，虚线右侧柱状图坐标轴为右侧坐标轴。L-sprints 表示运动员从站立、走、慢跑等活动形式在 1 s 内达到冲刺跑速度标准的冲刺形式；E-sprints 表示运动员从站立、走、慢跑等活动形式在 1 s 内未达到冲刺跑速度标准的冲刺形式。

①L-sprints 与 E-sprints 的比较：＊＊表示 $p<0.01$。②两种不同形式冲刺跑上半场与下半场的比较：& 表示 $p<0.05$。

图 4－4　两种形式冲刺跑在比赛中的表现特征（$N=16$）

无氧强度的各种跑动在比赛中有着至关重要的作用，本研究对优秀组运动员与一般组运动员进行了对比研究（图 4－5），研究结果表明，无氧强度跑动的总距离存在非常显著性差异（2 832 m VS 2 759 m，$p<0.01$），在冲刺跑与高强度跑动上具有显著性差异（345 m VS 290 m，$p<0.05$；1 040 m VS 963 m，$p<0.05$）。

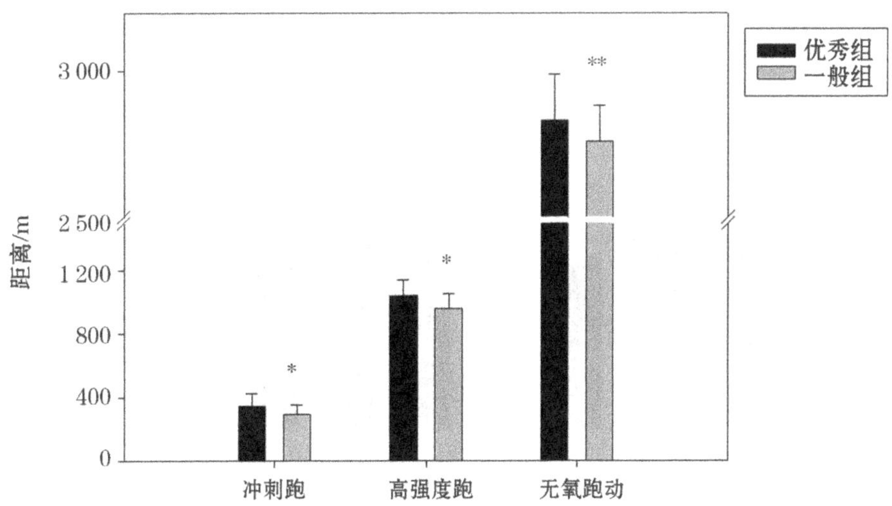

注：* 表示 $p<0.05$，* * 表示 $p<0.01$。优秀组为 2007 年世界杯前 4 名球队的 8 名运动员；一般组为 2007 年世界杯前 4 名以外的其他球队的 8 名运动员。

图 4-5　优秀组与一般组运动员高速度跑动能力对比图

四、运动员的跑动动态变化特征

（一）运动员不同阶段跑动能力的变化特征

为了了解比赛中不同时段运动员的跑动变化情况，本研究以每 15 min 为基本单位，将上、下半场分别划分为 3 个时段，共计 6 个时段（图 4-6）。

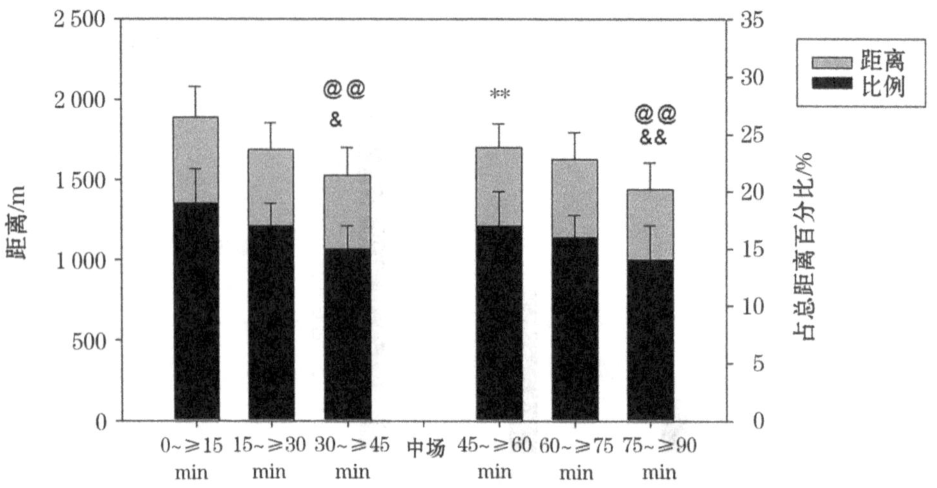

注：图中深颜色为每 15 min 跑动距离占总跑动距离的百分比，右侧坐标轴为其纵坐标。

①上半场与下半场的比较：＊＊表示 $p<0.01$。②第三个 15 min 与第一个 15 min 的比较：@@表示 $p<0.01$。③第三个 15 min 与第二个 15 min 的比较：&表示 $p<0.05$，&&表示 $p<0.01$。

图 4-6　比赛不同时段运动员跑动距离示意图（$N=72$）

结果显示，运动员的跑动在比赛中表现出一定的波动，第三个 15 min 与第一个 15 min、第二个 15 min 相比，跑动距离均显著下降（1 889 m VS 1 528 m，$p<0.01$；1 689 m VS 1 528 m，$p<0.05$），下降率分别约为 4%、2%。最后一个 15 min 与第一个 15 min、第二个 15 min 相比，跑动距离也显著下降，并且差异具有非常显著性（1 889 m VS 1 441 m，$p<0.01$；1 689 m VS 1 441 m，$p<0.01$），下降率分别约为 5%、3%。下半场与上半场相比，上半场的第一个 15 min 与下半场的第一个 15 min 存在差异，后者低于前者，且具有非常显著性差异（1 889 m VS 1 701 m，$p<0.01$）。总体上看，无论是上半场，还是下半场，以 15 min 为基本单位的跑动距离均表现出一定的下降趋势，这表示随着比赛的进行，运动员产生了一定的疲劳。

为了更加准确地解析女子足球比赛中运动员的跑动特征，本研究对无氧强度

的各种跑动能力进行了深入研究［图4－7（a）］。结果表明，上半场最后一个15 min跑动能力出现显著下降，低于第一个15 min与第二个15 min（490 m VS 404 m，$p<0.01$；463 m VS 404 m，$p<0.01$），下降率分别约为3%、2%。下半场最后一个15 min低于下半场的第一个15 min（520 m VS 387 m，$p<0.01$），下降率约为5%，但与下半场的第二个15 min相比无显著性差异（403 m VS 387 m，$p>0.05$）；与上半场不同的是，下半场的第二个15 min与第一个15 min也存在差异，前者显著低于后者（403 m VS 520 m，$p<0.01$），下降率约为4%，而最后两个15 min无显著性差异（$p>0.05$），这可能是第二个15 min下降过快造成的。上半场与下半场相比，只有上半场的第二个15 min与下半场的第二个15 min存在差异（463 m VS 403 m，$p<0.01$），差异率约为2%，该结果再次提示，下半场的第二个15 min运动员无氧跑动能力显著下降。其他两个时段则无统计学差异。总体结果表明，上、下半场最后15 min，无氧跑动能力均出现下降趋势，特别是从下半场的第60 min开始，运动员无氧跑动能力就出现了下降的趋势。

对于高强度跑动能力［图4－7（b）］，上、下半场的第三个15 min均小于各自半场的第一个15 min（142 m VS 121 m，$p<0.01$；132 m VS 102 m，$p<0.01$），差异率分别约为3%、4%。与无氧跑动总距离不同的是，上半场的最后15 min与第二个15 min相比未出现显著降低（130 m VS 121 m，$p>0.05$），而下半场的最后一个15 min与第二个15 min相比则出现下降趋势（118 m VS 102 m，$p<0.05$），差异率约为2%。此外，下半场的第三个15 min与上半场的第三个15 min还出现了差异（121 m VS 102 m，$p<0.01$），差异率约为3%，说明比赛阶段的后期，运动员高速度跑动能力下降明显。与无氧跑动总距离相同的是，无论是上半场，还是下半场，随着比赛的进行，运动员在后期都出现了一定程度的疲劳。

对于冲刺跑距离，高强度跑动特征、无氧跑动特征均体现出了不同的特征。结果表明［图4－7（c）］，上半场的3个阶段，冲刺跑距离并未发生显著性变化（70 m VS 63 m VS 52 m，$p>0.05$），而在下半场的最后15 min，则出现了明显下降趋势，最后15 min的跑动距离显著低于下半场的第一个15 min（64 m VS 36 m，$p<0.01$），差异率约为5%，同时也显著低于上半场最后15 min的跑动距离（52 m VS 36 m，$p<0.01$），差异率同样约为5%。这说明冲刺跑动能力的显著下降主要体现在比赛的最后15 min。

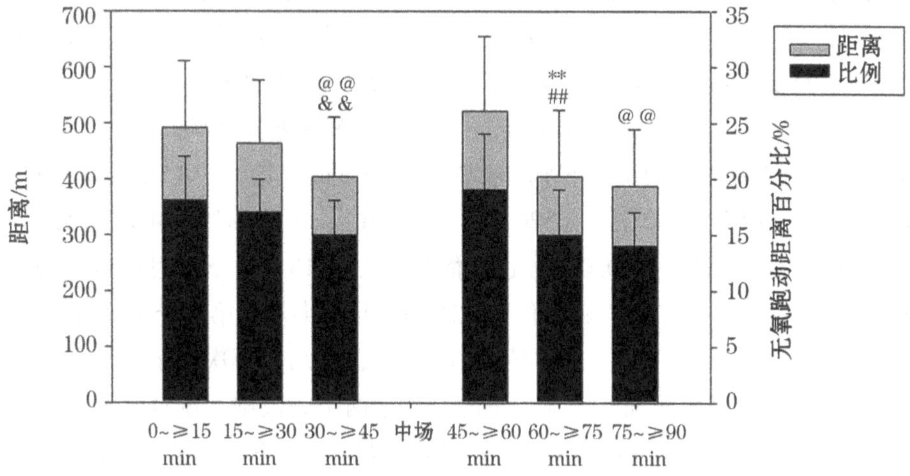
距离/m
700
600
500
400
300
200
100
0
35
30
25
20
15
10
5
0
无氧跑动距离百分比/%
距离
比例
@ @
& &
**
##
@ @
0~≥15 min
15~≥30 min
30~≥45 min
中场
45~≥60 min
60~≥75 min
75~≥90 min

(a)

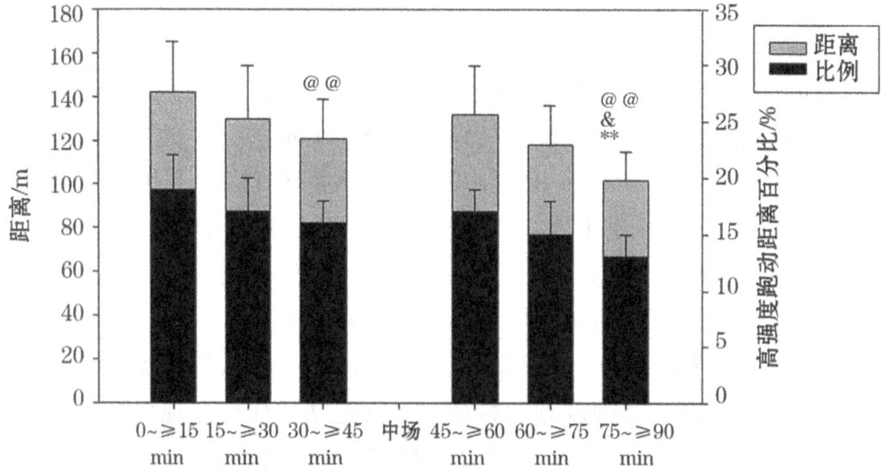
距离/m
180
160
140
120
100
80
60
40
20
0
35
30
25
20
15
10
5
0
高强度跑动距离百分比/%
距离
比例
@ @
@ @
&
**
0~≥15 min
15~≥30 min
30~≥45 min
中场
45~≥60 min
60~≥75 min
75~≥90 min

(b)

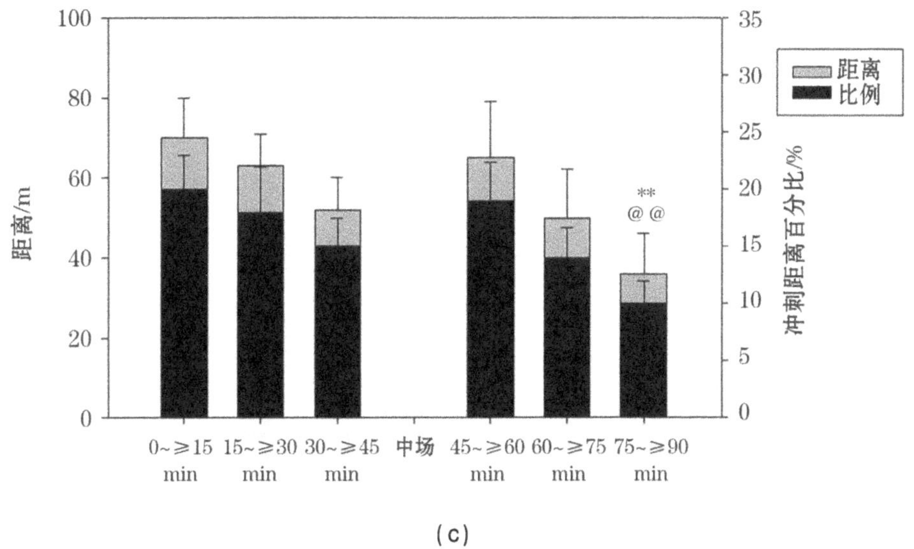

(c)

注：图中深颜色为每15 min跑动距离占该跑动形式跑动总距离的百分比，右侧坐标轴为其纵坐标。(a) 为无氧跑动，(b) 为高强度跑动，(c) 为冲刺跑动。

①上半场与下半场的比较：＊＊表示 $p<0.01$。②第三个15 min与第一个15 min的比较：@@表示 $p<0.01$。③第三个15 min与第二个15 min的比较：&表示 $p<0.05$，&&表示 $p<0.01$。④第二个15 min与第一个15 min的比较：##表示 $p<0.01$。

图4-7　运动员不同阶段不同跑动形式的跑动情况

(二) 运动员特殊阶段跑动能力的变化特征

足球运动员在比赛中进行长时间冲刺跑或高强度跑动后，其运动能力可能会下降，本研究对此进行了实证研究。结果表明（图4-8），Next 5-min与Mean 5-min（定义见图4-8中的注释）的高强度跑动距离均显著少于高强度跑动距离多的Peak 5-min（70 m VS 186 m，$p<0.01$；96 m VS 186 m，$p<0.01$）；Next 5-min的高强度跑动距离显著少于Mean 5-min的高强度跑动距离（70 m VS 96 m，$p<0.01$）。研究结果提示，在长时间高强度跑动后，运动员需要一定的低强度活动来恢复体能，因此高强度跑动距离会减少。冲刺跑表现出了与高强度跑相同的特征（60 m VS 15 m VS 26 m，$p<0.01$）。

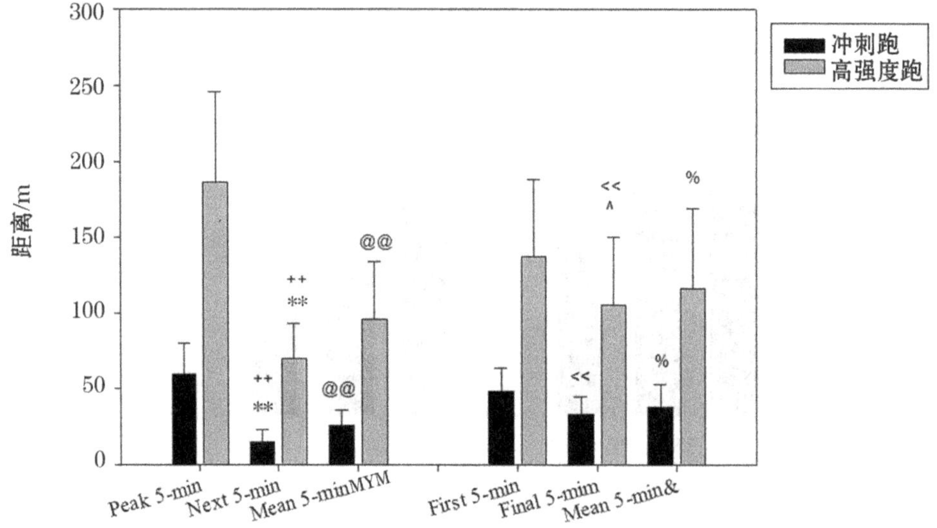

注：Peak 5-min 为冲刺跑动或高强度跑动最多的 5 min，Next 5-min 为 Peak 5-min 之后的 5 min，Mean 5-minMYM 为平均每个 5 min（不含 Peak 5-min 和 Next 5-min）。First 5-min 为 0～5 min，Final 5-min 为 85～90 min，Mean 5-min& 为平均每个 5 min（不含 First 5-min 和 Final 5-min）。

①Next 5-min 与 Peak 5-min 的比较：+ + 表示 $p<0.01$。②Next 5-min 与 Mean 5-minMYM 的比较：* * 表示 $p<0.01$。③Mean 5-minMYM 与 Peak 5-min 的比较：@ @ 表示 $p<0.01$。④Final 5-min 与 First 5-min 的比较：< < 表示 $p<0.01$。⑤Final 5-min 与 Mean 5-min& 的比较：∧表示 $p<0.05$。⑥Mean 5-min& 与 First 5-min 的比较：% 表示 $p<0.05$。

图 4－8　女子足球比赛中运动员特殊时期跑动能力变化图（$N=72$）

比赛结束阶段，运动员会出现体能下降的趋势，研究结果显示，比赛最后 5 min 的高强度跑动能力（Final 5-min）均显著低于比赛开始 5 min（First 5-min）的高强度跑动能力和平均高强度跑动能力（Mean 5-min&）（105 m VS 137 m，$p<0.01$；105 m VS 116 m，$p<0.05$），平均高强度跑动能力也显著低于比赛开始 5 min 高强度跑动能力（116 m VS 137 m，$p<0.05$）。对于冲刺跑，比赛最后 5 min 的冲刺跑动能力与平均冲刺跑动能力则无显著性差异（33 m VS 38 m，$p>0.05$），其他表现出了与高强度跑动相同的特征。研究结果提示，在比赛的结束阶段，运

动员的冲刺跑能力与高强度跑动能力会下降，有一定的疲劳积累。

五、运动员的位置跑动特征

（一）运动员的跑动总体位置特征

运动员在比赛中的跑动存在较为明显的位置特征，对运动员位置跑动特征进行比较可以帮助教练员设计训练模式，提高训练效果。运动员在比赛中的跑动主要分为进攻跑动距离、防守跑动距离，研究结果显示（表4-8），在冲刺跑上，前锋进攻跑动距离大于防守跑动距离（$p<0.01$），前卫的进攻跑动距离稍大于防守跑动距离，但不具有统计学意义（$p>0.05$）；中后卫的进攻跑动距离显著低于防守跑动距离（$p<0.01$），边后卫的进攻跑动距离显著低于防守跑动距离（$p>0.05$）。在高速跑、中速跑和总跑动距离上也表现出了与冲刺跑相同的特征。总体看，从前场到后场表现出较为明显的位置特征（图4-9），即从前场到后场的位置排列中，前锋进攻跑动距离多、防守跑动距离少，然后随位置改变进攻跑动距离逐渐减少，防守跑动距离逐渐增多，特别是后卫，防守跑动距离显著高于进攻跑动距离。从进攻总跑动距离与防守总跑动距离看，前锋进攻与防守总跑动距离之比约为1.27/1，前卫、中后卫、边后卫进攻与防守总跑动距离之比分别约为0.96/1、0.81/1、0.89/1。

前文已经表述，运动员下半场的跑动能力会出现显著下降趋势。以运动员位置作为分类变量，对其跑动能力进行研究可更加深入了解运动员上、下半场跑动能力的变化特征。研究结果显示（表4-8），在冲刺跑上，前锋、前卫在下半场均出现了下降趋势（$p<0.05$、$p<0.01$），下降率分别达到11.72%、19.54%，后卫则未出现下降趋势（$p>0.05$）；在高速跑上，除中后卫在下半场无变化外（$p>0.05$），前锋、前卫、边后卫3个位置的运动员在下半场均出现了下降趋势（$p<0.05$、$p<0.05$、$p<0.01$），下降率分别为7.20%、8.01%、11.46%。在中速跑与总距离上表现出了与高速跑相同的特征。

表 4－8 不同位置运动员跑动总体特征一览表 单位：m

不同位置运动员		冲刺跑			高速跑		
		进攻	防守	合计比赛中断时间	进攻	防守	合计比赛中断时间
前锋（$n_1=17$）	F. H	176. 05 ± 77. 17	45. 20 ± 38. 64	225. 51 ± 100. 25@	244. 34 ± 54. 39	73. 97 ± 30. 42	326. 27 ± 56. 31@
	S. H	158. 16 ± 105. 95	39. 43 ± 41. 58	199. 08 ± 110. 42	223. 36 ± 101. 77	73. 31 ± 38. 10	302. 78 ± 104. 17
	总和	334. 21 ± 88. 99**	84. 63 ± 40. 12	424. 59 ± 202. 74	467. 70 ± 78. 89**	147. 28 ± 66. 55	629. 05 ± 129. 62
前卫（$n_2=19$）	F. H	78. 05 ± 51. 98	80. 68 ± 50. 10	161. 95 ± 72. 16@@	185. 55 ± 86	197. 22 ± 92. 86	389. 41 ± 130. 64@
	S. H	69. 62 ± 78. 39	60. 18 ± 43. 31	130. 30 ± 79. 03	169. 31 ± 96. 27	185. 24 ± 96. 94	358. 22 ± 119. 15
	总和	147. 67 ± 66. 36	140. 86 ± 46. 71	292. 25 ± 139. 76&	354. 86 ± 92. 37	382. 46 ± 93. 35	747. 63 ± 224. 33
中后卫（$n_3=18$）	F. H	10. 68 ± 13. 59	86. 65 ± 43. 62	97. 66 ± 46. 71	35. 86 ± 24. 34	215. 77 ± 77. 52	250. 78 ± 62. 61
	S. H	11. 30 ± 16. 10	96. 39 ± 60. 42	110. 94 ± 57. 14	41. 32 ± 27. 30	208. 25 ± 75. 98	259. 06 ± 82. 32
	总和	21. 98 ± 15. 64**	183. 04 ± 55. 88	208. 60 ± 50. 33##	77. 18 ± 25. 63**	424. 02 ± 75. 99	509. 84 ± 144. 82MYMMYM^

续表

不同位置运动员		冲刺跑			高速跑		
		进攻	防守	合计比赛中断时间	进攻	防守	合计比赛中断时间
边后卫 (n_4 = 18)	F. H	45. 58 ± 40. 07	94. 72 ± 55. 83	142. 67 ± 77. 10	111. 17 ± 48. 15	250. 62 ± 63. 02	371. 29 ± 81. 01[@@]
	S. H	50. 41 ± 61. 81	111. 22 ± 82. 02	162. 01 ± 98. 86	97. 68 ± 69. 55	225. 59 ± 89. 63	328. 74 ± 108. 22
	总和	95. 99 ± 51. 74[**]	205. 94 ± 66. 21	304. 68 ± 80. 89[+]	208. 85 ± 60. 15[**]	476. 21 ± 70. 70	700. 03 ± 99. 68

不同位置运动员		中速跑			总距离		
		进攻	防守	合计比赛中断时间	进攻	防守	合计比赛中断时间
前锋 (n_1 = 17)	F. H	335. 28 ± 57. 34	204. 51 ± 78. 76	604. 53 ± 100. 09[@]	1 972. 12 ± 375. 81	1 565. 33 ± 381. 80	4 629. 88 ± 245. 70[@]
	S. H	333. 34 ± 82. 16	172. 93 ± 93. 80	554. 35 ± 112. 64	1 966. 77 ± 433. 29	1 546. 17 ± 467. 19	4 513. 81 ± 347. 44
	总和	668. 62 ± 76. 12[**]	377. 44 ± 80. 08	1 158. 88 ± 199. 31[&&++]	3 938. 89 ± 389. 82[**]	3 111. 5 ± 400. 78	9 143. 69 ± 559. 52[&&++]
前卫 (n_2 = 19)	F. H	366. 19 ± 97. 09	450. 93 ± 118. 07	903. 05 ± 174. 34[@@]	1 949. 58 ± 309. 63	2 062. 37 ± 428. 29	5 311. 99 ± 375. 05[@]
	S. H	375. 94 ± 129. 71	414. 35 ± 181. 18	852. 88 ± 209. 00	1 984. 28 ± 408. 16	2 026. 74 ± 580. 60	5 124. 67 ± 397. 54
	总和	742. 13 ± 100. 93	865. 28 ± 136. 77	1 755. 93 ± 190. 09	3 933. 86 ± 358. 64	4 089. 11 ± 470. 36	10 436. 66 ± 654. 51[△]

续表

不同位置运动员		中速跑			总距离		
		进攻	防守	合计比赛中断时间	进攻	防守	合计比赛中断时间
中后卫（$n_3=18$）	F. H	198.92 ± 76.14	348.82 ± 84.91	607.57 ± 92.46	1 571.59 ± 279.51	1 922.38 ± 319.62	4 517.38 ± 303.43
	S. H	186.15 ± 98.98	370.24 ± 86.63	625.47 ± 146.94	1 585.04 ± 373.17	1 969.37 ± 377.48	4 532.03 ± 342.13
	总和	385.07 ± 88.78**	719.06 ± 86.01	1 233.04 ± 215.47MYM^^	3 156.63 ± 321.16**	3 891.75 ± 336.69	9 049.41 ± 516.72MYM^^
边后卫（$n_4=18$）	F. H	332.72 ± 102.31	431.99 ± 91.35	849.53 ± 177.29@@	1 861.15 ± 319.98	2 047.54 ± 344.19	5 078.93 ± 383.51@@
	S. H	260.27 ± 112.03	401.21 ± 114.04	730.03 ± 164.25	1 784.41 ± 409.49	2 056.44 ± 486.43	4 932.42 ± 375.07
	总和	592.99 ± 108.84**	833.20 ± 110.60	1 579.56 ± 305.78	3 645.56 ± 360.34*	4 103.98 ± 400.06	10 011.35 ± 635.24

注：

F. H、S. H 分别为上半场与下半场的缩写。

①同位置运动员进攻距离与防守距离的比较：＊表示 $p<0.05$，＊＊表示 $p<0.01$。②同种跑动形式上半场跑动距离与下半场跑动距离的比较：@ 表示 $p<0.05$，@ @ 表示 $p<0.01$。③前锋与前卫的比较：& 表示 $p<0.05$，&& 表示 $p<0.01$。④前锋与边后卫的比较：＋表示 $p<0.05$，＋＋表示 $p<0.01$。⑤前卫与边后卫的比较：△表示 $p<0.05$。⑥中后卫与前卫的比较：MYM 表示 $p<0.05$，MYMMYM 表示 $p<0.01$。⑦中后卫与边后卫的比较：∧表示 $p<0.05$，∧∧表示 $p<0.01$。⑧中后卫与前锋的比较：#表示 $p<0.05$，##表示 $p<0.01$。

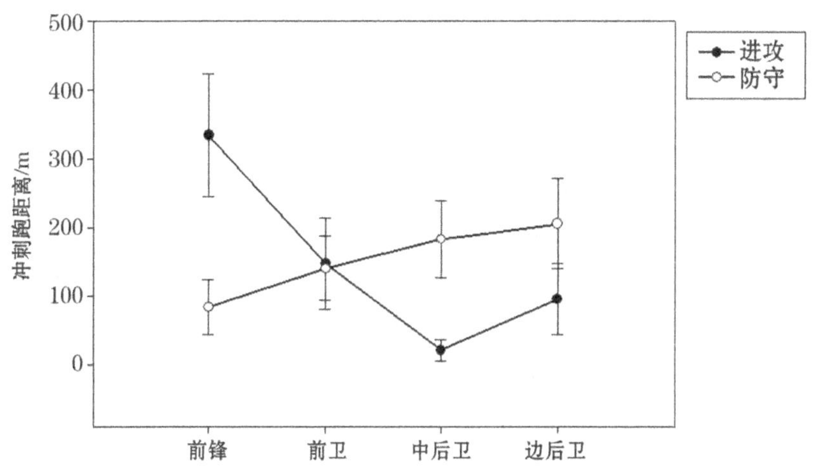

图4-9　不同位置运动员之间进攻与防守跑动距离变化图（$N=72$）

方差分析结果表明，不同形式的跑动在不同位置间表现出了一定的差异性。在冲刺跑上，前锋最多，显著高于前卫、中后卫与边后卫（$p<0.05$、$p<0.01$、$p<0.05$）。在高速度跑动上，前卫与边后卫无显著差异($p>0.05$)，但是二者均显著高于中后卫（$p<0.01$、$p<0.05$），其他位置之间则不具有显著性差异（$p>0.05$）。在中速跑动上，前卫与后卫无显著差异（$p>0.05$），二者均显著高于前锋（$p<0.01$、$p<0.01$），也均显著高于中后卫（$p<0.01$、$p<0.01$）。在跑动总距离上，前卫最多、边后卫次之，前锋与中后卫最少。

总体来看，在比赛跑动能力上，运动员的位置特征明显，前锋进攻跑动高于防守跑动，前卫进攻跑动与防守跑动基本相同，后卫防守跑动高于进攻跑动。除中后卫外，前锋、前卫、边后卫的跑动能力在下半场出现了下降趋势，且下降率较大，表明运动员下半场疲劳积累较多。在各个位置之间，前锋的冲刺跑动距离最多，前卫与边后卫的高速度跑动与中速度跑动距离最多，同样比赛跑动总距离也最多。

（二）运动员无氧跑动的位置特征

不同位置的运动员在无氧跑动的各种形式上存在一定的差异，图 4－10 展示了运动员位置间的差异特征。在冲刺跑上，除中后卫在下半场未发生变化外，其他位置运动员均发生显著改变。高强度跑动包含高速跑与冲刺跑，其在上、下半场的变化特征上表现出了与冲刺跑同样的趋势，除中后卫外，其他位置的运动员在上、下半场均发生显著性改变（前锋：551.36 m VS 501.86 m，$p<0.05$；前卫：551.36 m VS 488.52 m，$p<0.05$；边后卫：513.96 m VS 490.75 m，$p<0.05$），下降率分别为 9.04%、11.40%、4.51%，这表明运动员下半场的跑动能力下降。在高强度跑动总距离上中后卫均显著低于前锋、前卫与边后卫（718 m VS 1 053.64 m、1 039.88 m、1 007.71 m，$p<0.01$），位置特征较为明显。

在无氧跑动上，上下半场的变化表现出与冲刺跑、高强度跑相同的特征，即中后卫无氧跑动下半场未发生显著变化（956.01 m VS 995.47 m，$p>0.05$），前锋、前卫、边后卫均发生显著改变（1 156.31 m VS 1 056.21 m，$p<0.05$；1 454.41 m VS 1 341.40 m，$p<0.05$；1 363.49 m VS 1 220.78 m，$p<0.05$），下降率分别为 8.66%、7.77%、10.47%，其中边后卫无氧跑动能力下降最大。在无氧跑动总距离上，前卫显著高于前锋、中后卫与边后卫（2 795.81 m VS 2 212.52 m、1 951.48 m、2 584.27 m，$p<0.05$），中后卫显著低于前锋、前卫与边后卫（1 951.48 m VS 2 212.52 m、2 795.81 m、2 584.27 m，$p<0.05$），总体上呈现出前卫 > 边后卫 > 前锋 > 中后卫的特征。

表 4－9 展示了不同位置的运动员冲刺跑频率的基本特征，结果显示，前卫的冲刺跑频率最多，显著高于前锋、中后卫与边后卫（$p<0.05$、$p<0.01$、$p<0.05$）。中后卫的冲刺频率最少，显著低于前锋、中后卫与边后卫（$p<0.01$）。在冲刺跑的两种形式上表现出了与冲刺跑总频率相同的特征。整体看，在冲刺跑频率上表现出前卫 > 前锋、边后卫 > 中后卫的特征。

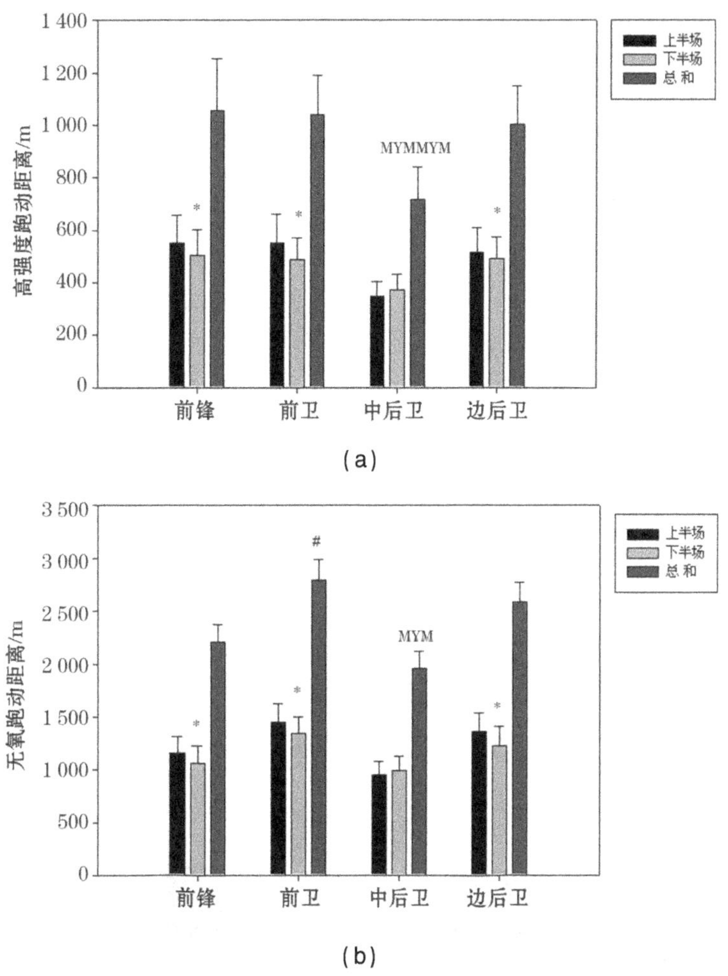

注：前锋 $n_1=17$、前卫 $n_2=19$、中后卫 $n_3=18$、边后卫 $n_4=18$。

①上半场与下半场的比较：* 表示 $p<0.05$。②中后卫与前锋、前卫、边后卫的比较：MYM 表示 $p<0.05$，MYMMYM 表示 $p<0.01$。③前卫与前锋、中后卫、边后卫的比较：#表示 $p<0.05$。

图 4－10　不同位置运动员高强度跑动与无氧跑动示意图

表 4-9　不同位置的运动员冲刺跑频率一览表　　单位：次

	前锋（$n_1=17$）	前卫（$n_2=19$）	中后卫（$n_3=18$）	边后卫（$n_4=18$）
总和	$30.20 \pm 10.32^{*}$	35.62 ± 12.84	$19.77 \pm 8.73^{\#\#}$	30.34 ± 10.88^{MYM}
E-sprints	8.70 ± 3.55	10.59 ± 5.83	$5.43 \pm 2.60^{\#\#}$	9.55 ± 3.46
L-sprints	$21.50 \pm 7.28^{*}$	25.03 ± 8.75	$14.34 \pm 5.57^{\#\#}$	20.85 ± 6.89^{MYM}

注：

①前锋与前卫的比较：* 表示 $p<0.05$。②中后卫与前锋、前卫、边后卫的比较：##表示 $p<0.01$。③边后卫与前卫的比较：MYM 表示 $p<0.05$。

在不同位置的运动员的两种冲刺跑形式构成上（图 4-11），前锋、前卫、边后卫的 L-sprints 与 E-sprints 的比例约为 7:3，中后卫两种比例的构成相对高于该值，表明中后卫的 L-sprints 相对其他位置运动员较多，提示在训练中应该区别对待。

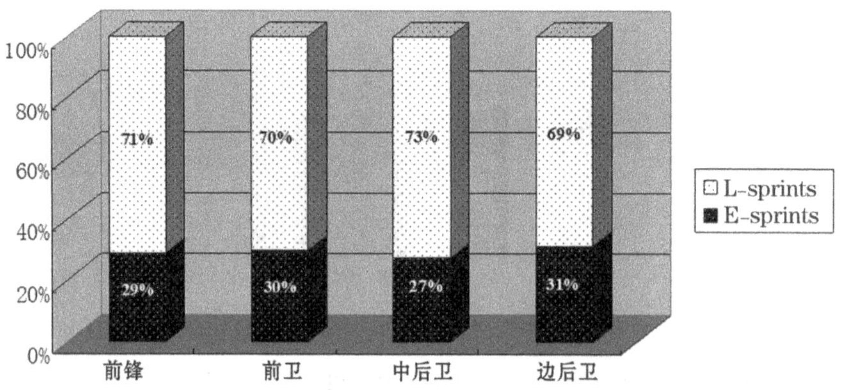

图 4-11　不同位置的运动员的不同形式冲刺比例分配示意图

（三）运动员运球跑动的位置特征

表 4-10 为不同位置的运动员的运球情况一览表，结果显示，在女子足球比赛中，运动员的平均运球距离为 387.72 m，占总跑动距离的 3.97%，其中，冲刺跑、

高速跑、中速跑、低速跑、慢跑和慢跑以下的运球距离分别约占总运球距离的15.59%、24.38%、32.75%、19.94%、6.39%、0.95%，中速跑动以上的运球占总运球距离的72.73%，说明运动员运球时一般具有较高的速度。

从不同位置的运动员看，前卫运球跑动距离最多，与前锋、中后卫、边后卫均具有统计学差异（$p<0.01$、$p<0.05$、$p<0.05$），四个位置运动员的运球跑动距离分别占到各自跑动总距离的3.10%、5.47%、3.68%、3.63%，前卫运球跑动距离占跑动总距离的比例最大。在冲刺跑上，中后卫显著低于前锋、前卫与边后卫（$p<0.01$）；前卫则显著高于前锋、中后卫与边后卫（$p<0.01$），总体上呈现出前卫 > 前锋、边后卫 > 中后卫的特征。在高速跑上，前卫显著高于前锋、中后卫与边后卫（$p<0.01$）。在中速跑上，前锋跑动距离显著低于前卫、中后卫与边后卫（$p<0.01$、$p<0.05$、$p<0.05$）。在低速跑上，各位置间表现出了与中速跑大致相同的特征。在慢跑和慢跑以下跑动距离上，四个位置间的运球跑动则无统计学差异。总体结果表明，运动员在比赛中的运球速度一般高于中速度跑，慢跑和慢跑以下的运球跑动非常少，前卫具有更多的各种强度跑动的运球，前锋运球跑动速度主要集中于高强度跑动上，后卫运球跑动速度则以高速跑与中速跑居多。

表4－11为不同位置运动员运球速度特征一览表，结果显示，女子足球运动员在比赛中接球时的跑动速度平均约为2.8 m/s，各位置之间，边后卫接球时的跑动速度最慢，显著低于前锋、前卫和中后卫的接球速度（$p<0.01$）。四个位置运动员每次持球时的运球速度平均为3.31 m/s，各位置之间，前锋运球速度高于边后卫运球速度（$p<0.01$），前卫运球速度高于边后卫与中后卫运球速度（$p<0.01$），整体上表现出前锋、前卫 > 中后卫 > 边后卫的特征。四个位置运动员的平均最大运球速度为5.55 m/s，各位置之间，前卫最大运球速度显著高于边后卫与中后卫（$p<0.01$），前锋显著高于中后卫（$p<0.05$），前锋与前卫则无显著差异（$p>0.05$），整体上表现出前卫、前锋 > 边后卫 > 中后卫的特征。

表4－10　不同位置运动员不同速度运球情况一览表　　单位：m

不同位置运动员		冲刺跑	高速跑	中速跑	低速跑	慢跑	慢跑以下	总和	占运球跑动总距离百分比/%
前锋（n_1＝17）	平均距离	66.80 ± 70.0	78.70 ± 52.0	77.50 ± 40.8	40.80 ± 20.2	17.20 ± 15.9	2.50 ± 3.2	283.50 ± 163.5	3.09
	占总和百分比/%	23.56	27.76	27.34	14.39	6.07	0.88		
前卫（n_2＝19）	平均距离	97.0 ± 83.8	158.8 ± 85.5	165.6 ± 47.3	111.7 ± 40.02	32.9 ± 17.7	5.0 ± 7.3	571 ± 224.2	5.47
	占总和百分比/%	16.99	27.81	29.0	19.56	5.76	0.88		
中后卫（n_3＝18）	平均距离	25.31 ± 9.89	65.20 ± 40.85	138.66 ± 70.54	80.74 ± 36.86	20.33 ± 8.79	3.0 ± 4.5	333.24 ± 180.56	3.68
	占总和百分比/%	7.60	19.57	41.61	24.23	6.10	0.90		
边后卫（n_4＝18）	平均距离	52.76 ± 24.74	75.48 ± 55.65	126.39 ± 76.87	76.08 ± 40.28	28.67 ± 7.6	4.26 ± 4.71	363.64 ± 180.96	3.63
	占总和百分比/%	14.51	20.76	34.76	20.92	7.88	1.17		
总体	均值	60.47 ± 50.78	94.55 ± 60.27	127.04 ± 70.83	77.33 ± 34.87	24.78 ± 9.71	3.69 ± 3.31	387.86 ± 190.42	3.97
	事后比较	CD**<F, MF,FB; MF**>F, CD,FB	MF**>F, CD,FB	F**<MF, CD,FB	F<MF**, CD*,FB*			MF>F**, CD*, FB*	MF>F*, CD*, FB*

注：事后比较采用方法为 Bonferroni 法。F 表示前锋，MF 表示前卫，CD 表示中后卫，FB 表示边后卫。＊表示 $p<0.05$，＊＊表示 $p<0.01$。

表 4－11 不同位置运动员运球速度特征一览表 单位：m/s；$N=72$

速度	前锋（$n_1=17$）	前卫（$n_2=19$）	中后卫（$n_3=18$）	边后卫（$n_4=17$）	均值	事后比较
$V_{接球}$	3.11 ± 0.4	3.08 ± 0.38	2.66 ± 0.30	2.35 ± 0.25	2.8 ± 0.5	FB** <F，MF，CD
$V_{运球}$	3.56 ± 0.68	3.64 ± 0.55	3.06 ± 0.44	2.96 ± 0.46	3.31 ± 0.48	F** >FB；MF** >FB，CD
$V_{max-运球}$	5.82 ± 1.38	6.31 ± 1.20	4.80 ± 1.62	5.29 ± 1.87	5.55 ± 2.73	MF** >FB，CD；F* >CD

注：

事后比较采用方法为 Bonferroni 法。$V_{接球}$为运动员接球跑动速度，$V_{运球}$为运动员运球平均速度，$V_{max-运球}$为运动员运球最大速度。＊表示 $p<0.05$，＊＊表示 $p<0.01$。

①F：前锋。②MF：前卫。③CD：中后卫。④FB：边后卫。

六、运动员疲劳对技能的影响

研究表明，运动员在下半场冲刺跑、高强度跑动和无氧跑动时体能会出现下降，而体能的下降可能会导致技术运用能力的下降。结果表明（表 4－12），随着下半场运动员无氧跑动能力的下降，运动员的技术运用能力存在同步下降趋势。运动员的控球、短传、成功短传和抢断的频率显著低于上半场，分别下降 10.10%、15.12%、16.09%、17.43%。传球（包括长传与短传）与抢断的能力下降幅度较大，表明随着运动员体能的下降，其运用技术的能力也呈现下降趋势。

表 4-12　上、下半场运动员比赛技术指标变化情况一览表　$N=16$

指标	上半场	下半场	差值
控球/次	21.58 ± 1.82	19.40 ± 1.74**	-2.18
短传/次	14.22 ± 2.23	12.07 ± 2.71*	-2.15
成功短传/次	10.94 ± 1.98	9.18 ± 1.66*	-1.76
成功短传百分比/%	76.93 ± 3.32	76.05 ± 3.09	-0.88
长传/次	2.43 ± 1.83	2.22 ± 1.76	-0.21
成功长传/次	0.86 ± 0.31	0.82 ± 0.40	-0.04
成功长传百分比/%	35.44 ± 1.55	36.93 ± 2.10	1.49
传中/次	0.52 ± 0.33	0.49 ± 0.82	-0.03
抢断/次	2.18 ± 1.11	1.80 ± 1.19*	-0.38

注：

控球是指运动员控制球权，在传球或失去球权前大于 1 次的触球；短传是指传球距离小于等于 25 m 的传球；长传是指传球距离大于 25 m 的传球。* 表示 $p<0.05$，* * 表示 $p<0.01$。

研究表明，比赛中运动员 5 min 高强度跑动后，与其相邻的下一个 5 min 高强度跑动能力会显著下降，表明运动员可能出现暂时性疲劳，而表 4-13 显示，尽管该 5 min 的高强度跑动能力下降，但是运动员的技术运用能力并未显著下降，只有控球频率出现下降趋势，其值低于 Peak 5-min 与 Mean 5-min（$p<0.05$）。这表明暂时性疲劳对运动员技术的运用能力影响较弱。

表 4-13　比赛中暂时性疲劳期技术指标的变化情况一览表　$N=16$

指标	Peak 5-min	Next 5-min	Mean 5-min	事后比较（Bonferroni 法）
控球/次	2.62 ± 1.67	2.01 ± 1.31	2.47 ± 1.55	Next* < Peak，Meam
短传/次	1.88 ± 1.60	1.68 ± 0.72	1.73 ± 0.97	
成功短传/次	1.33 ± 0.58	1.18 ± 0.37	1.22 ± 0.54	
成功短传百分比/%	70.74 ± 2.15	70.23 ± 3.19	70.52 ± 2.85	

续表

指标	Peak 5-min	Next 5-min	Mean 5-min	事后比较（Bonferroni 法）
长传/次	0.25 ±0.08	0.29 ±0.09	0.27 ±0.10	
成功长传/次	0.10 ±0.02	0.11 ±0.03	0.10 ±0.03	
成功长传百分比/%	40.00 ±1.55	37.93 ±2.10	37.03 ±2.45	

注：

Peak 5-min 为高强度跑动最多的 5 min，Next 5-min 为 Peak 5-min 之后的 5 min，Mean 5-min 为平均每个 5 min（不含 Peak 5-min 和 Next 5-min）。* 表示 $p<0.05$。

运动员在比赛中的跑动能力，除 Peak 5-min 后的 Next 5-min 跑动能力会出现下降外，比赛最后 5 min 的跑动能力较比赛开始 5 min 的跑动能力也会出现下降。与 Next 5-min 不同的是，运动员在 Final 5-min 内的技术运用能力会显著降低，在控球、短传、成功短传、成功长传和成功长传百分率上均低于 First 5-min 与 Mean 5-min，差异均具有统计学意义（表 4－14），这表明运动员在比赛最后阶段的疲劳对运动员技术的运用能力影响程度较强。

表 4－14　比赛结束阶段技术指标的变化情况一览表　　$N=16$

指标	First 5-min	Final 5-min	Mean 5-min	事后比较（Bonferroni 法）
控球/次	2.83 ±1.91	2.11 ±1.33	2.48 ±1.64	Final* < First，Mean
短传/次	1.78 ±1.41	1.44 ±0.99	1.60 ±1.10	Final* < First，Mean
成功短传/次	1.47 ±0.87	1.13 ±0.25	1.32 ±0.71	Final < First**，Mean*
成功短传百分比/%	82.58 ±3.87	78.47 ±3.10	82.50 ±3.87	
长传/次	0.28 ±0.07	0.26 + ±0.07	0.27 ±0.08	
成功长传/次	0.11 ±0.03	0.07 ±0.02	0.09 ±0.03	Final* < First，Mean
成功长传百分比/%	39.29 ±1.43	26.92 ±2.54	33.33 ±2.21	Final < First**，Mean*

注：

First 5-min 为 0～5 min，Final 5-min 为 85～90 min，Mean 5-min 为平均每个 5 min（不含 First 5-min 和 Final 5-min）。* 表示 $p<0.05$，** 表示 $p<0.01$。

上述研究表明，运动员高强度跑动能力的下降会影响运动员比赛中的技术运用能力，特别是对控球与传球影响较大。为了验证这一假设，本研究对下半场高强度跑动能力的下降率与控球、传球的下降率进行了相关分析。研究表明（图4－12），下半场高强度跑动的下降率与控球次数的下降率、传球次数的下降率均存在较高的相关性（$r=0.88$，$p<0.01$；$r=0.82$，$p<0.01$），这表明体能的下降对运动员技术的运用能力影响较大。

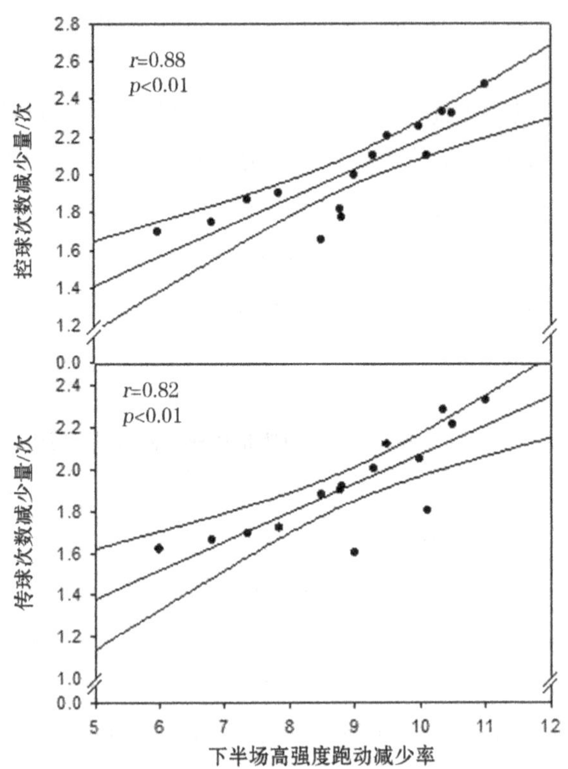

注：控球次数减少量与传球次数减少量是指下半场与上半场相比的减少量，传球次数为长传与短传次数之和。

图4－12　运动员疲劳与控球、传球技术的关系图（$N=15$）

第三节　比赛中运动员的跑动与需求特征

一、运动员的跑动基本特征

研究结果表明，女子足球运动员比赛的跑动距离约为9 693 m，其间要进行1 300次左右的活动变化，该研究结果稍低于欧洲女子足球运动员水平与男子足球运动员水平①。在比赛全场跑动中，冲刺跑、高速跑、中速跑、低速跑、慢跑和慢跑以下分别占总时间的1.21%、1.90%、3.87%、20.40%、41.11%、31.52%，高强度跑动占3.11%。一次高强度跑动的持续时间一般不超过3s，跑动距离一般不超过15 m。综合女子足球比赛的跑动特征看，女子足球比赛是由多个低强度跑动和被多个低强度跑动隔离的高强度跑动构成的，体现出明显的间歇性特征。因此，运动员在两次高强度跑动间歇的恢复能力对运动员维持多频率的高强度跑动具有重要意义。

优秀女子足球运动员在比赛中的跑动总距离接近10 000 m，其中冲刺跑、高速跑、中速跑、低速跑、慢跑和慢跑以下的跑动距离分别占到跑动总距离的3%、7%、15%、26%、22%、27%，高强度的跑动距离占10%，无氧阈速度左右的跑动占41%，这说明优秀女子足球运动员的有氧高强度跑动能力非常重要。

研究表明，运动员下半场的无氧活动能力会显著下降，冲刺跑频率、高速跑频率、中速跑频率及其各自占总时间的百分比在下半场减小，与此同时，除慢跑

① KRUSTRUP P, MOHR M, ELLINGSGAARD H, et al. Physical demands during an elite female soccer game: importance of training status [J]. Medicine and Science in Sports and Exercise, 2005, 37 (7): 1242 - 1248.

外，包括半场总距离在内的其他形式的跑动距离在下半场也出现了下降，只有各种形式跑动的每次跑动持续时间未发生改变。有研究报道①，男子顶级运动员上半场的跑动距离多于下半场的跑动距离，而一般运动员两个半场的跑动距离则无显著性差异，但在高强度跑上两种级别的运动员在下半场的跑动距离均显著减少。结果提示，运动员下半场的活动能力下降，出现了疲劳。

优秀运动员与一般运动员相比，在冲刺跑动距离、高强度跑动距离、无氧跑动距离上均为前者高于后者。有研究表明②，欧洲女子足球运动员在各种跑动活动的频率和低强度跑动距离上变化较小（1.34 ~ 1.53 km，CV = 4.9%；8.4 ~ 9.8 km，CV = 4.8%），而高强度活动的变化非常大（0.71 ~ 1.70 km，CV = 20.8%），造成后者变化剧烈的原因是发生频率的剧烈变化。综合认为，良好的高强度活动能力和反复高强度活动的能力是优秀运动员的重要特征之一。

研究表明，优秀女子足球运动员的无氧跑动距离约为 2 242 m，占全场跑动总距离的23.13%，进攻无氧跑动距离约为1 011 m，防守无氧跑动距离约为1 230 m，无论是进攻无氧跑动距离还是防守无氧跑动距离，在下半场二者均会呈现下降趋势，其各自所占跑动总距离的百分比也呈现下降趋势，表明运动员在比赛中，随着体能的下降，无氧强度的活动能力也会下降。另外，在女子足球比赛中，L-sprints的冲刺频率高于 E-sprints 的频率，可见运动员短时爆发力起动冲刺跑较多，这提示在训练中应该充分予以考虑。高强度跑动能力的下降及高强度跑动能力在下半场下降率的增大会降低比赛获胜的概率，因此，运动员具备高强度活动的持续能力至关重要。

上述研究表明，有氧能力、无氧能力和反复无氧强度跑活动能力是一名优秀女子足球运动员必须具备的能力，这些能力的高低与运动员在比赛中的表现密切

---

① MOHR M，KRUSTRUP P，BANGSBO J. Match performance of high – standard soccer players with special reference to development of fatigue ［J］. Journal of Sports Sciences，2003，21 (7)：519 – 528.

② KRUSTRUP P，MOHR M，ELLINGSGAARD H，et al. Physical demands during an elite female soccer game：importance of training status ［J］. Medicine and Science in Sports and Exercise，2005，37 (7)：1242 – 1248.

相关。这一结论也在优秀男子足球运动员的研究中被强调①，即优秀足球运动员不仅要有较高的有氧工作能力，而且要具有持续反复冲刺跑的能力。布朗等②和阿齐兹等③研究表明，$\dot{V}O_2max$ 的提高会引起反复冲刺跑能力和两次高强度跑动间歇期间恢复能力的提高。间歇训练可以提高运动员的 $\dot{V}O_2max$ 水平④、糖的被氧化能力及线粒体的氧化能力⑤、肌糖原的储备及磷酸盐的缓冲能力⑥，而且可以缩短反应时间及提高爆发能力⑦。

二、运动员的位置体能需求

根据运动员在比赛中的位置了解比赛的体能需求是进行位置训练的基础，了解运动员的位置体能需求可以帮助教练员制订针对性强、目的明确的体能训练计划。对不同位置运动员的跑动能力研究表明，女子足球比赛中，前卫跑动总距离最多，边后卫次之，前锋与中后卫跑动距离最少。各种无氧跑动形式体现出了较明显的位置特征：在冲刺跑上前锋高于前卫、中后卫与边后卫；在高强度跑上，中后卫显著低于前锋、前卫与边后卫；在无氧跑动总距离上，前卫最大，前锋与

---

① KRUSTRUP P, MOHR M, STEENSBERG A, et al. Muscle and blood metabolites during a soccer game: Implications for sprint performance [J]. Medicine and Science in Sports and Exercise, 2006, 38 (6): 1165 - 1174.

② BROWN P I, HUGHES M G, TONG R J. Relationship between $\dot{V}O_2max$ and repeated sprint ability using non - motorised treadmill ergometry [J]. Journal of Sports Medicine and Physical Fitness, 2007, 47 (2): 186 - 190.

③ AZIZ A R, MUKHERJEE S, CHIA M Y, et al. Relationship between measured maximal oxygen uptake and aerobic endurance performance with running repeated sprint ability in young elite soccer players [J]. Journal of Sports Medicine and Physical Fitness, 2007, 47 (4): 401 - 407.

④ BILLAT V L, HAMARD L, KORALSZTEIN J P. The influence of exercise duration at $\dot{V}O_2max$ on the off transient pulmonary oxygen uptake phase during high intensity running activity [J]. Archives of Physiology and Biochemistry, 2002, 110 (5): 383 - 392.

⑤ BURNLEY M, JONES A M. Oxygen uptake kinetics as a determinant of sports performance [J]. European Journal of Sport Science, 2007, 7 (2): 63 - 79.

⑥ BALSOM P. High intensity intermittent exercise, performance and metabolic responses with very high intensity short duration works periods [D]. Stockholm: Karolinska Institute, 1995.

⑦ LEMMINK K A P M, VISSCHER C. Effect of intermittent exercise on multiple - choice reaction times of soccer players [J]. Perceptual and Motor Skills, 2005, 100 (2): 85 - 95.

边后卫居中，中后卫最少。该特征与早期男子足球比赛的特征基本相似①，但是近期有研究表明②，男子足球比赛中前卫的跑动总距离和高强度跑动总距离与边后卫、前锋大致相当，研究认为男子足球经过多年职业化的发展，边后卫与前锋在体能上有所提升，缩小了与前卫的差异，因此位置体能差异减小。还有研究认为，中后卫跑动距离较少，是由于受到位置差异与战术限制，体能本身与其他位置运动员相比并无差异。然而，研究却表明，中后卫在比赛结束阶段，高强度跑动能力也会下降，提示中后卫在比赛阶段也会出现疲劳，因此中后卫跑动距离的减少，不仅是由比赛中的位置差异或战术要求引起的，在体能上与其他位置运动员相比也存在一定差异。与其相一致的是，在 YO-YO 间歇测试中，前卫的表现好于中后卫，边后卫与前锋居中，同时前卫相对于前锋与后卫也具有较高的 $\dot{V}O_2max$③。因此，综合分析认为，女子足球的比赛位置特征较为明显，前卫的体能要优于前锋与后卫，后者的体能确实有待于提高。

不同位置运动员在不同形式的跑动上，上、下半场的变化不同，研究显示，在冲刺跑上，前锋与前卫在下半场下降比例较大，特别是前卫冲刺跑能力下降接近 20%。在高速度跑动、中速度跑动和总跑动距离上，除中后卫外，其他位置运动员的跑动能力在下半场均出现下降趋势，尽管中后卫在上、下半场的跑动距离并无显著性差异，但是在比赛结束阶段，其高强度跑动能力也出现下降，表明运动员疲劳的产生与比赛位置关系较弱，在比赛的下半场或者比赛结束阶段，多数运动员的运动能力会下降，机体会产生疲劳。

总体上看，在比赛中，除中后卫在下半场的活动能力在统计学上未出现显著下降外，前锋、前卫与边后卫的各种形式跑动距离均出现了下降。在高强度跑动上，中后卫的跑动距离低于前锋、前卫与边后卫。其中，前卫在下半场高强度跑动能力下降程度最大，下降率接近 10%；边后卫的下降率最小，约为 5%。在无氧

① BANGSBO J L, NØRREGAARD L, ThORSØ F N. Activity profile of competition soccer [J]. Canadian Journal of Sport Sciences, 1991, 16 (2): 110 – 116.

② MOHR M, KRUSTRUP P, BANGSBO J. Match performance of high – standard soccer players with special reference to development of fatigue [J]. Journal of Sports Sciences, 2003, 21 (7): 519 – 528.

③ KRUSTRUP P, MOHR M, ELLINGSGAARD H, et al. Physical demands during an elite female soccer game: importance of training status [J]. Medicine and Science in Sports and Exercise, 2005, 37 (7): 1242 – 1248.

跑动总距离上，前卫显著高于前锋、中后卫与边后卫，在下半场跑动能力的变化趋势上则表现出了与冲刺跑、高强度跑大致相同的特征，前锋、前卫与边后卫在下半场的下降率分别约为9%、8%、10%。前卫在比赛中的冲刺跑与高强度跑动能力下降程度大，可能是由于前卫需要在攻守两端进行高强度活动，消耗体力较大，从而导致反复冲刺跑和高强度跑动能力的下降。有国外学者对意大利甲级联赛运动员进行了研究①，结果表明，运动员在下半场的跑动距离会减少，同时，间歇时间在2~120 s的次数也显著减少，而间歇时间长于120 s的间歇次数显著增大，这提示运动员在下半场跑动距离的减少可能是由于间歇时间的延长而导致跑动时间相对减少。同时，运动员在下半场相邻高强度跑间的间歇时间增长也提示运动员的恢复能力下降，因此运动员高强度活动间歇期机体的恢复能力是优秀运动员的重要标志之一。

反复冲刺跑能力是衡量优秀足球运动员的重要指标。本研究表明，在优秀女子足球比赛中，前卫的冲刺跑次数最多，前锋与边后卫居中，中后卫冲刺跑频率最低，表明前卫需要更强的冲刺跑能力与反复冲刺跑能力，中后卫在该方面的要求则相对较弱。该研究结果与国外学者对男子足球比赛的研究基本一致②。

本研究首次采用以划分冲刺跑类型的方式对女子足球运动员在比赛中的冲刺跑特征进行研究。研究结果表明，在冲刺跑频率的位置特征上表现出了与西班牙甲级联赛、英格兰超级联赛大致相似的规律特征③。L-sprints与E-sprints的比例构成约为7:3，各位置并不存在统计学差异。无论是在L-sprints，还是E-sprints，都表现出前卫最多，中后卫最少的特征。有国外学者认为这可能是由于前卫在比赛中长距离的跑动最多，有足够的时间完成加速并达到最大速度。不可否认，这种解释可能合理，但是在对运动员进行30 m和40 s测试时，前锋与前卫的跑动速度也最快。由此看来，中后卫比赛中最大速度低的原因并不仅受位置限制，在快速

① VIGNE G, GAUDINO C, ROGOWSKI I, et al. Activity profile in elite Italian soccer team [J]. International Journal of Sports Medicine, 2010, 31 (5): 304–310.

② TUMILTY D. Physiological characteristics of elite soccer players [J]. Sports Medicine, 1993, 16 (2): 80–96.

③ DI SALVO V, BARON R, GONZÁLEZ-HARO C, et al. Sprinting analysis of elite soccer players during European Champions League and UEFA Cup matches [J]. Journal of Sports Sciences, 2010, 28 (14): 1489–1494.

冲刺能力上也确实存在差异。

在分析同类研究时发现，运动员在比赛中的体能需求取决于球队的水平①、战术的运用与比赛等级②和运动员在比赛中的位置③等多个因素。本研究结论显示，前卫冲刺跑频率最多，这可能与前卫在比赛中需要在攻、守两个阶段进行高强度活动的战术角色有关。这提示，在训练中必须根据运动员在比赛中的位置加强冲刺能力的训练。

国外学者对意大利甲级联赛的研究表明，成功的运动队比一般的运动队具有更多的运球跑动（联赛前 5 名与后 5 名相比）④，说明运球跑动与比赛获胜有一定关系。也有国内学者对女子足球比赛进行了研究，发现高水平球队往往比低水平球队有更多的运球跑动，但是并未就运球跑动与比赛结果的因果关系进行研究⑤。本研究对运球跑动距离与比赛结果的逻辑回归表明，在足球比赛中，运动员的运球跑动对比赛胜负有一定的影响。尽管运球距离的增大可以提高比赛的胜率，似乎要在比赛中鼓励运动员多运球，然而足球作为集体项目，团队协作与配合是比赛获胜的基础，这似乎与研究结果相矛盾。事实上，二者并不矛盾，足球比赛中的团队配合是比赛获胜的基础是不容置疑的，但是，当进攻推动到中前场后，在一定程度上需要前场运动员的突破跑动，以寻找进攻空间，而运球突破跑动的增多增加了打破对方防守体系的概率，继而增大了进攻的成功率。由此看来，运球跑动距离对比赛结果的影响并不是与比赛呈线性关系，而是在一定范围内呈非线性关系，因此，在制订训练计划与比赛策略时，必须充分考虑其他变量或者运球跑动与其他变量的交互作用对比赛胜负的影响。

---

① TUMILTY D. Physiological characteristics of elite soccer players [J]. Sports Medicine, 1993, 16 (2): 80－96.

② RAMPININI E, COUTTS A, CASTAGNA C, et al. Variation in top level soccer match performance [J]. International Journal of Sports Medicine, 2007, 28 (12): 1018－1024.

③ RIENZI E, DRUST B, REILLY T, et al. Investigation of anthropometric and work－rate profiles of elite South American international players [J]. The Journal of Sports Medicine and Physical Fitness, 2000, 40 (2): 162－169.

④ RAMPININI E, COUTTS A, CASTAGNA C, et al. Variation in top level soccer match performance [J]. International Journal of Sports Medicine, 2007, 28 (12): 1018－1024.

⑤ 陈超．基于活动距离和心率对高水平女足运动员比赛负荷特征的研究［D］．北京：北京体育大学，2010.

在本研究中，女子足球运动员在比赛中的运球跑动率接近4%，其中，中速度以上运球占总运球跑动距离的72%，说明运动员在比赛中的运球跑动速度多数高于3.6 m/s。本研究的结论与国外学者对男子足球比赛研究得出的结论差异较大，国外相关研究表明，男子足球比赛中，运动员的跑动距离约占比赛跑动总距离的1.7%。这说明女子足球比赛在运球跑动上不同于男子足球运动员，在进行训练设计时应该予以考虑。

在女子足球比赛中，运动员运球跑动距离具有明显的位置特征，前卫在各种跑速下的运球距离最大，前锋运球主要集中于高强度运球上，后卫运球则主要集中于高速跑和中速跑上，冲刺跑运球距离较少。前锋与前卫具有更多的高强度运球是因为两个位置的运动员位于进攻的前场，在进攻中占有的比重大，而后卫，特别是中后卫冲刺跑运球的距离很少，这可能是由职责限制造成的。后卫一般站位于防守三区，其位置职责决定了他们进行冲刺跑运球的机会少，而只有当他们进入进攻区域或快速反击时冲刺跑运球才会出现。女子足球运动员这种运球跑动的位置差异与男子足球运动员类似①。有研究强调，在制订个体训练计划时，应该考虑运动员在不同跑动形式上的跑动距离特征②。因此，在女子足球运动员体能训练中有球与无球训练的设计需要考虑位置差异。

在不同形式跑动的运球距离上，各位置运动员在下半场并未发生显著改变（$p>0.05$），表明比赛结束阶段产生疲劳并未对运动员的运球产生明显影响。这与国外学者对男子足球运动员得出的结论一致③。甚至有研究表明，在个别形式跑动的运球距离上，下半场会高于上半场④。他们认为，对于下半场出现运球跑动距离增多的现象无法找到充分的依据，一个可能的原因是：运球跑动很容易丢失球权，在上半场比分还没确定的情况下，他们不愿意去尝试更多的运球跑动或运球突破，

---

① CLARKE M J, FOY A B, GARCES Y I, et al. Performance characteristics according to playing position in elite soccer［J］. International Journal of Sports Medicine, 2007, 28 (3): 222－227.

② STØLEN T, CHAMARI K, CASTAGNA C, et al. Physiology of soccer: an update［J］. Sports Medicine, 2005, 35 (6): 501－536.

③ DI SALVO V, BARON R, GONZÁLEZ-HARO C, et al. Sprinting analysis of elite soccer players during European Champions League and UEFA Cup matches［J］. Journal of Sports Sciences, 2010, 28 (14): 1489－1494.

④ CLARKE M J, FOY A B, GARCES Y I, et al. Performance characteristics according to playing position in elite soccer［J］. International Journal of Sports Medicine, 2007, 28 (3): 222－227.

对于事实是否如此，可以通过探讨运球跑动与比赛中比分的关系予以确定。尽管如此，迪萨尔沃等①还是通过对比赛后 15 min 与其他阶段的运球跑动距离的比较研究得出，运动员在比赛结束阶段跑动能力的下降并未影响运球跑动距离。本研究的多变量有序逻辑回归结果虽然显示下半场高速运球的下降比例增大会减小比赛获胜的概率，但在统计学上并无显著性差异，这在一定程度上也表明下半场运球跑动距离的变化并不具有统计学意义。

对女子足球运动员接球平均速度、运球平均速度和运球最大速度进行研究可为女子足球比赛运球特征提供新信息。研究表明，运动员在接球时的平均速度接近 3 m/s，边后卫的接球速度要小于其他位置运动员，提示在训练中提高接运球控制能力的训练模式中要有一定的速度，而非静止。除此之外，在提高运球技术的训练模式中运球最低速度的设计要大于 3.3 m/s，并且最大速度要接近6 m/s。前卫的平均运球速度与最大运球速度较其他位置运动员快，在针对类似特殊位置设计训练模式时，要根据比赛提供的信息进行，以满足比赛中的位置需求。

三、运动员在比赛中的体能变化特征与疲劳

体能训练的目标是提高运动员在比赛中抵抗疲劳的能力及运动表现水平。对女子足球比赛的研究表明，运动员在下半场的跑动能力会出现下降，即运动员在下半场产生了疲劳。

以 15 min 为基本统计单位，对运动员在比赛中跑动能力进行研究可以了解运动员的体能变化特征。结果表明，运动员的跑动总距离在两个半场的后 15 min，与比赛开始 15 min 和第 2 个 15 min 相比均表现出下降趋势。进一步研究表明，运动员在无氧跑动、高强度跑动和冲刺跑上，在比赛下半场第 3 个 15 min 也表现出下降趋势。尤其冲刺跑能力与高强度跑动能力，在下半场第 3 个 15 min 的跑动距离低于上半场第 3 个 15 min。研究结果综合表明，运动员的无氧跑动在下半场的下降主要体现在比赛最后 30 min 上，高强度跑动与冲刺跑在下半场的下降主要体现在

① DI SALVO V，BARON R，GONZÁLEZ-HARO C，et al. Sprinting analysis of elite soccer players during European Champions League and UEFA Cup matches [J]. Journal of Sports Sciences，2010，28 (14)：1489 – 1494.

比赛结束阶段，即比赛最后的15 min。

此外，在比赛中运动员的体能会随着比赛的实际情况而发生波动，研究结果显示，在短暂高强度跑动后（Peak 5-min），运动员其后的高强度跑动能力会明显下降（Next 5-min），而且低于全场平均水平（不含Next 5-min）。在比赛最后5 min（Final 5-min）的高强度跑动显著低于比赛开始阶段的跑动（First 5-min），同时也低于全场平均水平（不含Final 5-min）。这些结果提示，运动员在短暂高强度活动及比赛结束阶段会产生疲劳。

综合以上分析可知，女子足球运动员的疲劳阶段主要发生在以下两个阶段：①短时间高强度活动后（Ⅰ型疲劳）；②比赛结束阶段（Ⅱ型疲劳）。在比赛结束阶段及短时间高强度活动后，运动员高强度活动能力会降低的结论也被国外学者对男子足球比赛的研究所证实①。

Ⅰ型疲劳的出现可能是由于战术或心理因素造成的运动强度的自然变化，然而，有研究却表明，在上半场运动员经过短时间高强度活动后，其反复冲刺跑能力确实显著下降，然后在上半场结束阶段，运动员反复冲刺能力却有所恢复（图4-13）。显然，该疲劳形式是暂时性的，该疲劳形式的出现并不是由于能源物质的排空，其可以通过比赛中的调整恢复，本研究将足球运动员因高强度活动引起的暂时性疲劳，且经过短时间的积极性休息、调整即可迅速恢复的疲劳称为“假疲劳状态”。

Ⅱ型疲劳发生在比赛结束阶段，该类型疲劳的产生主要与机体能源的消耗有关，其产生后不能在比赛中通过自我调整恢复，只有比赛停止后补充一定能量且休息一定时间才能产生恢复现象，由于这种疲劳状态在比赛中是不能恢复的，因此，称之为“真疲劳状态”。

两种疲劳产生的生理机制，相关文献已经对其进行了详细论述②，在此不再赘述。

---

① KRUSTRUP P, MOHR M, STEENSBERG A, et al. Muscle and blood metabolites during a soccer game: Implications for sprint performance [J]. Medicine and Science in Sports and Exercise, 2006, 38 (6): 1165-1174.

② 部义峰，李世明. 足球比赛中真、假运动性疲劳的产生及生理机制［J］. 中国临床康复，2006，10（48）：167-170.

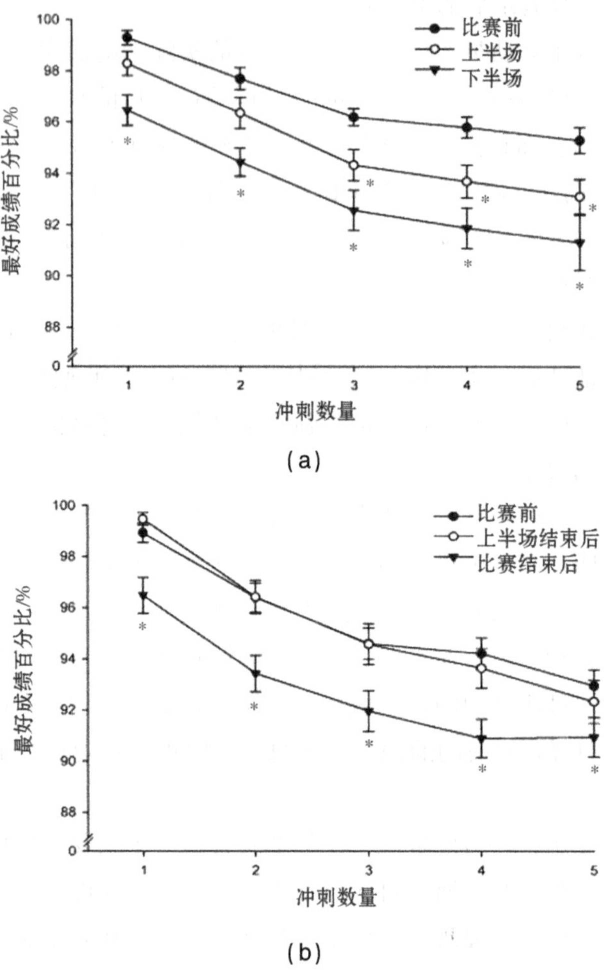

注：图中横坐标为 30 m 冲刺，间歇时间 25 s 的 5 次冲刺跑；纵坐标为冲刺跑成绩（最快成绩百分比）。(a) 为比赛前与上半场和下半场的比较，(b) 为比赛前与上半场结束后和下半场结束后的比较。* 表示 $p<0.05$。

图 4－13　运动员不同时段反复冲刺跑能力变化图①

---

① KRUSTRUP P, MOHR M, STEENSBERG A, et al. Muscle and blood metabolites during a soccer game: Implications for sprint performance [J]. Medicine and Science in Sports and Exercise, 2006, 38 (6): 1165－1174.

四、运动员疲劳与技术应用能力的关系

技术和战术能力被认为是足球比赛中具有决定性的重要因素，尽管良好的体能可以使运动员在比赛中保持更长时间的高强度工作能力，但影响比赛结果的重要因素仍然是技术和战术的运用能力。本研究表明，下半场运动员的体能水平较上半场出现下降，同时控球、短传、成功短传和抢断的次数显著下降，并且下降率超过10%。在假疲劳状态下，运动员的技术应用能力变化较小，只有控球次数显著减少，其值均小于 Peak 5-min 与 Mean 5-min；与之不同的是，在真疲劳状态下，运动员的技术运用能力则变化较大，控球、短传、成功短传及成功长传比例在 Final 5-min 时均出现下降。这些结果表明，在各种疲劳期，不仅运动员的高强度跑动能力下降，而且运动员的技术使用能力也会下降。这提示比赛中疲劳的出现会影响技术的运用能力。

国外学者对意大利甲级联赛的研究表明，成功的球队在技术运用上主要体现在控球、短传、成功短传、抢断、运球和射门上，特别是控球与短传能力在下半场的下降程度是区分成功球队与一般球队的重要指标①。因此，维持比赛期间运动员疲劳出现时技术的运用能力具有重要意义。

研究结果已经证实，运动疲劳的出现会影响运动员短传的精确性。另有研究通过模拟研究也表明，运动员通过抗阻训练引起下肢疲劳后，传球能力会显著下降，提示疲劳会对技术的应用产生影响②。但是，传球能力的下降不仅与运动员的技术应用能力有关，而且与他们在比赛中的决策能力和运动智能等因素密切相关③。为了排除其他协变量对运动技术下降的影响，单独考察体能下降对短传的影

---

① RAMPININI E，IMPELLIZZERI F M，CASTAGNA C，et al. Technical performance during soccer matches of the Italian Serie A League：effect of fatigue and competitive level ［J］. Journal of Science and Medicine in Sport，2009，12（1）：227－233.

② LYONS M，AL－NAKEEB Y，NEVILL A. Performance of soccer passing skills under moderate and high－intensity localized muscle fatigue ［J］. Journal of Strength and Conditioning Research，2006，20（1）：197－202.

③ WILLIAMS A M，REILLY T. Talent identification and development in soccer ［J］. Journal of Sports Sciences，2000，18（9）：657－667.

响，兰皮尼尼等[①]通过控制协变量的实验设计对其进行研究发现，运动员在完成模拟比赛中的高强度活动出现暂时性疲劳时，短传能力确实出现下降，他们总结认为，运动员不管在比赛中出现何种形式疲劳，都会使运动员的短传能力出现下降，而且下降的程度与运动员的体能水平有关，那些具备较高体能水平的运动员下降程度较小，反之，则下降程度较大。技术能力的下降可以通过高强度的有氧间歇训练予以应对[②]。

五、运动员的跑动特征对训练的启示

足球比赛是一项持续时间长、高低强度活动交替进行的间歇性活动，在绝大部分时间里，运动员的活动是由有氧供能完成的。无氧活动特别是高强度无氧活动的时间较短，但是这较短的无氧活动在比赛中起着至关重要的作用。研究表明，高强度跑动距离、高强度频率、运球跑动距离等高强度活动形式对比赛结果有着重要的影响，而这些重要的活动形式在比赛的结束阶段或比赛的特殊阶段往往会出现下降趋势，体能的下降会导致技术运用能力的下降。为了解决或减小运动员竞技能力下降的现象，在训练中要加强运动员最大有氧工作能力及反复高强度活动能力的训练，并应尽可能地结合比赛的活动特征设计训练方式。运动员除进行全面的身体训练外，还要根据比赛中的位置体能特征与需求对运动员进行位置体能训练，以满足位置体能需求。

---

① RAMPININI E，IMPELLIZZERI F M，CASTAGNA C，et al. Effect of match – related fatigue on short – passing ability in young soccer players ［J］. Medicine & Science in Sports & Exercise，2008，40（5）：934 – 942.

② BRADLEY P S，CARLING C，ARCHER D，et al. The effect of playing formation on high – intensity running and technical profiles in English FA Premier League soccer matches ［J］. Journal of Sports Sciences，2011，29（8）：821 – 830.

第五章　高水平女子足球比赛中运动员的生理负荷特征

在足球比赛中，运动员体能的外显表现形式主要为各种类型的动作模式，包括突然启动、制动、变向、对抗，以及冲刺跑、高速跑、倒退跑等各种类型的跑动。无论是何种运动形式最终都会作用于人的机体，并引起机体产生变化，例如血压、心率的升高，机体代谢能力的提升等，运动员承受的外部刺激的总和引起的机体的这些变化即生理负荷。有研究表明，可以将运动员跑动等各种类型的活动称为外部负荷，由外部负荷引起的机体应激程度称为内部负荷。事实上，无论是以跑动为表现形式的外部负荷，还是以生理指标变化为表现形式的内部负荷，对于促进足球科学化训练都有着重要的指导作用。一方面，掌握足球运动员比赛中的动作模式特征可以为足球专项体能训练提供生物力学方面的依据，为专项体能设计提供现实依据；另一方面，了解生理负荷可以为足球专项体能训练提供能量代谢方面的指导。这两个方面正是专项体能设计的重要理论基础。本书第四章，主要基于动作模式、各种类型跑动及位置特征讨论女子足球运动员的体能外在表现形式。本章则主要讨论女子足球运动员的生理负荷特征，以期深入了解高水平女子足球比赛中运动员的代谢需求状况，为女子足球的科学专项化训练提供理论指导。

第一节　数据来源与研究方法

一、数据来源

本章内容选取的研究对象为中国女子足球运动员。以中国女足备战奥运会、世界杯等 8 场热身赛中采集的部分主力运动员的心率数据为主要数据来源。

由于追求研究结果的最大效度，本研究选取的对象全部为国际 A 级赛事参赛运动员，受到比赛规则与客观条件的限制，数据采集时的样本量不像实验室测试那样可以精确控制，在研究过程中的样本数不尽相同，具体样本数量在相关图表处进行了标注。

二、研究方法

（一）跑台测试

运动员佩戴耶格（Jaeger）心肺功能仪（德国）在实验室耶格 LE-6000 跑台上进行递增负荷测试，起始速度为 9.2 km/h，每分钟递增 0.8 km/h，每级负荷持续 1 min，跑台坡度为0%。当负荷递增至17.2 km/h 后跑台速度不再增加，而是每分钟递增 0.5% 的坡度，直至运动员力竭。测试后可获得指标有：最大摄氧量（$\dot{V}O_2max$）、无氧阈心率、无氧阈速度等。

（二）心率数据的采集与分析

1. 比赛心率的测试

采用芬兰生产的 Polar（博能）遥测心率表对运动员在比赛中的心率进行采集，

采样频率为 5 次/s。该系统主要由三部分组成，即 Polar 表、心率数据传输带和 Polar 精度分析系统。其测试原理为：利用心率数据传输带采集运动员运动时的心脏电波，同时将采集的数据通过无线传输技术传送到心率表并完成数据的储存。比赛结束后，通过数据传输线将储存的心率数据导入计算机中，通过 Polar 精度分析系统对数据进行分析、处理。

2. 安静心率、最高心率的确定

取运动员多日晨脉的平均值作为安静心率；将运动员多次 YO-YO 间歇测试中心率最高值的平均值作为最高心率。

3. 运动负荷强度的表达

$$\text{负荷强度} = \frac{HRexercise - HRrest}{HRmax - HRrest} \tag{1}$$

式（1）中 HRexercise 为运动心率，HRrest 为安静心率，HRmax 为最大心率，下同。

$$\text{平均负荷强度} = \frac{\sum_{i=1}^{1\,080} (HR_i exercise - HR_i rest) / (HR_i max - HR_i rest)}{1080} \tag{2}$$

$$\text{最大负荷强度} = \frac{HRexercise \cdot max - HRrest}{HRmax - HRrest} \tag{3}$$

式（3）中 HRexercise · max 为比赛中的最大心率，其他同式（1）。

（三）数据处理

根据最大摄氧量划分负荷高低区域，具体定义如下。低负荷区：<75% 的 HRmax；中负荷区：75% ~ <85% 的 HRmax；高负荷区：85% ~ <90% 的 HRmax；极限负荷区：≥90% 的 HRmax。对运动员最大摄氧量与比赛中不同负荷所占用时间及不同负荷强度分别进行相关分析。对运动员上半场与下半场前后 10 min 的心率采用配对 t 检验进行对比统计分析。采用单响应方差对表现出的位置差异性进行比较分析，方差分析中的后续检验采用 Bonferroni 法。确定显著性水平为 0.05，非常显著性水平为 0.01。

第二节　比赛中运动员的生理负荷表现形式

一、运动员跑台测试基本参数

表5－1为女子足球运动员基本生理参数一览表，结果显示，优秀女子足球运动员的最大摄氧量平均为52.66 mL/(kg·min)，无氧阈对应的最大摄氧量百分比平均为74.77%，无氧阈心率平均为169.09～174.09次/min，无氧阈强度平均为83.92%～87.61% HRreserve（心率储备）。各位置表现出了一定的位置特征，总体上看，前卫具有较大的最大摄氧量和无氧阈（最大摄氧量百分比和无氧阈强度）。

表5－1　女子足球运动员基本生理参数一览表　　$N=18$

	前锋	前卫	后卫	平均值
最大摄氧量/[mL·(kg·min)$^{-1}$]	51.05±2.62	54.14±2.39	51.74±3.88	52.66±3.36
无氧阈对应的最大摄氧量百分比/%	75.50±0.71	76.91±5.24	72.00±4.18	74.77±5.05
无氧阈心率/(次·min^{-1})	167.50～172.50	168.64～173.64	170.00～175.00	169.09～174.09
无氧阈强度对应的HRreserve百分比/%	80.66～86.50	85.49～89.30	81.67～85.19	83.92～87.61

二、运动员的总体生理负荷表现

在比赛中，女子足球运动员的平均负荷强度约为82.10%，上半场与下半场的平均负荷强度分别为82.98%、81.22%，无显著性差异；最大负荷强度平均为96.00%，上、下半场分别为95.93%、95.86%，无显著性差异；在全场比赛中，低负荷区、中负荷区、高负荷区与极限负荷区占全场比赛时间的百分比分别为7.32%、24.78%、26.90%、41.00%，下半场，高负荷区占比提高，但极限负荷区显著减小，二者在下半场的变化均具有显著性差异（表5－2）。

表5－2　女子足球运动员比赛中的心率特征　　$N=42$

场次	比赛平均心率/（次/min^{-1}）	比赛最高心率/（次/min^{-1}）	平均负荷强度	最大负荷强度	低负荷区	中负荷区	高负荷区	极限负荷区
上半场	168.3 ± 9.4	185.7 ± 8.0	82.98 ± 5.22	96.00 ± 2.77	7.08 ± 7.54	24.00 ± 11.54	25.49 ± 4.12	43.44 ± 19.23
下半场	166.0 ± 7.1	183.5 ± 6.9	81.22 ± 4.90	95.86 ± 2.63	7.56 ± 7.69	25.56 ± 12.59	28.31 ± 4.98*	38.57 ± 19.87*
总体	167.5 ± 8.5	184.2 ± 7.4	82.10 ± 5.12	95.93 ± 2.76	7.32 ± 7.53	24.78 ± 11.94	26.90 ± 4.73	41.00 ± 19.45

注：

上半场与下半场的比较：* 表示 $p<0.05$。

运动员的最大摄氧量与中负荷区、高负荷区与极限负荷区所占时间百分比均呈相关关系（图5－1），而与比赛中的最大负荷强度与平均负荷强度无相关关系（图5－2）。表明最大摄氧量对运动员在比赛中高强度活动的持续时间有影响，而对运动员在比赛中表现出的平均强度与最大强度无影响。

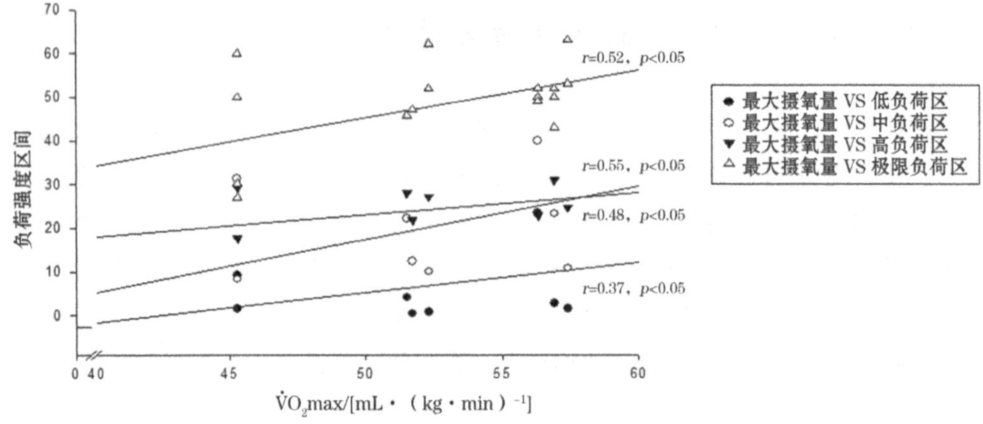

图 5-1　$\dot{V}O_2max$ 与不同负荷强度区间分配比例相关图（N=16）

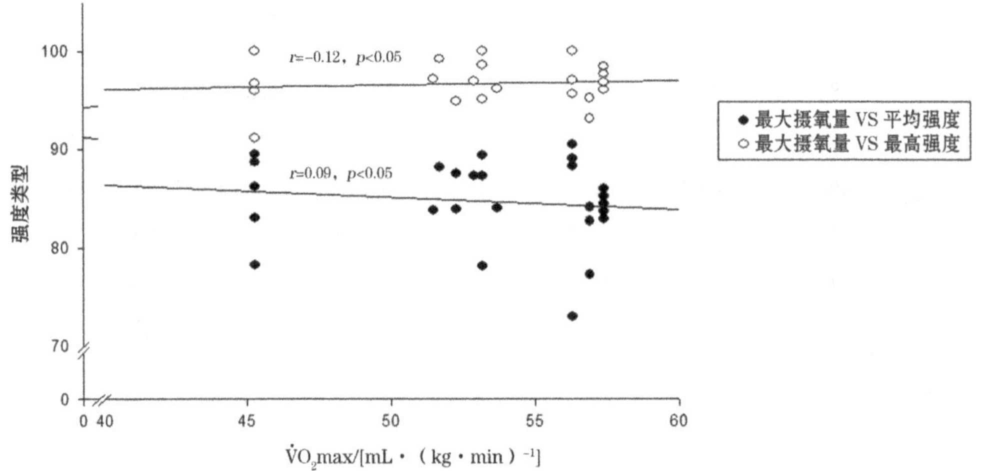

图 5-2　$\dot{V}O_2max$ 与不同负荷强度相关图（N=26）

三、运动员生理负荷的动态变化表现

在上半场，前 10 min 与后 10 min 相比，最高强度、中负荷区占百分比、高负荷区占百分比和极限负荷区占百分比均具有显著性差异，在后 10 min，中负荷区与高负荷区占百分比显著减少，但极限负荷区占百分比显著增大，表明运动强度增加，同时也说明上半场比赛结束运动员体能消耗并未对其运动能力产生显著影响。与上半场不同，在下半场前 10 min 与后 10 min，运动员的最高强度、极限负荷区无任何显著变化，只有中负荷区与高负荷区占百分比显著降低，表明运动员比赛末期出现疲劳（图 5 –3）。

在系列比赛中，运动员的平均强度、最大强度离散程度较小，变化不明显，平均强度超过 80%，最大强度接近 100%。而小强度与大强度所耗时间变化明显，表现尤为明显的是，当比赛局面占据优势或掌控比赛主动权时，运动员的大强度占用时间会增大，反之，运动员的小强度活动占用时间增大，表明运动员在比赛中的活动能力对比赛产生较大的影响（附件 C、图 5 –4）。

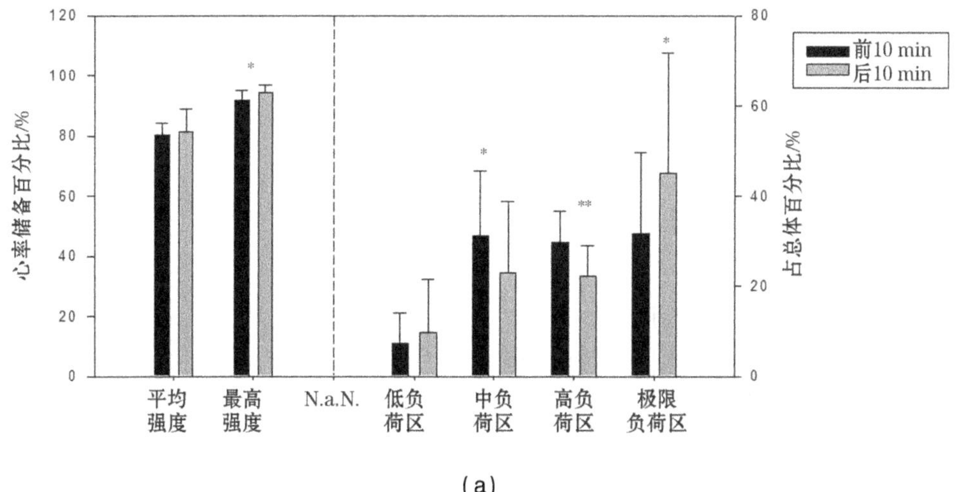

(a)

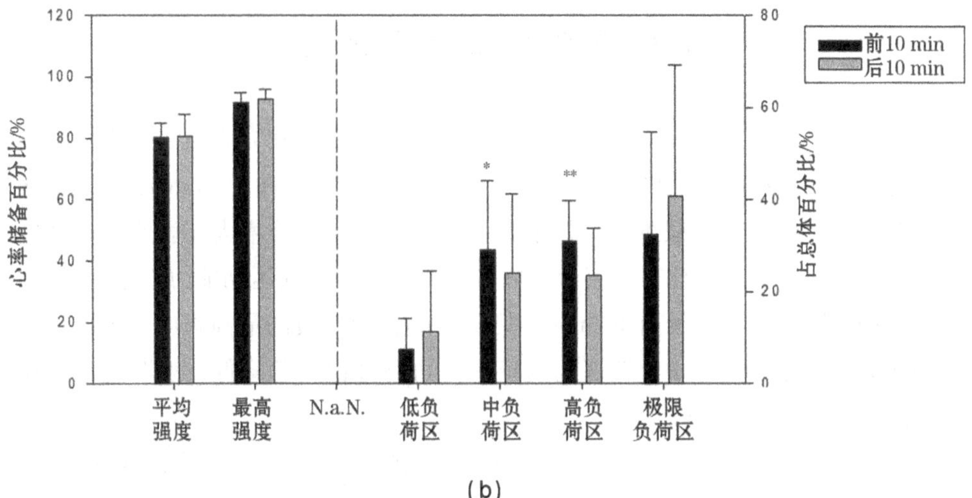

(b)

注：(a) 为上半场，(b) 为下半场。

前 10 min 与后 10 min 的比较：＊表示 $p<0.05$，＊＊表示 $p<0.01$。

图 5-3　上、下半场前 10 min 与后 10 min 心率特征变化图（N=20）

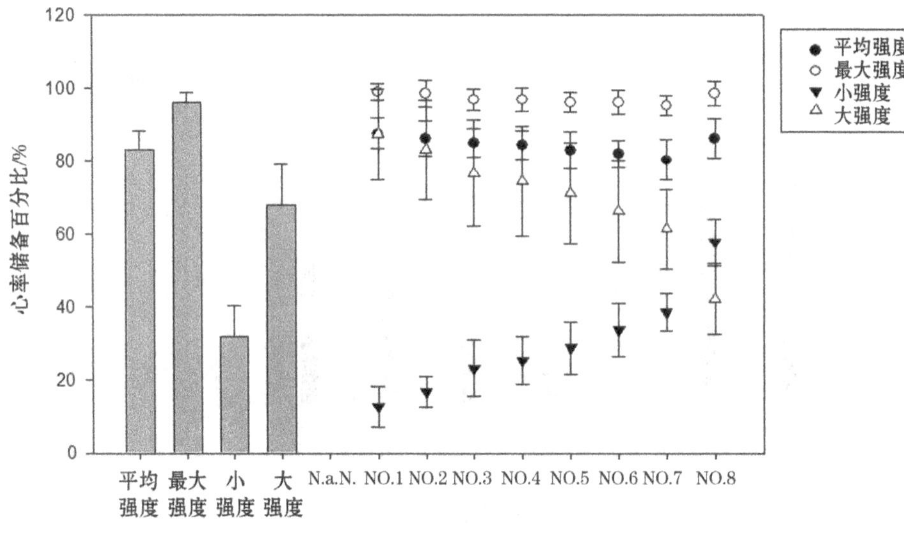

注：大强度表示≥85% 的 HRmax；小强度表示 <85% 的 HRmax。

图 5-4　运动员在系列比赛中的心率变化特征

四、运动员生理负荷的位置差异表现

根据运动员在比赛中的位置，对运动员的比赛强度研究表明（表5－3），在平均强度与最高强度上，各位置运动员之间并无显著性差异，在低负荷区与中负荷区占时间百分比上也无显著性差异，而在高负荷区占用百分比上，前卫显著低于后卫（$p<0.05$），在极限负荷区则前卫显著高于前锋与后卫（$p<0.01$）。结果表明，运动员在比赛中的平均强度接近无氧阈强度，比赛中的最高强度均接近自己的最大强度；前卫较其他位置运动员有更多的时间在极限负荷区，比赛中的运动强度最大。

表5－3 不同位置运动员的心率特征对比一览表

运动员	平均强度	最高强度	低负荷区	中负荷区	高负荷区	极限负荷区
前锋（$n_1=8$）	82.61 ± 5.34	96.00 ± 2.89	5.01 ± 5.28	21.07 ± 8.88	26.47 ± 4.21	45.66 ± 17.68
前卫（$n_2=24$）	83.43 ± 4.74	97.11 ± 2.19	5.08 ± 6.80	19.10 ± 10.91	23.84 ± 4.98	51.22 ± 19.37#
后卫（$n_3=14$）	82.03 ± 3.61	96.22 ± 1.72	5.54 ± 4.79	26.34 ± 9.60	28.66 ± 5.30*	39.14 ± 15.85

注：

①高强度负荷区内前卫与后卫的比较：*表示 $p<0.05$。②极限负荷区内前卫与其他位置运动员的比较：#表示 $p<0.05$。

第三节 比赛中运动员的生理负荷与需求特征

一、运动员的生理负荷与需求特征

心率是反映循环系统功能的重要指标之一，与常人相比，优秀运动员往往具有较低的安静心率和较高的每搏输出量，该特征决定了运动员具有更大的心率储备。用心率指标描述训练与比赛强度是目前最常用的方法之一，其原理是在一定范围内心率与摄氧量的线性关系。运动员运动时，机体需要摄取一定的能量，能量代谢的增加必然伴随着摄氧量增加，而摄氧量增加必然引起心输出量增加，心输出量增加的主要途径就是心率增加。因此，在一定范围内，运动强度与心率发生平行变化。心率的变化是机体多个系统的生理变化的反映，能够客观反映外界运动对机体刺激的程度。然而，有研究表明①，运动员的心率因个体及个体从事的运动项目不同而不同。无论是安静心率，还是最大心率，都存在一定的个体差异，因此，当用绝对心率去描述运动强度，并对运动员承受的负荷强度进行比较时存在很大的局限性，且很容易得出与事实截然相反的结论。为了避免出现该现象，有学者利用最大心率百分比（%HRmax）去表述运动强度②，该表述方法使得运动员之间更加容易进行横向比较。

有学者认为，最大心率储备百分数（%HRreserve）比最大心率百分比能够更

① 常芸，高晓嶙，熊正英，等．中国不同项目优秀运动员安静心率研究［J］．中国运动医学杂志，2007，26（1）：34－37.

② STØLEN T，CHAMARI K，CASTAGNA C，et al. Physiology of soccer：an update［J］. Sports Medicine，2005，35（6）：501－536.

准确反映比赛强度①。但是也有学者的研究表明,% HRreserve 与% $\dot{V}O_2max$ 的变化并不一致，但当用摄氧量储备百分比描述运动强度时［% $VO_2reserve$ = ($VO_2exercise$ - VO_2rest) / ($\dot{V}O_2max$ - VO_2rest)］，最大心率储备百分比与之存在良好的变化一致性②。有学者对小型比赛中运动员的生理变化进行研究证实了该结论，结果表明,% HRreserve 与% $VO_2reserve$ 的变化一致性确实优于% HRreserve 与% VO_2（max - exercise）的变化一致性（图 5 - 5）。总之，无论% HRreserve 是与% VO_2（max - exercise），还是与% $VO_2reserve$，均具有良好的变化一致性，该指标作为一项描述代谢强度的间接指标是较为准确且可行的，并且也可以作为足球运动中描述运动强度的指标，同时由于其作为相对指标，消除了运动员之间的个体差异，还可以对运动员个体进行横向比较。

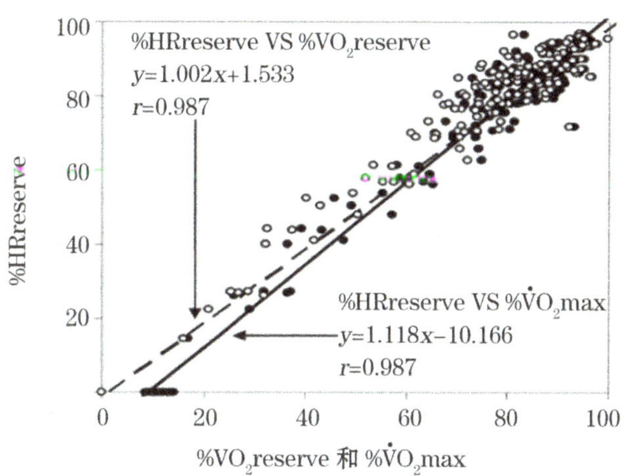

图 5 - 5　% HRreserve 与% VO_2reserve、% $\dot{V}O_2$max - erercise 变化一致性比较图③

① IMPELLIZZERI F M, RAMPININI E, MARCORA S M. Physiological assessment of aerobic training in soccer [J]. Journal of Sports Sciences, 2005, 23 (6): 583 - 592.

② SWAIN D P, LEUTHOLTZ B C. Heart rate reserve is equivalent to % VO2reserve, not to % $\dot{V}O_2$max [J]. Medicine and Science in Sports and Exercise, 1997, 29 (3): 410 - 414.

③ IMPELLIZZERI F M, RAMPININI E, MARCORA S M. Physiological assessment of aerobic training in soccer [J]. Journal of Sports Sciences, 2005, 23 (6): 583 - 592.

测定比赛中的 HR 可以帮助了解比赛中的能量消耗，本研究表明，女子足球运动员的平均心率为 156 ~ 185 次/min，平均值约为 167 次/min，与同类研究相比大致相当①，但稍高于男子足球运动员②。女子足球运动员在比赛中的最大心率差异较大，最大心率范围为 178 ~ 201 次/min。用相对强度表示上述两个指标，平均强度约为 83%，最高强度约为 96%，中、低负荷区占比赛总时间的 32%，而高负荷区与极限负荷区占到总时间的 68%，表明运动员机体在比赛中大部分时间处于较高负荷状态。

进一步研究表明，运动员最大摄氧量与比赛中的平均强度与最高强度无关（图 5 - 2），说明在比赛中体能水平高的运动员也同样承受较高负荷，提示比赛所需体能负荷强度与运动员机能水平无关，而与运动员活动能力相关。尽管如此，运动员比赛中的中负荷区、高负荷区、极限负荷区占用时间百分比却与运动员最大摄氧量水平相关（图 5 - 1），说明最大摄氧量水平越高的运动员，比赛中高强度活动的时间越长。高强度活动的时间越长，比赛中越能占据优势，从而增大比赛获胜的概率。相反，小强度活动时间长，则说明运动员在比赛中跑动不主动，或者受对方限制较大而无法完成更多高强度活动（图 5 - 4）。

前文已表明，运动员在比赛结束阶段的高强度跑动能力会显著下降，HR 的监控结果表明，运动员在下半场比赛结束前 10 min，运动员中负荷区与高负荷区所占比例减小，说明运动员在比赛末期出现疲劳，与对跑动的研究中得出的“运动员在比赛末期产生疲劳”的结论相互佐证。极限负荷区并无显著下降，可能是由运动员在比赛末期体能消耗较大、冲刺跑等高强度活动能力下降导致。在系列比赛中，运动员的平均强度与最大强度变化较小，但是小强度与大强度活动时间变化明显，并且表现出大强度活动时间越长，比赛场面越主动的规律性特征，表明运动员的高强度活动能力对比赛会产生一定的影响。

各位置之间在平均强度与最高强度上无差异。但是在高负荷区和极限负荷区占用时间百分比上存在较明显的位置差异。在高负荷区上前卫显著低于后卫，而

---

① KRUSTRUP P, MOHR M, ELLINGSGAARD H, et al. Physical demands during an elite female soccer game: importance of training status [J]. Medicine and Science in Sports and Exercise, 2005, 37 (7): 1242 - 1248.

② EKBLOM B. Applied physiology of soccer [J]. Sports Medicine, 1986, 3 (1): 50 - 60.

在极限负荷区上前卫则显著高于前锋与后卫，说明比赛中前卫较其他位置运动员承受较长时间的极限负荷运动，而前锋与后卫则主要更多集中在高负荷活动上。总体上看，运动员在比赛中的负荷强度接近或持平于无氧阈强度。

二、运动员的生理负荷特征对训练的启示

女子足球比赛的平均强度约为81% HRreserve，最高强度约为96% HRreserve，说明运动员在比赛中承受的生理负荷较高。运动员的 $\dot{V}O_2max$ 与比赛中的平均强度与最高强度无相关关系，而与不同活动强度的持续时间相关，$\dot{V}O_2max$ 水平越高，高强度与中强度活动持续的时间越长。运动员在比赛中承受生理负荷的能力越强，比赛中越能占据主动。基于此认为，在训练中特别是足球专项体能训练与小场地足球训练，运动负荷的设计应该大于81% HRreserve，甚至要高于该值，以满足比赛的体能需求。此外，负荷的安排还要考虑位置差异，以加强位置体能训练。

第六章 高水平女子足球运动员体能训练体系构建

足球运动是世界上影响最大的运动项目，一场比赛的持续时间长，并且在比赛中突然启动、制动、变向，以及不同类型的跑动形式随机出现，这意味着足球运动员的体能训练具有很高的复杂性。但是，足球科研工作者仍通过各种方法与手段从复杂随机的数据中探索到许多规律，如比赛的高强度活动与低强度活动的交替规律特征、跑动总距离、高强度跑动距离、冲刺跑距离、运球跑动距离、比赛中的跑动变化特征和位置特征等。这些实证研究为足球科学化训练提供了最为直接的依据，教练员基于这些研究设计出了诸多专项体能训练测试的模式和方法，极大地推动了足球体能训练的发展。

在以往的研究中，特别是国内足球领域的研究，基本采用演绎、归纳的方法对足球体能训练进行理论阐述，以理论推演理论，以理论验证理论，缺乏实践层面的探索，相关研究结果也缺乏外部效度。但是随着技术的发展，足球科研工作者对比赛中运动员的体能表现进行分析成为可能，基于对比赛的解构探讨足球运动员的体能需求提高了研究结论的可靠性与外部效度，所有数据均来源于比赛，为足球运动员体能训练体系构建提供了最为直接的证据。本章主要基于第三至五章的体能表现分析，探讨女子足球运动员的体能需求，进而建立优秀女子足球运动员的体能训练体系。

第一节　运动员体能训练目标体系的构建

一、运动员体能训练目标的基本理论

训练的终极目标是提高运动员的运动成绩，运动成绩则是运动员参加比赛的结果，是根据特定的评价行为对运动员及其对手的竞技能力在比赛中发挥状况的综合评价[①]。该评定既包括运动员在比赛中表现出的竞技水平，也包括竞赛的胜负与名次，其决定因素包含运动员在比赛中的表现、对手在比赛中的表现和评定规则，其关系如图6－1所示。

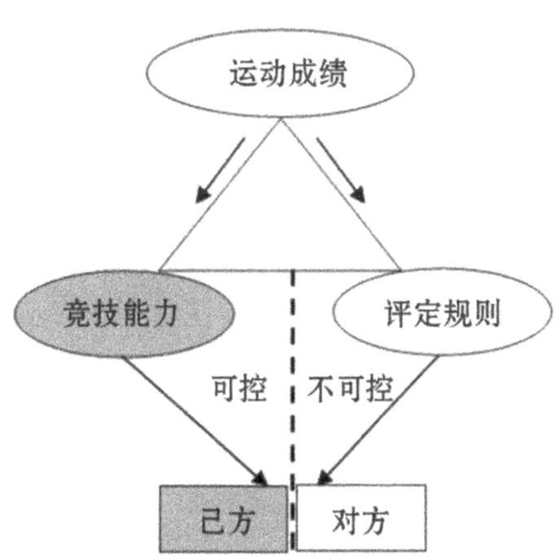

图6－1　运动成绩影响结构图

① 田麦久．运动训练学［M］．北京：人民体育出版社，2000．

训练的终极目标虽然是提高运动员的运动成绩，但其是通过在一定的规则内，双方竞技水平的相互较量实现的。运动成绩的这种多层次性决定了训练目标是一个多层次的序列系统。因此，一个训练目标的制定不仅应该能体现出宏观的比赛名次或可测量的比赛结果，还应该能够描述影响运动成绩的各因素的目标状态，这就包括了运动成绩目标、竞技能力目标和运动员实现竞技能力目标需要机体能够承受的负荷目标。运动成绩包括运动员在比赛中发挥出的竞技水平与比赛名次两个方面；竞技能力则是由许多紧密相连、能够反映运动员各种能力特征的许多指标组成；负荷则是运动员机体承受刺激程度与水平的描述。训练目标的三个层次呈现递进关系，竞技能力目标是运动成绩目标具体化的过程，而负荷目标又是竞技能力目标具体化的过程。运动成绩的提高必须依赖于运动员竞技能力的提高，而竞技能力的提高则要求运动员必须具备承受一定负荷的能力。

在训练目标体系中，运动名次涉及运动员竞技能力的发挥、对手竞技能力的发挥和评定规则等因素的影响，可控性较小。决策理论指出，人们只能对受可控因素影响的事物的未来发展进行有效预测，而对受不可控因素影响的事物是无法进行准确预测的。在训练目标体系中，只有运动员竞技能力是可控制的，因此，体能训练体系的直接目标是提高运动员在比赛中所需的体能水平，并能使运动员在比赛中发挥出较高水平，为运动员在比赛中技战术的完成提供保障。

图 6－2 为体能训练目标的制定步骤，体能训练目标制定的首要依据是明确运动员在比赛中所需的体能各要素及达到最佳效果的评定标准，只有充分了解了比赛特征与比赛需求才能有的放矢地制定训练目标，才能在最大程度上提高训练目标的效度，才能为体能训练内容的安排、方法手段的选择及负荷确定提供目标依据。

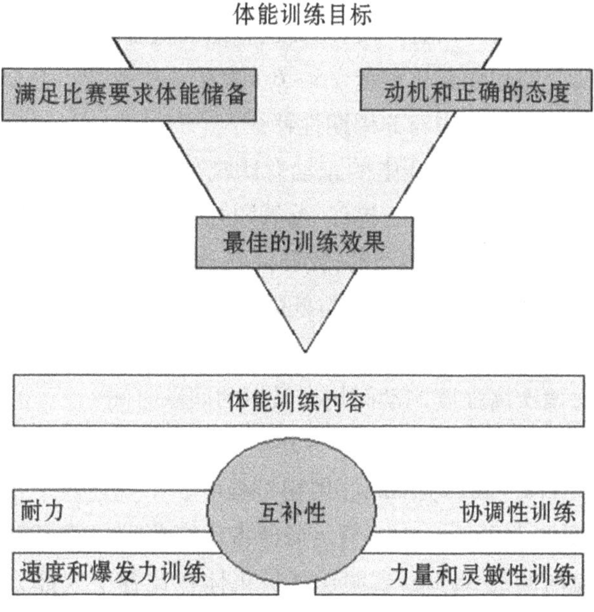

图6－2　体能训练目标制定步骤①

二、基于女子足球比赛活动特征的运动员体能需求分析

（一）运动员活动形式与比赛负荷

研究表明，女子足球比赛是一项间歇性运动，整场比赛是由约1 300次不可预测、非周期性速度变化的跑动构成的，跑动总距离接近10 000 m，在比赛全场跑动中，冲刺跑、高速跑、中速跑、低速跑、慢跑和慢跑以下分别占总时间的1.21%、1.90%、3.87%、20.40%、41.11%、31.52%，高强度跑动占3.11%。此外，还

① BISANZ G，VIETH N. Fussball Von Morgen－leistungstraining fuer B－/A－Junioren und Amateure［M］. Deutschland：Deutschen Fussball－Bund unter Mitwirkung des DFB－Trainerstabes，2000：61.

包括每15 min出现急停11次、急起13次、急转12次、跳跃0.4次、对抗3.5次、踢球4.6次和铲球0.27次。比赛中运动员还有诸如从卧姿或躺姿快速起立等动作，可见，比赛中运动员的动作变化频繁，3~6 s发生一次改变，充分体现了足球比赛中运动员活动形式的不可预测与非周期性特征。

优秀女子足球运动员在比赛中的跑动总距离较长，其中冲刺跑与高速跑的跑动距离分别占跑动总距离的3%、7%，无氧阈强度以上的跑动距离占跑动总距离的比例超过50%。一次高强度跑动的持续时间一般不超过3 s，跑动距离一般不超过15 m。运动员在比赛中的无氧活动与低强度活动的比例在1/8.52~1/10.81，平均为1/10.65。根据运动员的位置，前卫在比赛中具有较多且持续时间较长的高强度跑动，同时在每两次高强度跑动间均有最短的间歇时间。

女子足球运动员的平均心率为156~185次/min，平均值约为167次/min，比赛中的最大心率在178~201次/min。用相对强度表示上述两个指标，平均强度约为83%，最高强度约为96%，中、低负荷区占比赛总时间的32%，而高负荷区与极限负荷区占到总时间的68%，表明运动员机体在比赛中大部分时间处于较高负荷状态。

通过建立HR－VO_2的线性关系模型，可以实现通过HR预测VO_2，以便了解运动中的能力消耗。彭斯博①的实证研究表明，在间歇性运动中，HR－VO_2的线性关系具有较高的效度，该结果也被其他研究证实②。如果假设HR－VO_2的线性关系在间歇性运动中具有较高的效度，平均运动强度接近85%则应对应75%的$\dot{V}O_2max$，该相对负荷强度略高于男性运动员③，这说明女子足球运动员在比赛中承受了较大的比赛负荷。

（二）有氧能力比赛需求

在比赛全场跑动中，无氧阈以下强度的跑动时间约占总时间的90%以上，跑

---

① BANGSBO J. The physiology of soccer with special reference to intense intermittent exercise [J]. Acta Physiologica Scandinavica, 1994, 619: 1-155.

② HOFF J. Soccer specific aerobic endurance training [J]. British Journal of Sports Medicine, 2002, 36(3): 218-221.

③ BANGSBO J, MOHR M, KRUSTRUP P. Physical and metabolic demands of training and match-play in the elite football player [J]. Journal of Sports Sciences, 2006, 24 (7): 665-674.

动距离约占总跑动距离的75%，表明运动员整场比赛的绝大部分时间的供能是由有氧供能完成的。这就要求运动员必须具备良好的有氧能力以满足比赛的需求。

在上、下半场的比较中，冲刺跑、高速跑、中速跑、低速跑、慢跑以下和半场总距离均出现了下降趋势（181.02 m VS 124.48 m，$p<0.05$；352.04 m VS 300.04 m，$p<0.05$；749.08 m VS 698.06 m，$p<0.01$；1 339.61 m VS 1 265.65 m，$p<0.01$；1 253.92 m VS 1 331.09 m，$p<0.01$；4 894.41 m VS 4 801.37 m，$p<0.05$）。在跑动频率上，冲刺跑、高速跑、中速跑和总跑动次数均表现出了下降趋势（19 次 VS 11 次，$p<0.01$；26 次 VS 19 次，$p<0.05$；52 次 VS 36 次，$p<0.05$；682 次 VS 624 次，$p<0.05$）。在跑动时间上，下半场冲刺跑、高速跑和中速跑的耗用时间占下半场总时间的百分比较对应参数占上半场总时间的百分比显著下降（1.49% VS 0.95%，$p<0.01$；2.14% VS 1.68%，$p<0.05$；4.51% VS 3.30%，$p<0.05$）。

运动员的跑动总距离在两个半场的后 15 min，与比赛开始的 15 min 和第二个 15 min 相比均表现出下降趋势。进一步研究表明，运动员的无氧跑动在下半场的下降主要体现在比赛的最后 30 min 内，高强度跑动与冲刺跑在下半场的下降主要体现在比赛结束阶段，即比赛的最后 15 min。此外，运动员在短暂高强度活动及比赛结束阶段高强度跑动能力也会下降。

尽管运动员在疲劳阶段高强度活动能力下降，但是各种跑动形式一次跑动的持续时间则未出现明显变化（$p>0.05$），据此并综合上述分析认为，疲劳阶段高强度跑动能力的下降是由高强度跑动频率的下降引起的。在比赛期间，一次高强度跑动能力较上次高强度跑动能力下降说明运动员在两次高强度活动间歇期间，机体并未完全恢复而导致后续高强度活动能力下降。而有研究表明，高强度活动间歇机体的恢复能力与其有氧能力密切相关，有氧工作能力高的运动员往往在相邻高强度活动间歇期间的恢复能力强；反之，则恢复能力弱，从而降低了运动员反复高强度活动的能力。因此，不仅要提高运动员的反复高强度活动能力，而且要提高高强度活动间歇期机体的恢复能力。

基于上述分析认为，训练必须提高运动员在比赛中的抗疲劳能力，并且要有效改善运动员在比赛结束前因疲劳产生而出现的运动技能下降的状况。这些情况的改善则依赖于运动员有氧代谢能力的提高。

（三）无氧能力比赛需求

在女子足球的比赛中，运动员进行着大量的急停、急起、急转、短时冲刺等瞬时爆发性活动，而且在比赛中运动员的高强度跑动时间与跑动距离分别占总时间与总距离的3.11%与10%。这说明在比赛期间某些时刻无氧系统供能占有较大的比例。

有研究对男子足球运动员在比赛中的血乳酸水平进行了研究，将其结果绘制成柱状图（图6－3）。结果表明，优秀运动员较一般运动员在比赛中可能更多地动用了无氧供能系统。所有的研究结果表明，运动员在下半场的血乳酸水平要低于上半场，这一结果与其他研究结果得出的“运动员在下半场，尤其是比赛结束阶段的高强度活动能力下降”的结论相一致①，与本研究得出的结论也相一致。

乳酸的廓清速率与乳酸浓度、间歇期活动强度和有氧能力有关。血乳酸浓度越高，乳酸的廓清速率越快。有氧能力越强（$\dot{V}O_2max$ 越大），血乳酸浓度越低，这是因为较高的有氧能力提高了有氧工作的强度，增强了乳酸的廓清速率和加快了CP的合成速率，导致高强度间歇期恢复能力提高②。的确，有研究表明，$\dot{V}O_2max$ 的提高可以降低相同极限下负荷的血乳酸与肌乳酸的浓度，这是因为更高的有氧能力导致在运动中动用了更多的有氧供能并且提高了乳酸的廓清速率，所以减小了乳酸的产生，从而最终导致血乳酸浓度的减小③。另有研究表明，高强度活动间歇期，70% HRmax 提高乳酸廓清能力的效果最好④，因此，高强度活动间歇期，运动员需要进行低强度的活动，以提高机体的恢复能力。

---

① MOHR M, KRUSTRUP P, BANGSBO J. Match performance of high－standard soccer players with special reference to development of fatigue［J］. Journal of Sports Sciences, 2003, 21（7）: 519－528.

② HELGERUD J, ENGEN L C, WISLØFF U, et al. Aerobic endurance training improves soccer performance［J］. Medicine and Science in Sports and Exercise, 2001, 33（11）: 1925－1931.

③ MACRAE H S, DENNIS S C, BOSCH A N, et al. Effects of training in lactate production and removal during progressive exercise in humans［J］. Journal of Applied Physiology, 1992, 72（5）: 1649－1656.

④ ÅSTRAND P, RODAHL K. Textbook of Work Physiology: Physiological Bases of Exercise［J］. Physiotherapy Practice, 2004, 20（1）: 73.

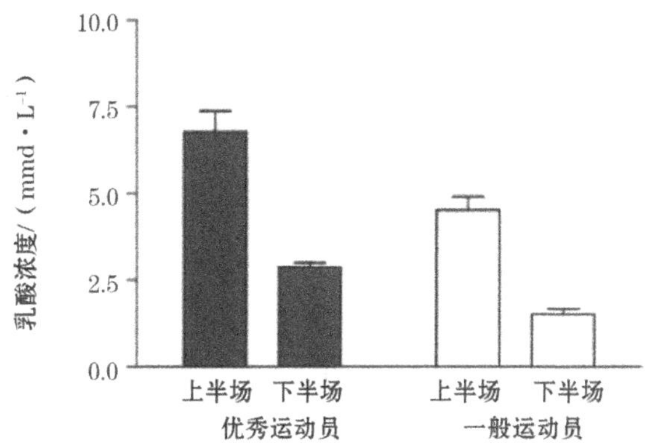

图6－3　优秀运动员与一般运动员在比赛中的血乳酸变化对比图

尽管一场足球比赛中的绝大部分时间是在运动员的有氧供能系统下完成的，但是对比赛进程具有决定性影响的行为动作则是在无氧系统供能的支持下完成的。短时冲刺跑、跳跃、急停、急转等瞬时爆发性活动完成得良好与否在很大程度上取决于运动员的无氧工作能力，而这种能力往往也是影响比赛结果的关键因素[①]。

基于上述分析认为，训练中必须着力提高运动员高强度活动能力及反复高强度的活动能力，这些能力的提高则须依赖于运动员无氧代谢能力的提高。

（四）专项力量比赛需求

在足球比赛的绝大部分时间里，运动员的供能是由有氧供能完成的，但是对比赛具有决定性意义却是在比赛中出现次数较少的高强度跑动、激烈的对抗、急起、急停等活动。在比赛中，每隔 30 s 左右运动员就有 1 次无氧跑动，每隔 90 s 左右就有 1 次冲刺跑动，每 15 min 运动员要进行急停 11 次、急起 13 次、急转 12 次、跳跃 0. 4 次、对抗 3. 5 次、踢球 4. 6 次和铲球 0. 27 次。每场比赛运动员高速跑动的距离大约占跑动总距离的 10%，并且在跑动中包含了急停、急起、急转等元素。在这些爆发性活动中，运动员不仅要良好地完成动作，而且要尽可能地控

① WRAGG C B，MAXWELL N S，DOUST J H. Evaluation of the reliability and validity of a soccer－specific field test of repeated sprint ability ［J］. European Journal of Applied Physiology，2000，83（1）：77－83.

球，不断地在对抗中维持身体平衡，以达到战术目的。有研究表明，成功的球队往往都具有较高的爆发力水平，因此，力量和爆发力对女子足球运动员至关重要①。

肌肉的最根本作用是保护、固定骨骼系统，防止关节损伤，良好的肌肉力量在一定程度上可以预防运动损伤。另有研究进一步证实，通过一定的力量训练，运动损伤的风险可以降低50%②。因此，力量训练不仅可以提高运动员的活动能力，而且在一定程度上对预防运动损伤也具有重要意义。此外，肌肉的力量训练可以促进伤后的肌力恢复，尤其对于女子足球运动员，由于其生理特征，在训练中对待功能性训练的重视程度要高于对待男子足球运动员。

上述分析表明，要提高比赛中运动员的表现能力，运动员必须具备较好的力量与爆发力，而且要进行大量的功能性训练以预防运动损伤或者促进伤后恢复。

三、运动员体能训练目标体系的形成

根据女子足球比赛的体能表现特征可以了解比赛对体能的需求，通过对比赛的体能需求分析可知，运动员要在比赛中有良好的表现或掌握比赛的主动，必须具备以下能力：①长时间持续运动能力；②高强度活动能力；③反复高强度活动能力；④短时间恢复能力；⑤抵抗运动损伤的能力。这些能力就要求运动员具备出色的有氧工作能力、无氧工作能力及一定的专项力量水平，此外，比赛所要求运动员具备的这些能力还受到身高、体重、BMI（身体质量指数）等身体形态指标的影响。因此，女子足球运动员体能训练的宏观目标体系基本形式如图6－4所示。

---

① STØLEN T, CHAMARI K, CASTAGNA C, et al. Physiology of soccer: an update [J]. Sports Medicine, 2005, 35 (6): 501－536.

② LEHNHARD R A, LEHNHARD H R, YOUNG R, et al. Monitoring injuries on a college soccer team: the effect of strength training [J]. The Journal of Strength and Conditioning Research, 1996, 10 (2): 115－119.

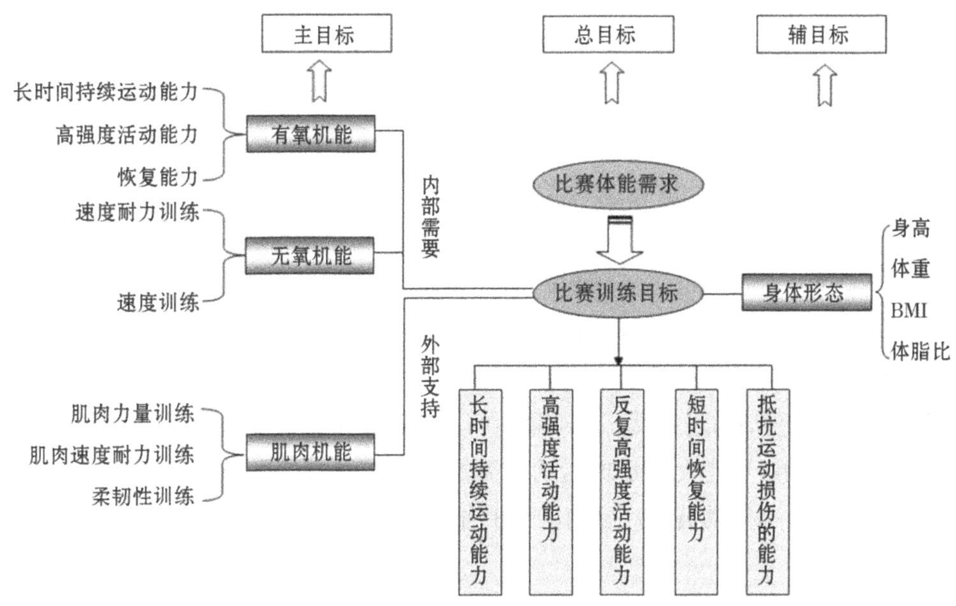

图 6－4　女子足球运动员体能训练目标体系的检验

为了检验建立的女子足球运动员体能训练目标体系，对其进行了关联效度检验，其方法为：首先，选取能够分别反映有氧能力、无氧能力与肌肉力量的指标；然后，再选取比赛中能反映运动员体能需求的指标；最后通过建立二者的关系并对其进行分析判断，以验证建立的女子足球运动员体能训练目标体系。

（一）有氧能力与比赛活动能力

反映运动员有氧能力的指标较多，其中，在足球项目中，$\dot{V}O_2max$ 与 YO-YO 测试成绩是最为典型的指标。根据前期研究分析认为，在足球比赛中具有了良好有氧工作能力的运动员较有氧工作能力一般的运动员会具有较高的跑动总距离、高强度跑动距离和更多的冲刺跑。如果该假设得以验证，表明发展运动员有氧工作能力是体能训练的重要组成部分。

为了探求有氧能力与比赛活动能力的关系，本研究建立了二者的关系示意图（图6－5）。结果表明，$\dot{V}O_2max$ 与高强度跑动距离、冲刺跑频率均呈密切相关关系（$r=0.72$，$p<0.01$；$r=0.84$，$p<0.01$），表明具有较高水平 $\dot{V}O_2max$ 的运动员具有更高水平的高强度跑动能力和反复冲刺跑的能力。同时，$\dot{V}O_2max$ 与跑动总距离虽然也呈相关关系，但是无统计学意义，说明 $\dot{V}O_2max$ 对低强度跑动无影响。YO－YO测试成绩与跑动总距离、高强度跑动距离和冲刺跑频率均具有较好的相关关系（$r=0.60$，$p<0.05$；$r=0.81$，$p<0.01$；$r=0.74$，$p<0.01$），表明YO-YO测试成绩较好的运动员在比赛中会有较好的体能表现。

有研究表明，对于男子足球运动员，$\dot{V}O_2max$ 与高强度活动能力并不成正相关关系①。而本研究却与之相反，该结果表明，在比赛中有氧能力较无氧能力更加重要。对其可能的解释是女子足球运动员无氧工作能力弱于男子足球运动员，导致在比赛中女子足球运动员相对更加依赖于有氧能力②。

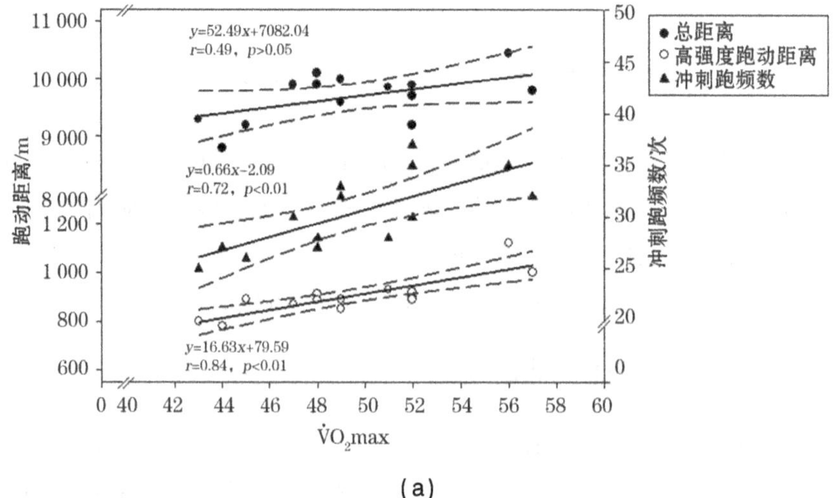

(a)

① KRUSTRUP P，MOHR M，AMSTRUP T，et al. The Yo－Yo intermittent recovery test：physiological response，reliability and validity［J］. Medicine & Science in Sports & Exercise，2003，35（4）：697－705.

② LEWIS D A，KAMON E，HODGSON J L. Physiological differences between genders implications for sports conditioning［J］. Sports Medicine，1986，3（5）：357－369.

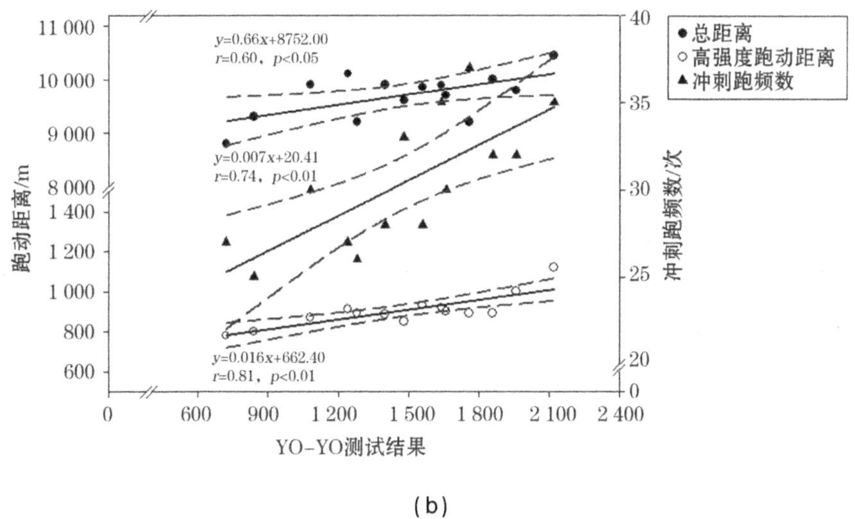

(b)

注：图中总距离与高强度跑动距离的纵轴为左侧主坐标轴，冲刺跑频率的纵坐标轴为右侧副坐标轴。

图6－5　有氧能力与比赛活动能力关系示意图

$\dot{V}O_2max$ 与 YO-YO 测试成绩均能对运动员在比赛中的高强度跑动能力做出良好的预测，而高强度活动能力在足球比赛中又对比赛结果起着至关重要的作用，因此，提高 $\dot{V}O_2max$ 与 YO-YO 测试成绩具有重要意义，同时也说明了有氧能力的重要性。

（二）无氧能力与比赛活动能力

反映无氧能力的指标较多，一般情况下，实验室常用功率自行车对运动员进行测试。本研究对运动员进行的无氧测试从两个角度出发，一方面要测定运动员的起动加速能力，另一方面要测定运动员的无氧耐力。本研究根据足球比赛中运动员的体能需求特征设计了如下两个测试：测试一主要测定运动员的快速起动能力，要求运动员在功率自行车上进行一次 10 s 的快速冲刺，达到峰值功率的时间越短，说明运动员的快速起动能力越好；测试二测定运动员的无氧耐力，要求运动员进行 10 次 5 s、间歇 10 s 的全速冲刺，所做总功越多，表明运动员的速度耐力越好。

为了探求运动员无氧能力与足球运动员专项运动能力的关系，本研究建立了二者的关系示意图（图6－6）。结果表明，运动员达到峰值功率的时间与运动员最大速度呈密切相关（$r=0.73$，$p<0.01$），运动员达峰值功率时间越短，在比赛中达到的最大速度就会越大。足球比赛中，由于受到比赛项目的活动特征限制，运动员进行高强度跑时往往没有足够长的时间达到最大速度，因此，加速度越好的运动员越容易获得较大的速度。反复高强度活动能力对比赛有着重要的影响，结果显示，运动员的无氧耐力与高强度活动频率具有相关关系（$r=0.66$，$p<0.01$），说明无氧耐力水平高的运动员往往具有更强的高强度跑动能力。基于上述分析认为，运动员的无氧能力对运动员在比赛中的表现具有积极的影响。

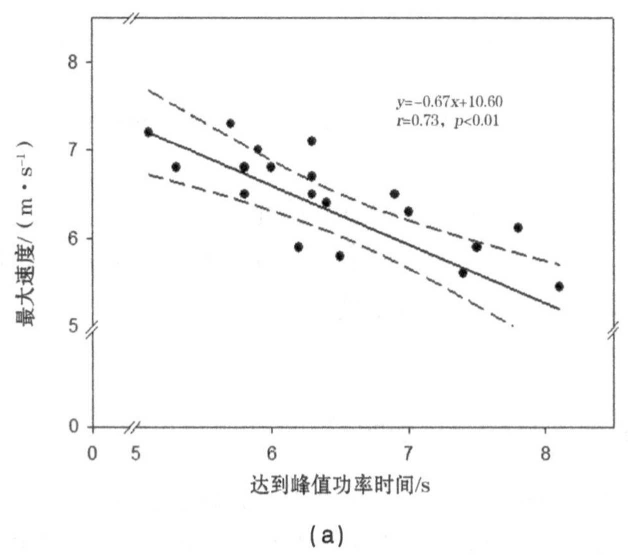

(a)

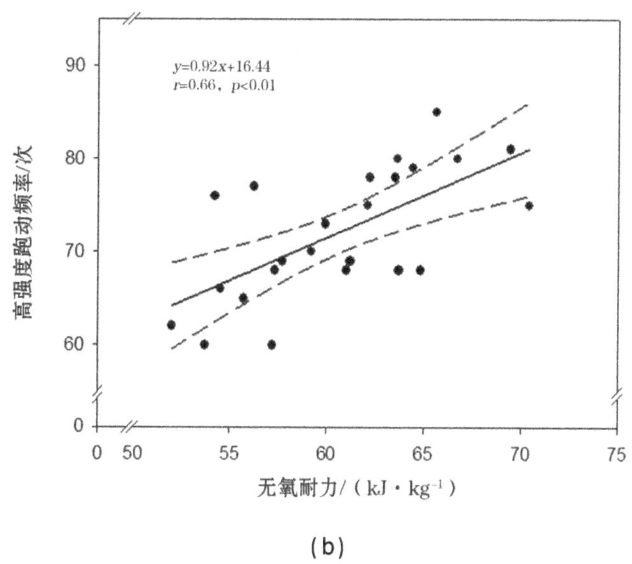

（b）

注：达到峰值功率时间为功率自行车上 15 s 内达到的最大峰值功率；无氧耐力为功率自行车上完成 10 次 5 s 冲刺的总功与体重的比值。

图 6－6　无氧能力与比赛活动能力关系示意图

（三）肌肉力量与比赛活动能力

反映运动员肌肉力量的指标很多，1RM 常被用来描述运动员的最大力量①。本研究最大力量选择的指标为等动力量快速测试（240°/s）下获得的最大伸髋力矩；根据前期研究，选择的反映爆发力的指标为立定跳远②。在足球比赛中，运动员的加速度与速度至关重要，它们分别可以通过 5 m 冲刺跑与 30 m 冲刺跑耗用时间进行判定。

① HOFF J，HELGERUD J. Endurance and strength training for soccer players ［J］. Sports Medicine，2004，34（3）：165－180.

② 刘丹，部义峰，赵刚，等. 足球运动训练与比赛监控的理论及实证［M］. 北京：人民体育出版社，2011：126－127.

为了探求运动员肌肉力量与活动能力的关系，本研究建立了二者的关系示意图（图6-7）。结果显示，运动员的最大伸髋力矩与立定跳远、5 m冲刺跑和30 m冲刺跑显著相关（$r=0.66$，$p<0.05$；$r=0.75$，$p<0.01$；$r=0.83$，$p<0.01$），立定跳远与5 m冲刺与30 m冲刺也显著相关（$r=0.66$，$p<0.05$；$r=0.58$，$p<0.05$）。上述研究结果表明，运动员的最大力量对爆发力、加速度和最大速度影响较大，爆发力对加速度和最大速度影响也较大。但是，本研究得到的肌肉力量与运动能力的关系密切程度低于对男子足球运动员的研究①，其原因可能是后者采用的最大力量为杠铃负重的1RM，更容易反映运动员的专项力量，也可能是女子足球运动员本身相对力量较弱，其根本原因还有待进一步研究。

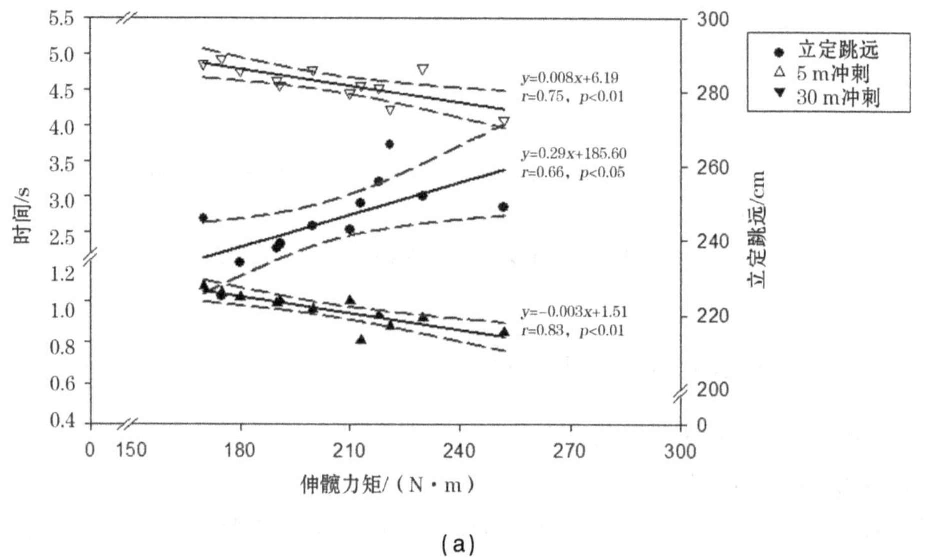

(a)

① WISLØFF U，CASTAGNA C，HELGERUD J，et al. Strong correlation of maximal squat strength with sprint performance and vertical jump height in elite soccer players［J］. British Journal of Sports Medicine，2004，38（3）：285-288.

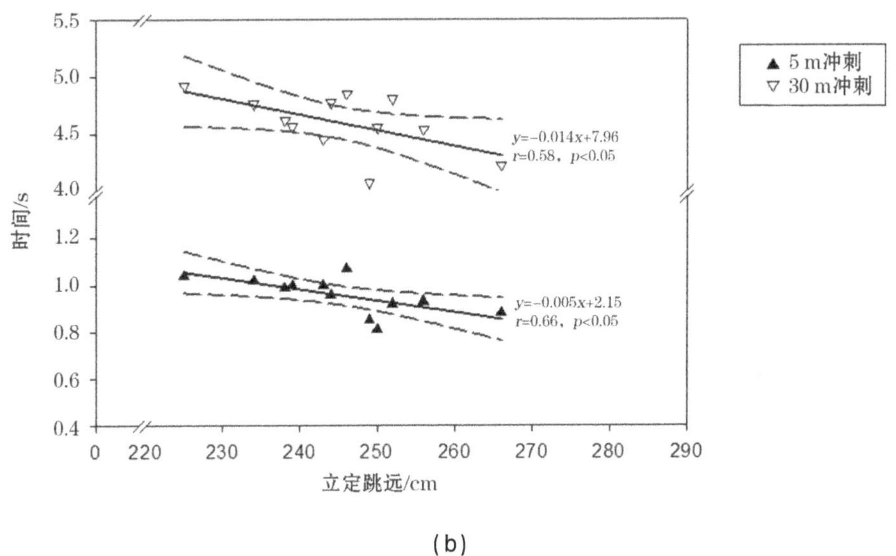

(b)

图6－7　肌肉力量与运动能力关系示意图

第二节　运动员体能训练内容体系的构建

一、运动员体能训练内容的基本理论

内容是指事物内在因素的总和，与“形式”相对，但是前者决定后者。世界上不存在无形式的内容，也不存在无内容的形式。内容决定形式，形式依赖于内容，并随着内容的发展而发生改变。但形式也反作用于内容，影响着内容，在一定条件下还可以对内容的发展起到有力的促进作用，二者是辩证统一的，是里与表的关系。因此，内容体系不仅有本质内容，而且有表现形式。体能训练内容亦是如此，体能训练内容是在体能训练目标确定以后出现的，体能训练目标对体能训练内容具有方向指导作用。事实上，体能训练目标的确定就已经意味着训练内容的确定，后者是前者的体现，是实现前者的载体，其直接指向“练什么”的问题。因此，可将体能训练内容定义为“为了实现体能训练目标，满足比赛需求而组织制定的有目的、可执行的项目规划”，它由系列训练项目组成，该系列项目是实现体能训练目标的途径。

基于上述分析可以得到女子足球运动员体能训练内容的构建路径。首先，对目标体系进行序列分解；其次，对应找到实现途径，即训练内容；最后，根据训练内容确定训练内容的表现形式，如图 6 – 8 所示。

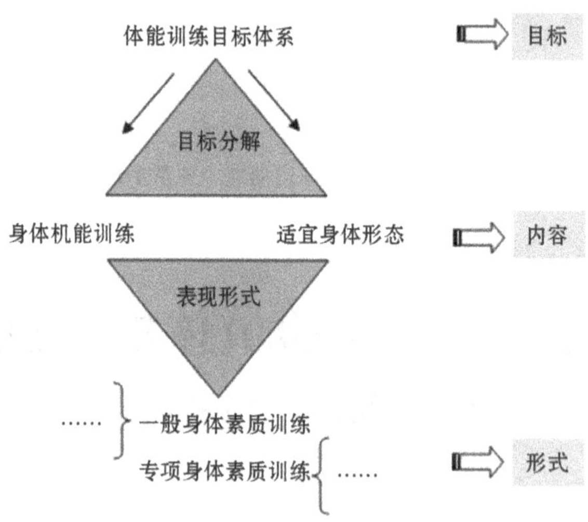

图 6 – 8　优秀女子足球运动员体能训练内容体系建立步骤示意图

二、基于体能训练目标体系的训练内容分析

（一）有氧能力与有氧能力训练

影响机体有氧工作能力的因素较多，有学者通过理论与实证研究提出了影响

机体有氧工作能力的三要素模型，即最大摄氧量（$\dot{V}O_2max$）、乳酸阈（LT）和跑步经济性（C）①。有研究也支持了影响有氧能力的三要素模型的正确性②。因此，有氧训练内容的安排应基于上述三方面进行。

$\dot{V}O_2max$ 对于有氧耐力运动项目非常重要，它受多种因素的制约，其水平的高低主要决定于氧运输系统或心脏泵血功能和肌组织利用氧的能力，前者称为中枢机制，后者称为外周机制。有研究已经表明，在动态的有大量肌群参与的运动中，心输出量是影响 $\dot{V}O_2max$ 的主要因素③，经过系统训练的高水平运动员与未经过训练的个体在 $\dot{V}O_2max$ 方面的主要区别在于每搏输出量的大小④，并且通过提高每搏输出量可以提高 $\dot{V}O_2max$ 水平⑤。基于此认为，提高每搏输出量是优秀女子足球运动员提高 $\dot{V}O_2max$ 的最有效途径。除着力提高运动员的心脏泵血功能外，对于优秀运动员还应注意提高肌肉利用氧的能力，这就要求提高肌纤维中线粒体数量、酶的活性等，因此，中强度有氧能力训练在优秀女子足球运动员有氧能力训练中也必不可少。

长时间以来，LT 作为提高有氧能力的重要指标被广泛认可，这是因为 $\dot{V}O_2max$ 受遗传影响较大，可训练性较低，当提高到一定水平后难以提高，而 LT 的可训练性较强，相对于 $\dot{V}O_2max$，其水平更容易得到提高。研究表明，具有较高水平有氧耐力的运动员，其 LT 也具有较高水平⑥。然而，尽管 LT 作为有氧能力训练的有效手段被广泛应用，但是其影响机制尚不清楚。有学者认为，肌肉类型分布、脂肪

---

① PATE R R, KRISKA A. Physiological basis of the sex difference in cardiorespiratory endurance [J]. Sports Medicine, 1984, 1 (2): 87-98.

② DI PRAMPERO P E, ATCHOU G, BRÜCKNER J C, et al. The energetic of endurance running [J]. European Journal of Applied Physiology and Occupational Physiology, 1986, 55 (3): 259-266.

③ WAGNER P D. Determinants of maximal oxygen transport and utilization [J]. Annual Review of Physiology, 1996, 58 (1): 21-50.

④ WAGNER P D. New ideas on limitations to $\dot{V}O_2max$ [J]. Exercise & Sport Sciences Reviews, 2000, 28 (1): 10-14.

⑤ ZHOU B, CONLEE R K, JENSEN R, et al. Stroke volume does not plateau during graded exercise in elite male distance runners [J]. Medicine and Science in Sports and Exercise, 2001, 33 (11): 1849-1854.

⑥ COSTILL D L, THOMASON H, ROBERTS E. Fractional utilization of the aerobic capacity during distance running [J]. Medicine and Science in Sports and Exercise, 1973, 5 (4): 248-252.

代谢能力、骨骼肌乳酸脱氢酶、同工酶的活性可能是其较为重要的影响因素①。中强度的有氧训练对提高这些要素具有积极作用，此外，通过提高 $\dot{V}O_2max$ 来提高 LT 也可能是较好的途径②，因此，高强度有氧训练对提高 LT 也有积极作用。

跑步经济性是指运动员功率输出与氧气消耗的比值，其值越大，跑步经济性越好，其量的单位可用 mL/(kg · m) 表示。运动员之间出现跑步经济性差异的机制目前尚不清楚，有学者认为可能与解剖学特征、神经－肌肉系统、骨骼肌弹性势能的存储能力有关③。有研究已经证实，跑步经济性每提高 5%，在比赛中就可以提高 1 000 m 的跑动距离，跑步经济性的提高可以通过高强度间歇训练和大力量训练实现④。力量训练的方式应该是提高神经适应能力的高强度力量训练，而不是通过提高肌肉横断面积的方式来提高最大力量。

（二）无氧能力与无氧能力训练

在比赛中，短时冲刺跑、急停、急转、大力射门、跳跃等动作都是由无氧供能完成的。具有较高无氧能力水平的运动员在比赛中也具有较高水平的高强度活动能力和反复高强度活动能力。诸如急停、急转、短时冲刺等短时间高强度活动是在 ATP-CP 系统的支持下完成的，但其维持时间较短，当该类型高强度活动时间延长时，无氧糖酵解系统则参与供能。当间歇时间较长，肌肉腺苷三磷酸（ATP）含量恢复时，ATP-CP 系统仍将直接参与下一次短时高强度活动，如果间歇时间不足以使肌肉 ATP 恢复，则继续由无氧糖酵解系统供能。可见，在无氧运动中，无氧供能的能源底物的储存是影响无氧运动能力的重要因素之一。

肌肉的 ATP 含量较少，主要以 CP 的形式存在，CP 在肌酸激酶（CK）的作用下可以再合成 ATP。同样，肌肉中的肌糖原的分解也需要在无氧糖酵解酶的作用下才能迅速完成。无论是 ATP-CP 系统供能还是无氧糖酵解系统供能，酶的活性对其

---

① PATE R R，KRISKA A. Physiological basis of the sex difference in cardiorespiratory endurance [J]. Sports Medicine，1984，1 (2)：87－98.

② HELGERUD J，ENGEN L C，WISLØFF U，et al. Aerobic endurance training improves soccer performance [J]. Medicine and Science in Sports and Exercise，2001，33 (11)：1925－1931.

③ 同②.

④ Hoff J，Helgerud J. Endurance and strength training for soccerplayers：physiological considerations [J]. Sports Med，2004，34 (3)：165－180.

分解速度都具有重要影响，因此，两种供能系统所需酶的活性也是影响无氧运动能力的重要因素之一。

研究表明，速度与速度耐力训练可以分别提高 CK 与无氧糖酵解酶的活动，并能提高两种供能方式的底物，同时，速度与速度耐力也是女子足球比赛中对运动员的体能要求。因此，速度与速度耐力训练是提高无氧能力的重要途径，其中速度包含了反应与决策速度、动作速度与移动速度，速度耐力则包含了生成性训练与耐受性训练。足球比赛中，加速度能力是一项非常重要的能力，它除了受到供能因素的影响，还受到肌肉力量的影响，它是由速度与力量结合衍生而来的。此外，灵敏能力也是无氧能力的一项表现内容，它反映了运动员在保持平衡的前提下改变方向的能力，高水平运动员一般都具有较高水平的灵敏能力，该能力是运球过人、盯防对方运动员、抢断等足球专项能力的最主要组成部分。机体短时间内的恢复能力直接影响了运动员反复高强度活动能力，其恢复能力在一定程度上受运动员有氧水平的影响，较高的有氧能力在一定程度上也会促进反复高强度活动能力的提高。

综上所述，无氧能力的训练应主要包括速度训练、速度耐力训练、加速度训练和灵敏性训练。

（三）肌肉力量与肌肉力量训练

足球比赛中的急停、急起、急转和最大速度等活动能力要求运动员具备良好的肌肉力量。力量训练的主要目的是提高瞬时极限强度活动的能力（或者爆发力）与预防运动损伤。本研究表明，最大力量与爆发力、加速度和最大速度密切相关，爆发力与加速度及最大速度也密切相关，因此，从提高运动能力的角度看，力量训练必须重视最大力量与爆发力的训练。由于在足球比赛中有大量的诸如急停、急起等形式的活动，它们对运动员下肢肌群的向心收缩和离心收缩能力均提出了较高的要求，因此在运动员基础力量训练阶段，必须合理安排运动员的两种肌肉收缩形式的训练。肌肉力量的提高可以从两个方面进行，一方面通过加大肌肉的横断面积实现，另一方面则通过改善神经的适应性、提高神经元的兴奋性与肌纤维的募集能力实现。前者可通过慢速小力量训练实现，后者则需要通过快速大力量训练实现，对于足球运动员来说后者尤为重要。

肌肉力量对足球运动员在比赛中的表现能力具有举足轻重的作用，但是由于女子足球运动员的先天生理特点，其肌肉发达程度远低于男性运动员。有研究表明，女子运动员与男子运动员的差异主要在于上身与肌肉力量的差异。肌肉力量是足球运动员必不可少的最重要素质之一，因此必须充分重视女子足球运动员的力量训练[①]。同时，由于女子的特殊生理机制很容易导致前交叉十字韧带（ACL）损伤及踝关节的损伤等伤病出现。刘丹等[②]利用 NCAA 损伤监测系统（ISS）做了 5 年的评估，指出足球运动项目中女子前交叉韧带的损伤率是男子的 2.4 倍。由此可见，女子足球运动员更容易造成 ACL 损伤。造成 ACL 损伤的原因大致有以下 4 个方面：①雌激素水平影响了韧带的力量、强度、稳定性和神经肌肉的控制，从而引起了下肢生物力学的改变；②失衡的“腘绳肌肌力/股四头肌肌力（H/Q）”比值；③本体感觉欠缺；④对称肌肉的力量非衡性。要解决上述问题必须进行功能性肌肉力量训练，如弱侧肌群的训练、本体感觉训练等。因此，功能性肌肉力量训练对女子足球运动员更加重要。

此外，对于女子足球运动员，肌肉的速度耐力与柔韧性训练是必不可少的，但足球比赛对柔韧性的要求相对较低，同时女子运动员先天具有良好的柔韧性，因此，本文不再强调柔韧性训练进行。总之，肌肉力量练习对于女子足球运动员非常重要，其内容应主要包括基础力量练习、功能力量练习、力量耐力练习和柔韧性练习。

三、运动员体能训练内容体系的形成

以体能训练目标为指向，以比赛所需活动能力为依托，在专家访谈与比赛体能需求分析基础上本研究建立了优秀女子足球运动员体能训练的内容体系（图 6－9）。女子足球的体能训练内容主要包含有氧能力训练、无氧能力训练和肌肉力量训练，三者在一定程度上具有互补性，互相影响、互相制约。有氧能力训练可以

① VLADIMIR M Z，KRAEMER W J. Science and practice of strength training［M］. Champaign：Human Kinetics，2006：181－183.

② 刘丹，赵刚，曹晓东，等. 中国女子足球队 2008 年北京奥运会科研成果汇编［Z］. 国家体育总局，2008.

进一步具体化为提高摄氧中枢机制的训练、提高乳酸阈的训练和提高跑步经济性的训练；无氧能力训练主要是发展各种速度、加速度、速度耐力和灵敏性；肌肉力量训练主要发展基础力量、功能力量、力量耐力、柔韧性。由于女子运动员生理特点的特殊性，肌肉力量水平薄弱、肌肉能力消退快，因此，必须重视女子足球运动员的力量训练，力量训练内容的合理安排对提高女子足球运动员体能水平具有重要的促进作用。

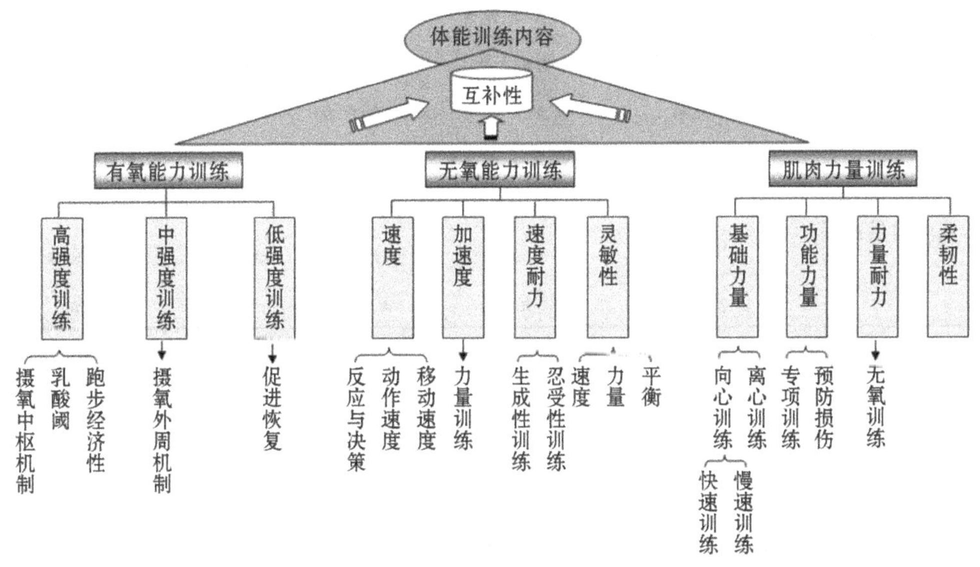

图6－9　女子足球运动员体能训练内容体系图

在足球比赛中，对位置体能的需求存在差异，在体能表现形式上表现出明显的位置特征，这已在男子足球的研究中得以证实[①]。对女子足球的比赛体能表现特征研究发现，女子足球运动员的运动表现形式存在一定的位置差异，因此，在训练中需要根据位置进行体能训练。为此，根据体能训练目标与比赛位置体能需求建立了女子足球运动员的位置体能训练内容体系，见表6－1。

① 朱军凯．男子足球位置体能特征及训练策略［D］．北京：北京体育大学，2011.

表 6－1　优秀女子足球运动员位置体能训练内容安排

训练内容		前锋	前卫	中后卫	边后卫
有氧能力训练	低强度训练	★	★	★	★
	中强度训练	★★★	★★★	★★★	★★★
	高强度训练	★★★★	★★★★★	★★★★	★★★★★
无氧能力训练	速度	★★★★★	★★★★	★★★★★	★★★★
	加速度	★★★★★	★★★★★	★★★★★	★★★★★
	速度耐力	★★★★	★★★★★	★★★★	★★★★★
	灵敏	★★★★★	★★★★★	★★★★	★★★★
肌肉力量训练	基础力量	★★★★★	★★★★★	★★★★★	★★★★★
	功能力量	★★★★	★★★★	★★★★	★★★★
	力量耐力	★★★	★★★★★	★★★	★★★★
	柔韧性	★★	★★	★★	★★

注：表中从★★★★★到★分别代表从非常需要到一般需要，★越多代表需要程度越高。

第三节　运动员体能训练方法体系的构建

一、运动体能训练方法的基本理论问题

“方法”是指途径和办法。现代方法论一致认为，方法是有结构、有要素的。有学者认为，方法是人的理念系统，它包含了 5 个有机衔接的层次：①指明活动目的与方向的方法层次；②为达到目的方向而必须通过的途径的方法层次；③为达

到目的方向而必须采取的策略手段的方法层次；④为达到目的方向而必须运用的工具的方法层次；⑤为有效运用工具而必须遵循的操作程序的方法层次①。人的活动能否达到目的、取得成效，关键在于五个层次要素的选择和运用。该理论认为，人类的任何活动，无论是认识活动，还是实践活动，无论是复杂活动，还是简单活动，都有明确的目的性，都是为了实现某种目的而去认识或改造对象。目的明确后，就要根据相关理论知识去选择实现目的的工具或手段。确定了实现目的的工具或手段后，还要明确工具与手段的操作程序，而该操作程序就是方法的最终表现形式。由此可见，方法涵盖了四个基本要素，即目的、理论依据、工具与手段和操作程序，该过程是对目的进行层层具体化的过程，是一种递进关系。

根据方法论的相关理论，本研究将训练方法定义为“教练员和运动员为了实现提高比赛成绩的目的，根据相关理论知识而选择采用的操作程序”。训练方法属于方法论系统，也有其结构要素。根据一般方法论的结构要素，本研究描述了训练方法的结构要素（图6－10）。体能训练的目的是提高运动员的体能水平。训练方法与训练内容的安排与设计均围绕训练目的展开。训练方法的设计是以训练目的为导向，融入了训练内容，并依据相应的理论知识进行的，这些理论知识既包括生理、生化、生物力学等生物学知识，也包含力学、教育学等其他相关知识。充分分析了这些理论知识后，科学理论知识向训练方法转换就有了坚实的立足点，这就产生了相应的训练工具与手段，并在此基础上具体化为详细的操作程序。其中，操作程序包括负荷与间歇的安排，通过调整负荷与间歇内的重量、速度、间歇方式等活动参数就可以演绎出不同的训练手段。

① 李志才．方法论全书［M］．南京：南京大学出版社，1995.

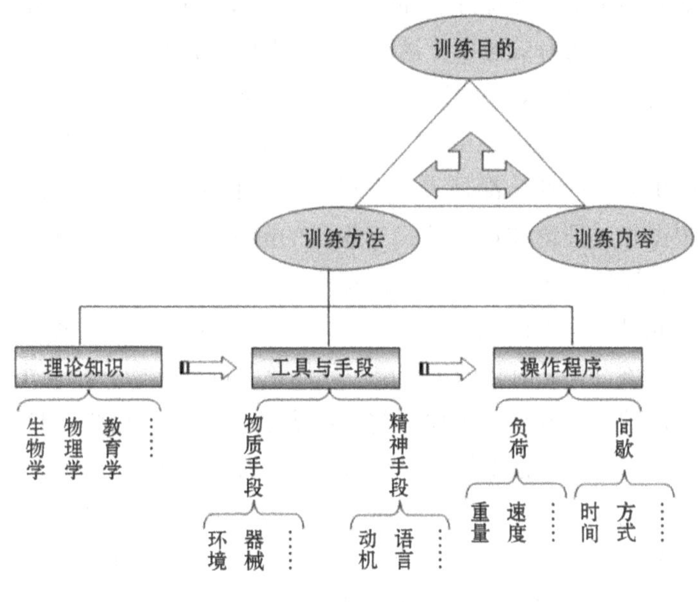

图6－10　训练方法结构图

二、运动员体能训练方法体系的建立

（一）有氧能力与训练方法

高强度有氧训练可以使心血管系统产生良好适应，这些适应可以帮助心血管系统提高运输氧气的能力，从而提高 $\dot{V}O_2max$。$\dot{V}O_2max$ 的提高既可以提高运动员长时间从事高强度活动的能力，还可以提高运动员在两次高强度活动间歇期的恢复能力。多项研究已经证实，一次持续时间 3～8 min、负荷强度为 90%～95% HRmax的间歇训练可以有效提高运动员的有氧工作能力。如果以此强度进行 8～10 周的训练可以提高 $\dot{V}O_2max$ 的 10%～30%，而利用 60%～80% HRmax 的负荷强度进行同样的间歇训练，$\dot{V}O_2max$ 则只能提高 5% ~10%[①]。许多研究对该方法进行了实证，目前，4×（4 min90% ~95% HRmax + 间歇 3 min60% ~70% HRmax）的间歇训练模式被广泛认可。赫尔格鲁德的研究表明，利用该方法进行训练，运动员的 $\dot{V}O_2max$、LT、C 可分别提高 10.67%、15.90%、7%；比赛中的跑动距离、冲刺跑频率、控球次数可以分别提高 20%、100%、24%；平均运动强度可以从 82.7% HRmax 提高到 85.6% HRmax。这些研究结果充分表明，高强度间歇训练法对提高有氧能力的效果显著，中强度间歇训练对提高运动员有氧能力的效果低于高强度间歇训练法。

根据训练与项目特征的相似程度，可将训练分为一般训练与专项训练。根据上文对训练方法结构要素的研究，通过调整操作程序相应的活动参数可以演绎更多的训练手段。因此，训练负荷确定后，可通过调整工具与手段的参数设计出与比赛特征更加吻合的专项训练。霍夫[②]根据比赛特征设计了“霍夫训练方法”，该练习要求运动员带球跑动并不断地变换方向，改变跑动节奏，并伴有急停、急起、倒退跑等活动。心率监控结果表明，该练习可以使运动员的心率达到 93.5% HR-max。为了更大程度地模拟比赛，霍夫同时还研究了小场地比赛中运动员的生理负荷特征，霍夫采用了 50 m×40 m 的 5 VS 5（含守门员）小场地训练方式，训练负荷量为2×4 min + 间歇 3 min，结果表明，运动员在该小场地比赛中的运动强度可以达到 91.7% HRmax 或 84.5% $\dot{V}O_2max$。霍夫的研究证明了两种专项练习方式均能达到 90% ~95% HRmax 的训练强度，二者都可有效提高运动员的有氧能力。普拉特[③]在霍夫的研究基础上，对小场地比赛进行了更加深入的研究。结果发现，少于 5 人的小场地比赛可使得该训练更加有效，并且可以增加运动员在比赛中各种形式活动的频率。然而，对于具有较高 $\dot{V}O_2max$ 的运动员，在小场地比赛中难以达到要求的负荷强度，因此，该部分运动员有氧能力的训练应该主要以负荷强度更高的

---

① HELGERUD J, ENGEN L C, WISLØFF U, et al. Aerobic endurance training improves soccer performance [J]. Medicine and Science in Sports and Exercise, 2001, 33 (11): 1925 -1931.

② HOFF J. Soccer specific aerobic endurance training [J]. British Journal of Sports Medicine, 2002, 36 (3): 218 -221.

③ PLATT D, MAXWELL A, HORN R, et al. Physiological and technical analysis 3v3 and 5v5 youth football matches [J]. Insight FA Coaches Assoc J, 2001, 4 (4): 23 -24.

专项训练模式为主。

从上述分析可以看出，利用高强度间歇训练可以显著提高运动员有氧能力，通过变换操作程序的各种参数可以设计出不同的训练模式，教练员可以根据训练目的及运动员的现实条件合理选择训练方式。以此为基础，结合专家访谈就可以建立优秀女子足球运动员的有氧能力训练方法体系（图 6－11）。由于中强度训练会在技术或战术训练中出现，因此在此不再专门设计中强度与低强度的训练方法。

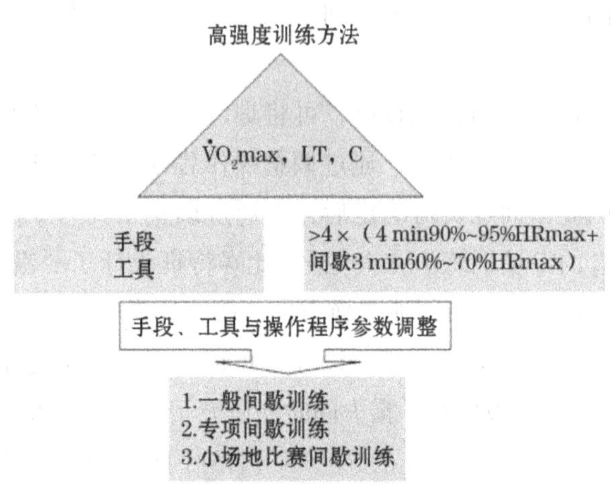

图 6－11　高强度训练方法体系结构图

示例 1：一般间歇训练

目标：提高 $\dot{V}O_2max$ 水平。

手段：跑步。

负荷：4×（4 min90%～95% HRmax＋间歇 3 min60%～70% HRmax）。

示例 2：专项间歇训练

目标：提高 $\dot{V}O_2max$ 与运球能力。

手段：采用霍夫高强度运球训练（图 6－12）方法，运动员根据箭头指示方向运球跑动，AB 段要求运动员带球后退跑。

负荷：4×（4 min90%～95% HRmax＋间歇 3 min60%～70% HRmax）。

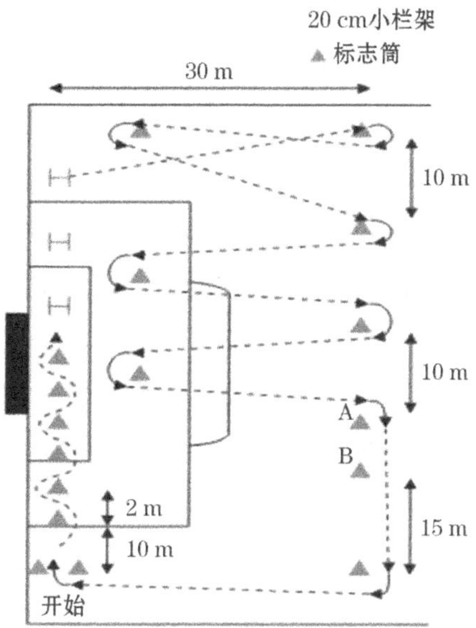

图 6-12　霍夫高强度有氧训练示意图①

示例 3：小场地间歇训练

目标：提高 $\dot{V}O_2max$ 水平与比赛专项能力。

手段：小场地 50 m×40 m，5 VS 5（含守门员），要求运动员在比赛中积极跑动，为了避免比赛中断，有两名运动员专门负责为比赛准备用球。

负荷：4×（4 min90% ~95% HRmax + 间歇 3 min 60% ~70% HRmax）。

（二）无氧能力与训练方法

无氧工作能力可以具体分解为多项活动能力，包括肌肉力量、爆发力、速度、反复冲刺跑能力、无氧供能能力等。有些活动能力的核心元素是由无氧供能能力与肌肉力量共同作用构成的，如速度、加速度、灵敏等。本研究为了便于分类与描述，将肌肉力量训练从无氧能力训练中分离出来单独进行了论述。

---

① HOFF J. Soccer specific aerobic endurance training [J]. British Journal of Sports Medicine, 2002, 36 (3): 218-221.

有氧能力的训练内容包含速度训练、加速度训练、速度耐力训练和灵敏训练。四项内容共同点就是它们在供能方式上相同（不考虑肌肉力量），其供能均由ATP-CP系统与无氧糖酵解系统完成。ATP-CP系统的训练模式为“运动时间低于10 s的极限运动负荷 + 充分的间歇时间”，体现在训练方法上为重复训练法。无氧糖酵解供能系统的训练模式为“15 ~90 s的次大负荷 + 不充分的间歇时间”，一般称为间歇训练法。事实上，二者的训练模式等同，区别之处在于间歇时间是否充分，因此，通过调整间歇时间参数和手段与工具参数可以设置多种训练模式。例如，进行反应与决策速度练习时可以要求运动员先根据设定的信号或事件做出判断，做出决策后再进行继发性的快速跑动，然后再根据训练的目标供能系统的性质设定负荷强度与间歇时间，这样就形成了反应与决策速度、快速跑动能力训练的综合练习方法。

基于上述理论分析，本研究在专家访谈基础上建立了优秀女子足球运动员的无氧能力训练方法体系（图6 –13）。在该体系中，工具与手段、操作程序都包含各自的参数，通过调整与搭配各种参数组合就可以设置出不同的训练模式，属于典型的开放式体系。

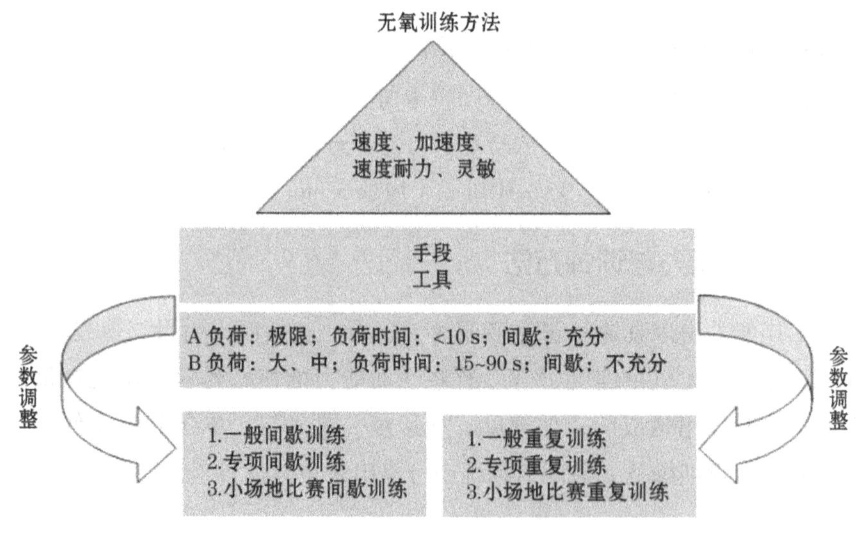

图6 –13　优秀女子足球运动员无氧能力训练方法体系

示例1：速度耐力训练

目标：提高速度耐力水平。

手段：小场地比赛间歇训练（图6－14）。运动员从起点进行25 m冲刺，然后将放在禁区前右侧的球用右脚将球打入（左侧的球用左脚将球打入）。在每次射门之间，运动员要进行倒退跑、转身、绕过障碍物等活动。当运动员完成6次射门，该组训练结束。

负荷：训练时间为50～60 s；强度大；间歇不充分。

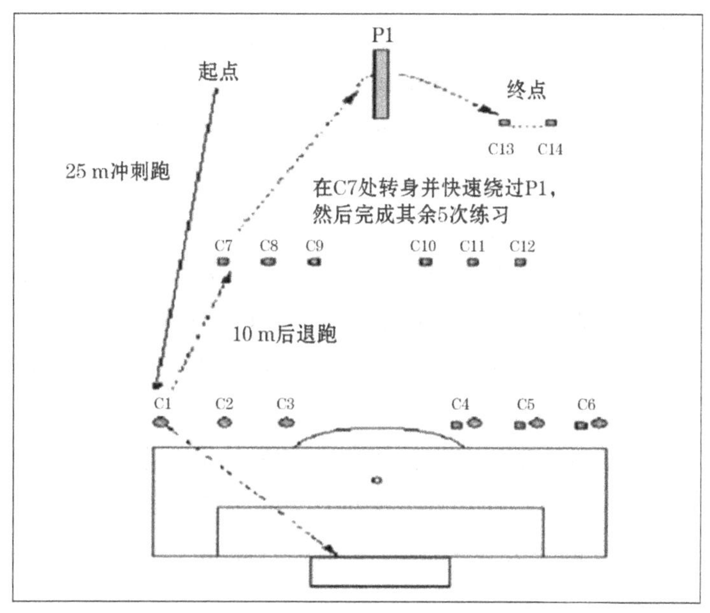

图6－14　速度耐力专项练习示意图①

示例2：灵敏训练

目标：提高灵敏协调能力。

手段：专项重复训练。利用软梯的快速步法练习；方向变化频繁的各种绕桩

① WILSON D. The physiological basis of speed endurance［J］. FA Coaches Association Journal，2001，4（3），36－37.

练习等。

负荷：训练时间较短；强度大；间歇充分。

（三）肌肉力量与训练方法

前文已经对肌肉力量与快速运动能力的关系进行了描述，在足球比赛中，力量与爆发力同耐力一样重要，在比赛中发挥着非常重要的作用。最大力量是指神经－肌肉系统通过随意收缩所能表现出最高力值的能力，爆发力是指肌肉开始有张力时快速抵抗阻力的能力①。最大力量一般用1RM表示，爆发力则一般用力的梯度表示。有研究表明，爆发力很大程度上依赖于最大力量的提高②。

力量的增长受许多因素的影响和制约，这些因素包括：初始姿态、肌肉长度、肌肉收缩速度、肌肉离心收缩能力、肌肉类型、肌纤维募集能力、肌肉体积、神经冲动发放频率和底物能源物质的利用③。力量增长的机制有两种，一种是依靠肌肉增大，另一种是依靠神经适应。在训练中，采用哪一种训练方法并不确定，需要教练员与运动员根据具体情况进行选择。一般情况下，发展优秀运动员的肌肉力量一般采用后者（假设优秀运动员已经具备很好的肌肉体重）。

肌肉力量增大的第一种机制是依靠肌肉体积的增大，肌肉的体积与肌肉力量密切相关。足球运动员，特别是成年的优秀足球运动员，由于在比赛中要克服自身体重进行大量的活动，依靠肌肉体积增大实现力量的增长是不适宜的，对于需要增加肌肉的运动员，可以使用该方法进行力量训练。研究表明，高阻力、慢速度的方式对肌肉体积的增大效果最佳④。有研究报道⑤，采用60%～90%最大力

---

① 田麦久．运动训练学词解［M］．北京：北京体育大学出版社，2002：21.

② HOFF J，BERDAHL O，BRATEN S. Jumping height development and body weight considerations in ski jumping［M］//MULLER E，SCHWAMEDER H，RASCHNER C，et al. Science and skiing II. Hamburg：Verlag Dr Kovac，2001：403－412.

③ BEHM D G，SALE D G. Velocity specificity of resistance training［J］. Sports Medicine，1993，15（6）：374－388.

④ TESCH P A，LARSSON L. Muscle hypertrophy in bodybuilders［J］. European Journal of Applied Physiology and Occupational Physiology，1982，49（3）：301－306.

⑤ TESCH P A. Short and long term photochemical and biological adaptations in muscle［M］//KOMI P. Strength and power in sport. London：Blackwell，1992：381－395.

量、重复8～12次的训练方法效果较好。该方法要求在肌肉抗阻时速度一定要慢，尤其是在肌肉离心阶段。对于需要提高肌肉体积的运动员，训练的频率一般为1～3次/周。

肌肉力量增大的第二种机制是通过神经适应实现的。神经适应的因素包括：运动单位的选择性、收缩的同步性、肌肉的选择性、爆发性收缩、神经冲动的发放、运动单位的募集和肌肉群的协作①。中枢神经系统通过发放神经冲动募集运动神经元，神经冲动发放频率的提高可以提高肌肉的力量。力量的增长可能就是由较低的肌纤维募集阈和神经冲动发放频率的提高引起的。有研究建议力量训练的对象应是能产生最大力量的快肌纤维，根据慢肌与快肌在活动时的参与顺序，这需要85%～96%1RM的负荷，并且在对抗阻力时动作速度要尽可能地快。尽管根据力量－速度曲线关系可知，对抗阻力越大，速度越低，但是却能最大限度地募集快肌纤维，并使其产生适应。对于爆发力的训练，施密特布莱谢尔②建议负荷采用85%～100%1RM，重复3～7次，并且完成动作时速度要达到最快。这种方式不仅能使神经肌肉系统产生良好适应，而且仅能引起微小的肌肉体积增大。麦克多纳等③总结了在力量训练时负荷与重复次数的11项研究，结果显示，当负荷<66%1RM时，即使重复测试每天达到150次，力量也不会增长。当采用≥66%1RM负荷、重复次数低于10次的方式时，力量每天都会得到显著增长。综上可知，在不增加肌肉体积的前提下提高肌肉的最大力量与爆发力，采用3～4组×（>70%1RM，重复4～6次）的训练模式获得的效果最佳。

力量训练的功能除提高肌肉力量外，其另一主要功能是预防运动损伤，肌肉的本体感觉、关节肌群屈伸比的失调、左右对称肌群的失衡等都可以引起运动损伤，因此，除以提高比赛运动能力为目标的力量训练外，还要进行一定功能性训练，如弱侧肌群的训练、髋关节屈肌群的训练等。此外，肌肉的柔韧性对速度有

---

① BEHM D G. Neuromuscular implications and applications of resistance training［J］. Journal of Strength and Conditioning Research，1995，9（4）：264－274.

② SCHMIDTBLETCHER D. Training for power events［M］//KOMI P. Strength and power in sport. London：Blackwell，1992：381－395.

③ MCDONAGH M J N，DAVIES C T M. Adaptive response of mammalian skeletal muscle to exercise with high loads［J］. European Journal of Applied Physiology and Occupational Physiology，1984，52（2）：139－155.

一定影响，柔韧性训练也应该予以重视。

由以上分析可以看出，力量训练的目的与内容不同，采用的训练方法也不同。在力量训练中，训练方法主要涵盖了手段、负荷强度、重复次数、动作速度、练习组数等要素。根据前文的理论分析，可以通过调整工具与操作程序的各种参数设计出多种力量训练方式。在专家访谈的基础上，本研究建立了优秀女子足球运动员的力量训练方法体系（图6－15）。

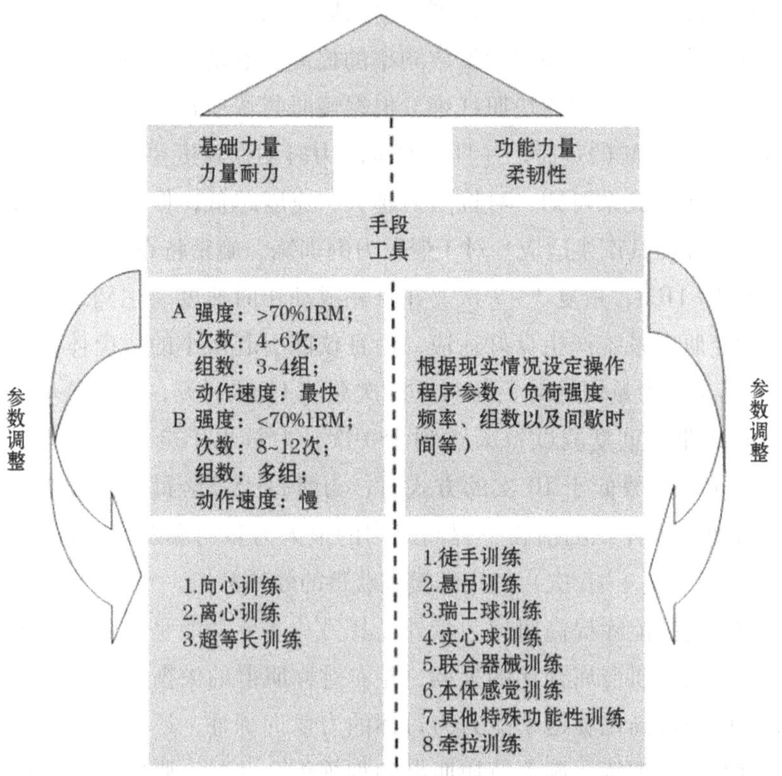

图6－15　优秀女子足球运动员力量训练方法体系

示例1：高强度向心训练

目标：提高下肢爆发力。

手段：负重深蹲。

负荷：80%1RM，每组重复6次，共计4组。

动作速度：最快速度。

示例2：踝关节本体感觉训练

目标：提高踝关节本体感觉。

手段：平衡球上单脚站立。

负荷：自身体重。

示例3：大腿后侧肌群离心能力练习

目标：提高快速跑动中的急停与制动能力；加强弱势侧肌群练习，减少运动损伤。

手段：负重前弓步或联合器械。

负荷：70%1RM，每组左右腿重复5次，共计4组。

第四节 运动员体能训练板块组织体系的构建

本研究系国家体育总局备战奥运会科技攻关与服务项目成果，主要为中国女子足球队提供科技服务。由于国家队的训练组织方式为集训式，运动员来自各个俱乐部或者省代表队，集训时间相对较短，不能按照周期理论模式组织训练，因此本节内容主要基于板块理论讨论国家队的训练组织模式。

一、周期理论与板块理论的冲突与融合

（一）周期理论与板块理论的来源与冲突

周期理论根据运动员竞技状态的形成需经过“获得”“保持”和“消失”三个阶段，相应地把运动训练过程的一个大周期分为准备期、比赛期和过渡期三个时期，并同时针对不同时期的特点提出了各个时期的训练目标、训练任务和训练内容，也就是不同训练时期“一般训练与专项训练的不同安排”和“负荷量与负荷强度的不同比例”，即在训练的不同时期，训练手段（一般训练与专项训练）和负荷（量与强度）强调的重点不同。

板块理论是对不同类型的运动项目从具体的素质和能力方面对训练安排进行的解释，同时，又根据高水平运动员的训练特点提出了“集中负荷效应”的训练方法，即将一些对专项成绩具有关键影响和运动员相对薄弱的素质以“板块”的形式集中插入训练当中，在总负荷不变的情况下，增加该素质的训练负荷，通过对它的集中训练和优先发展，实现专项成绩的突破。

从二者的定义与提出的依据不难看出，周期理论强调训练过程的系统性，并且重视量的积累，遵循了“系统性”与“量变引起质变”的哲学观点；板块理论则着重强调训练的针对性，重点在于“查缺补漏”，遵循了“具体问题具体分析”与“紧抓事物主要矛盾”的观点。二者阐述的侧重点不同导致了两种理论的冲突。其主要表现在：①训练过程中一般专项训练的比例安排；②负荷量与强度的安排；③训练的基本指导思想。

（二）第三变量对周期理论与板块理论的融合

周期理论与板块理论的冲突不在于哪一种理论正确与错误，而应该是在两种理论的应用上。如果在分析两种理论时，把二者的应用范围考虑在内则更容易形成对二者的客观评价。这个应用范围就是引入第三变量，即运动员的级别或年龄。低级别运动员或青少年运动员由于处于全程训练过程的竞技提高阶段，参赛次数少，且相对于高水平运动员更要充分考虑发展的全面性，更加适合于用周期理论组织训练。而对于高水平运动员，他们已经具备一定的竞技水平，并且比赛频繁，如果再按照周期的模式组织训练，不但无法应付较为频繁的比赛，而且会因为在较长的准备期内，一般训练较多和负荷刺激不够而导致竞技能力下降。板块理论恰能弥补这一点，板块理论更加重视训练的针对性与训练的强度，以板块理论组织训练，不仅增加了训练的针对性，而且大大节约了高水平运动员的体能，避免了由于训练量的积累而造成的损伤，因此板块理论更适合于高水平运动员。但是，在安排年度训练计划时，仍需要根据赛事的日程去分阶段地实现训练目标、安排训练内容和确定训练负荷。每一个阶段包含不同的板块，年度的所有阶段就构成了年度的板块训练周期。

二、板块周期的序列结构与板块年周期的序列结构

根据板块理论，伊索林①将一个年度训练周期分为几个阶段，每个阶段都是一个中周期，这些中周期分别由三个板块序列构成，即积累、转换与实现（图 6－16）。中周期的持续时间是根据生理、生物化学和生物力学的先决条件来确定的，一般情况下，4 周的时间用于积累和转换板块，2 周的时间用于实现板块。在传统的周期理论中，由于准备期时间较长，同时训练的痕迹效应持续时间有限，而在准备期形成的某些竞技能力往往会在比赛期消退，因此就会出现训练阶段水平高，而比赛成绩不理想的现象。这就要求在训练中必须明确每种训练的痕迹效应由表 6－2 可知，不同的竞技能力其痕迹效应持续时间是不同的，一旦了解了各种活动能力痕迹效应的持续时间，就可以合理安排一个中周期的板块序列结构，进而使得竞技能力达到较高水平。

① ISSURIN V. A modern approach to high－performance training：the block composition concept ［M］ //BLUMENSTEIN B，LIDOR R，TENENBAUM G. Physiological of sport training. Oxford：Meyer & Meyer Sport，2007：216－234.

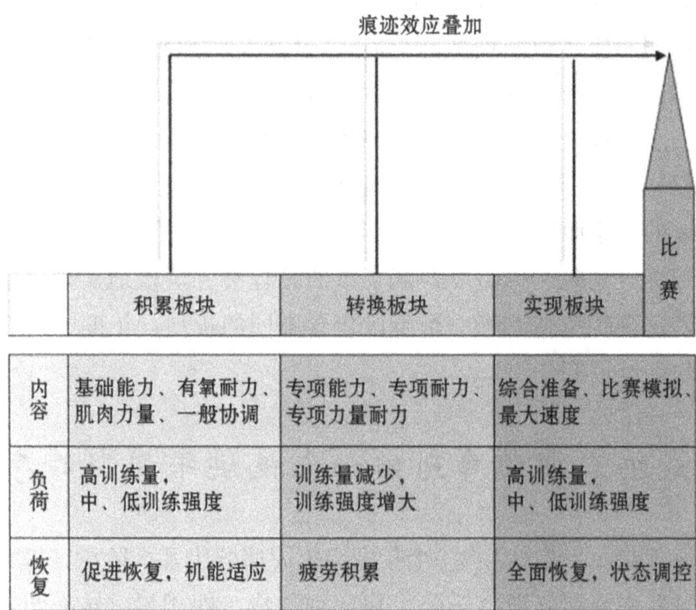

图6－16　板块类型特征与痕迹效应叠加示意图（根据伊索林①研究绘制）

表6－2　中断训练后不同运动能力训练的痕迹效应的持续时间和生理学背景②

运动能力	持续时间/d	生理学背景
有氧耐力	30 ±5	有氧酶总量增加、线粒体数量增加、肌肉毛细血管丰富，血细胞容积增加、糖原储备增加、脂肪代谢速度加快
最大力量	30 ±5	神经支配机制的改善和肌肉肥大
无氧糖酵解耐力	18 ±4	无氧酶总量增加、酸性物质的缓冲能力增强、糖原储存增多、耐酸能力增强

① ISSURIN V. 板块周期：运动训练的创新突破［M］. 王乔君，毕业，陈飞飞，译. 北京：北京体育大学出版社，2011：15.

② 同①.

续表

运动能力	持续时间/d	生理学背景
力量耐力	15 ±5	慢肌纤维肥大、有氧与无氧酶的活动增强、局部血液循环能力增强、耐酸能力改善
最大速度	5 ±3	神经肌肉交互能力和运动控制能力改善，磷酸肌酸储备增加

每三个板块构成一个中周期，每个中周期都有其阶段训练目标，4 ~7 个中周期就构成了板块训练的年度周期，同时通过完成这些中周期的阶段训练目标完成年度训练目标，而这个年度训练目标的确定是以重大赛事的日程来确定的。图 6 -17所示为一个典型板块年度周期。

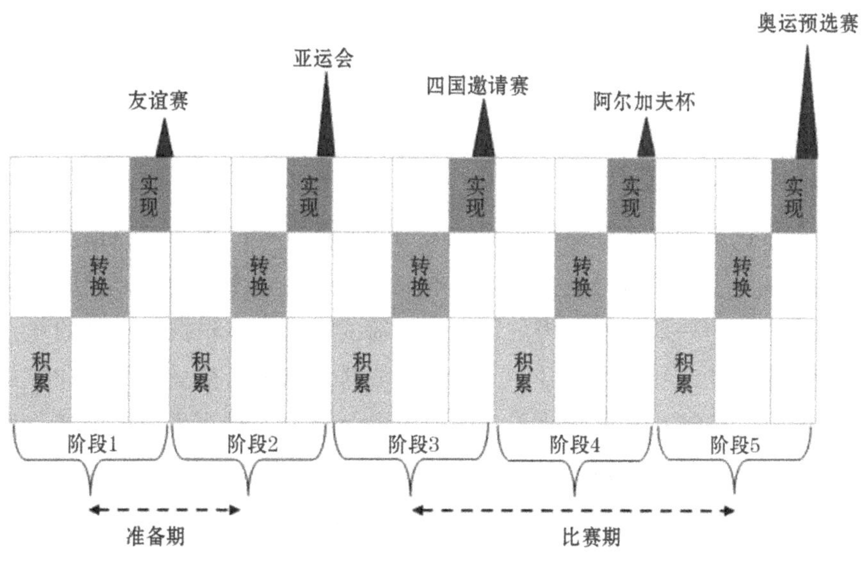

图6 -17　典型板块年度周期示意图（改编自伊索林①）

① ISSURIN V. A modern approach to high - performance training: the block composition concept [M] //BLUMENSTEIN B, LIDOR R, TENENBAUM G. Physiological of sport training. Oxford: Meyer & Meyer sport, 2007: 216 -234.

三、不同板块周期训练的组织方式

（一）积累期

1. 持续时间

积累期持续时间的长短主要取决于两个因素：①运动员的自身水平。当运动员的自身水平较低或者距上次训练停止时间较长，期望通过训练发展基础能力或提高运动能力时，如运动员距离上次集训时间较长，运动能力消退严重时，可适当延长积累期的训练时间（可达 5 ~6 周）；而当运动员水平较高，只需要刺激基础能力和唤醒基本反应时，可适当缩短训练时间（2 ~3 周），甚至频繁有重要赛事时可减至 10 ~14 d。②比赛日程。当距离目标比赛的时间较长时，可适当增加积累期的时间；距离目标比赛的时间较短时，则应合理安排 3 个板块序列周期，可适当缩短积累期的时间至 3 周或少于 3 周。

2. 内容与负荷安排

板块训练内容的安排是根据运动能力训练的痕迹效应进行的，根据训练的痕迹效应叠加的关系，该阶段安排主要以有氧能力、力量练习为主，同时安排一般基础运动员能力与一般协调能力的训练。负荷的安排可以根据运动员的竞技能力水平、竞技能力状态和距离比赛时间的长短安排。训练负荷量度的增加方式有渐进式、阶梯式、波浪式和跳跃式。一般该阶段负荷的安排多采用波浪式，如果该阶段的训练持续时间较短或者运动员竞技水平较好，可采用渐进式的负荷方式。该阶段的主要训练内容和负荷安排如表 6 - 3 所示。

表 6－3 不同板块周期训练内容与负荷的安排

板块周期	时间序列	训练负荷	有氧能力训练			无氧能力训练				肌肉力量训练			
			高强度	中强度	低强度	速度	加速度	速度耐力	灵敏	基础力量	功能力量	力量耐力	柔韧性
积累期	初期	量：中—高；强度：低—中	3	5	4	1	2	1	2	4	5	1	4
	中期	量：高；强度：高	5	3	4	1	5	1	3	5	4	1	4
	后期	量：高—中；强度：高	5	2	4	3	5	1	3	5	4	1	4
转换期	初期	量：中—高；强度：中—高	1	1	4	4	4	4	4	1	3	4	4
	中期	量：高；强度：高	2	1	4	5	5	5	5	2	3	5	4
	后期	量：高—中；强度：高	3*	1	4	5	5	5	5	3*	3	5	4
实现期	初期	量：高—中；强度：高	4*	2	5	5	4	4	5	4*	3	3	3
	中期	量：中—低；强度：高	2	2	5	5	5	4	4	5*	3	4*	3
	后期	量：低；强度：高—低	1	4	5	5	2	2	4	2	2	1	3

注：表中数字“5—1”分别代表训练安排时“最重要—不重要”。* 表示根据实际情况判断是否需要插入有氧－力量训练微板块。

（二）转换期

1. 持续时间

从积累期进入转换期后，训练的内容更加专项化，负荷增大，运动员容易产生疲劳堆积。该阶段训练持续时间主要受到三个因素的影响。

（1）积累期训练的痕迹效应。不同运动能力训练的痕迹效应不同，在积累期主要以有氧耐力与力量训练为主，它们的痕迹效应持续时间约为30 d，那么转换期与后续的实现期累计持续时间超过30 d后，该能力在比赛时就已经出现下降。对此，可通过缩短转换期持续时间和插入微型板块的方式解决。

（2）运动员的抗疲劳能力。该阶段的内容高度专项化，负荷对机体的刺激大，这就决定了该阶段的持续时间不宜过长，如果训练持续时间过长，就会引起运动员疲劳的堆积，超出运动员的承受能力而导致运动疲劳产生，甚至导致运动损伤，因此转换期的持续时间一般为 2 ~3 周，不超过 4 周。

（3）比赛日程。同积累期一起，转换期也受目标赛事日程的影响，要根据目标赛事日程合理安排转换期的持续时间。

2. 内容与负荷安排

根据训练的痕迹效应与目标赛事的日程，该阶段的训练主要以专项运动能力、力量耐力和专项耐力为主。训练的负荷强度大，根据运动员的机能水平与状态，可以采用波浪式或渐进式的负荷安排方式。运动员抗疲劳的能力好，机能水平高，则可以采用渐进式负荷方式；反之，则可采用波浪式的负荷方式；具体采用哪一种应根据训练监控的结果来选择。该阶段主要训练内容和负荷安排如表 6 –3 所示。

（三）实现期

1. 持续时间

实现期属于传统周期理论中的赛前期，它的主要目标是通过训练积极促进运动员机体恢复，将竞技状态调整到最佳。影响该阶段的训练持续时间主要有两个因素：①运动员的疲劳堆积程度。如果运动员经过积累期与转换期，运动员的疲劳堆积严重，需要的机体恢复与状态调整时间就会偏长，但是一般不超过 2 周。②比赛日程。根据比赛的日程合理安排该阶段的持续时间，以便在比赛时运动员能获得最佳竞技状态。

2. 内容与负荷安排

根据训练的痕迹效应与目标赛事日程，该阶段的训练内容主要以综合能力、比赛模拟和最大速度为主。其主要目标是促进运动员恢复，引导运动员专项竞技能力形成。这就要求在负荷安排上要减少负荷量、保持负荷强度，直到赛前将负荷量降到最低。负荷的安排形式可以根据实现期的持续时间选择，当持续时间长时可采用阶梯下降方式，反之可采用渐降的方式。此外，需要注意的是，为了促进专项竞技能力的获得，体能训练内容的安排应该融入高度专项化的技战术训练

中或者各种模拟比赛中。该阶段主要训练内容和负荷安排如表6－3所示。

四、板块内小周期的类型、内容组织与负荷安排

小周期是最小的训练周期，持续时间约为1周。根据训练目的、负荷水平等特点，小周期可分为适应小周期、发展小周期、冲击小周期、恢复小周期、赛前小周期和比赛周等类型。不同的阶段，小周期的持续时间也不同。例如，集训时间距离上次集训时间较短，运动员机能水平较高时，适应小周期可适当缩短至3～5 d；如果运动机能水平下降较大或者从事特殊环境的训练（高原训练），可保持适应小周期持续1周时间。不同类型小周期的特征如表6－4所示。

表6－4　不同类型小周期的基本特征

类型	目的	负荷安排	特征	持续时间/d
适应周	机能初步适应	低—中	全面适应	3～7
发展周	发展运动能力	中—高	负荷逐步增大	5～9
冲击周	深度发展运动能力	高—极限	负荷刺激大，疲劳积累	4～7
恢复周	促进机体恢复	中—低	各种恢复手段的运用	3～7
赛前周	比赛竞技状态调整	高—中	专项化训练程度高	5～7
比赛周	成功参赛	高	比赛竞技能力的发挥	3～7

注：小周期的类型与设计建立在伊索林理论基础上。

板块的训练目标与内容确定后需要将其分解为小周期目标和内容，小周期的目标一旦确定，训练内容同时也将被确定。在构建小周期训练内容时，要首先根据训练的目标确定核心训练课，然后根据核心训练课的安排再确定其相邻训练课的内容（恢复训练课、支持性训练课等）。在确定其相邻训练内容时一般需遵循两个原则：①训练内容是否与核心训练课相互影响；②训练内容的安排是否能引起疲劳积累过度或影响核心训练课后的恢复。一般情况下，良好的小周期训练计划可以出现2～3次训练高峰。

负荷的安排主要取决于运动员的疲劳堆积与机体恢复。一般情况下，小周期的负荷安排多采用 2 ~3 个训练高峰的负荷安排模式，其负荷变化呈波浪式。该负荷方式可以使机体的恢复保持良好的状态。图 6 –18 为一个典型的比赛小周期负荷安排模式。

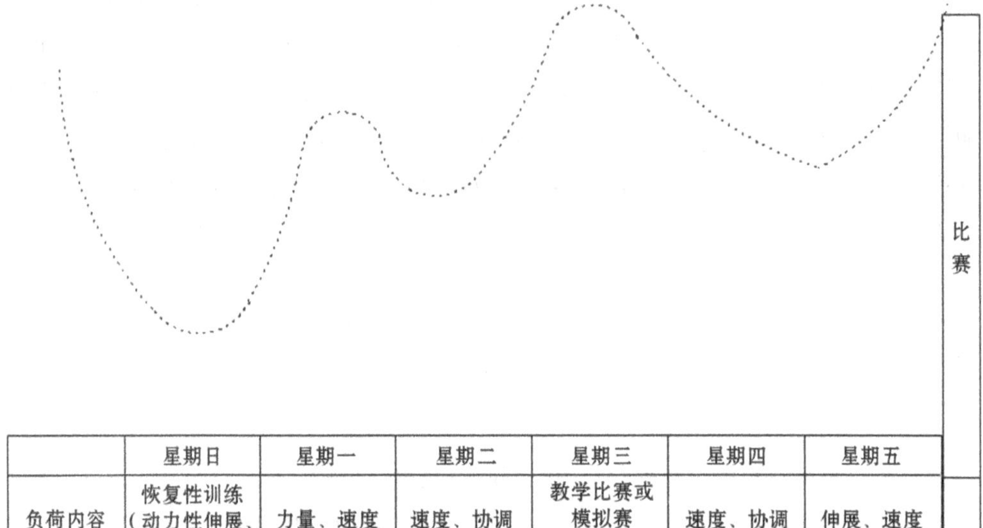

	星期日	星期一	星期二	星期三	星期四	星期五
负荷内容	恢复性训练（动力性伸展、慢跑）	力量、速度	速度、协调	教学比赛或模拟赛 力量、耐力、速度、协调	速度、协调	伸展、速度

图 6 –18　比赛小周期训练内容与负荷安排①

五、年度训练计划的制订

训练计划是对一年内运动员的训练进行的规划，包含目的、训练目标、训练内容、训练时间、训练负荷、训练周期等多项因素。制订年度训练计划时需要遵循以下步骤：①设定年度训练的最终目的；②设定总训练目标与分阶段训练目标；③确定训练内容、训练方法、负荷安排、组织方式等。根据该步骤可以制订出足球项目的年度训练计划，首先，确定年度的最重要比赛及其他比赛，然后依次划

① 赵刚. 优秀足球运动员体能训练过程研究 [D]. 上海：上海体育学院，2006.

分不同的训练阶段，再根据每个训练阶段的目标赛事规划训练的中周期，最后再根据每个中周期板块划分小周期，其逻辑关系如图 6－19 所示。

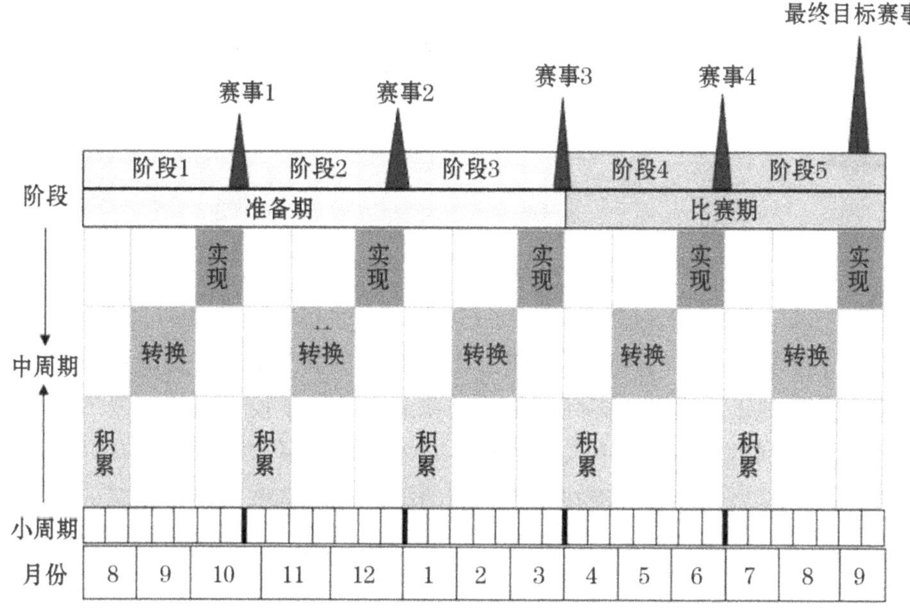

图 6－19　训练计划的结构（据伊索林①研究制作）

① ISSURIN V. 板块周期：运动训练的创新突破［M］. 王乔君，毕业，陈飞飞，译. 北京：北京体育大学出版社，2011：13.

第七章 高水平女子足球运动员体能训练监控体系构建

作为运动竞赛基础的体能训练在竞技体育活动中占据着重要的地位。随着近年来竞技水平的迅速提高、国际竞争的日益激烈及科学技术的飞跃发展，人们更加明确地认识到运动训练只有与现代科学技术的发展紧密结合，才有可能不断推动运动水平的发展，才有可能在当代激烈的国际运动竞争中取得比赛的胜利。因此，人们不再满足于只按照师徒相传的经验进行训练，而是纷纷向新理论、新思想、新科学技术、新仪器器材、新方法和新手段等方面去探求、去争取运动竞技水平更快地提高。

体能训练监控是足球运动训练科学化的重要标志和体现，对提高训练水平和训练效率有着极为重要的作用。足球运动的训练和比赛监控主要是通过多种方法和手段监测训练和比赛过程中运动员竞技能力的产生、形成及保持，分析训练效果，纠正训练偏差，保证训练目标的顺利实现。训练和比赛监控是避免过度训练和运动损伤、提高训练效果的重要保证。在运动训练中，科学安排训练负荷对于运动员的身体机能状况的改善至关重要。机体只有在训练中承受足够的运动负荷，达到最大应激状态及产生良好适应时，才能有效地提高运动能力。在训练—恢复—适应这一过程中，训练负荷的安排是否得当、运动员的恢复情况是否良好、运动员机体是否产生适应及运动员良好的竞技能力是否形成等众多环节可以通过对运动员的机能水平测试、生理生化指标的变化和比赛跑动能力等手段进行有效评估。因此，如何借鉴与应用多学科的理论方法与手段指导足球运动员进行科学化训练是众多教练员和科研人员致力解决的问题。

近年来，国家体育总局一直十分重视对运动训练和竞赛过程的科学监控。尤其是在2008年北京奥运会申办成功以后，科学技术部和北京市人民政府联合教育部、国防科学技术工业委员会、国家体育总局、中国科学院、中国工程院、中国科学协会、国家自然科学基金委等有关部门，共同组织实施“奥运科技（2008）行动计划”。在这个计划中，国家体育总局所报的“运动科技”计划，将“运动训练的科学监控研究”列为首要问题。为此，国家体育总局还以“训练监控”为重点先后建立了训练监控、运动心理、运动创伤和医务监督、运动营养、信息研究、体能训练与恢复六个重点实验室。

国家体育总局球类管理中心十分重视各级国家队的生理机能评定、生化指标的检查。在国家队大型赛事备战过程中，专门配备了科研攻关团队协助教练组确定训练内容、安排训练负荷，并利用多种手段监控训练和比赛过程。近年来，我国国家足球队在大赛前的体能训练和运动员竞技状态的调控过程中有过许多失败的经验和教训，如国奥队2003年12月在“三从一大”训练思想下，训练量达到“一天三练，一天一个万米”，但是在奥运会小组赛的下半场体能仍不能与刚刚集训结束的韩国队相比；国家队聘请过国内知名的田径教练员，试图借用田径体能训练的理论、方法、手段指导足球运动员的体能训练，但随后的比赛证明了田径运动员体能训练的理论、方法、手段解决不了足球运动员体能训练问题。这些失败教训让我们知道，我们仍没有真正认识足球体能训练的规律，没有认清足球的专项体能特征，没有正确掌握足球运动员的体能训练方法。俗语说：“失败是成功之母。”只有认真总结国家队训练与比赛中的经验教训，不断探索足球体能训练的本质规律，借鉴外国先进的理论与训练方法及其他学科的科研成果，才能使足球运动员的训练最终走向科学化的道路。因此，本着实用性、科学性与系统性的原则，本书对足球运动训练和比赛监控的理论进行综合研究，建立足球运动训练和比赛监控的理论与实践体系，使训练与比赛监控真正起到为比赛成绩保驾护航的作用。

第一节　体能训练监控体系的基本理论问题

一、体能训练监控的释义

训练监控是监控的理论和方法在运动训练领域的运用和实践，是监控的下位概念。有学者从不同的角度对其进行了定义，如从生理生化的视角将训练监控的定义表述为：训练监控就是将运动医学、运动生物力学、运动心理学和运动生理学、运动生物化学等学科的理论和方法应用于训练过程中，应用综合方法和手段研究训练过程和训练效果，其最终目的就是帮助教练员不断调整训练计划，使运动员达到体能、心理和技术等的最佳状态，从而最大限度地提高训练效果和运动能力。我国学者洪平①曾经对这一问题进行了深入系统的研究。他运用的词条是"训练监控"，其与"训练过程监控"应是同一概念。他认为：首先，训练的可控制性是训练科学化的重要标志；其次，"训练监控"是教练员对训练实施控制的重要方法。由于各种干扰因素的影响，训练控制的实际效果并不能完全到达预定的目标。但是运用训练监控可以发现训练所能达到的实际效果与预期目标的偏离程度，并及时进行纠正、调控，使训练过程能在预定的轨道上进行，保证最佳训练目标的实现。在《运动训练学词解》一书中，"训练过程控制"被解释为：通过专门的方法和手段，按既定的方向和目的，以及预先确定的工作方式，对运动训练活动进行把握和调节的行为。另有研究认为，"运动训练控制"的核心就在于它必须是一个有目的、有方向、有计划的训练过程，无目的、无方向或者目的、方向不明确、计划不完善的训练控制过程不能称为运动训练控制。整个训练控制要包

① 洪平．游泳训练的生理生化监控［J］．北京体育大学学报，2004（2）：196－200，205.

括制订科学的计划、有效的训练及生活管理组织、有针对性的训练负荷、科学选材、竞赛的准备、训练控制的科学支持和组织与调控、训练竞赛的后勤保障和医务监督等。

从以上分析可知，训练监控是科学化训练的核心内容，是实现训练科学化的重要标志。不同的研究者从不同的视角对训练监控进行了界定，虽然表述略有差异，但其核心内容形成了一定的共识。大家普遍认为，从信息论的角度来看，训练监控就是一个对训练信息收集、分析、反馈，并根据反馈信息对受控对象进行训练调节的过程。从控制论的角度来分析，一个完整的训练监控过程包括测量、评价和控制三个过程。测量是对受控对象的各种训练信息进行收集、整理的过程；评价则是基于一定原理对收集的信息进行解释和分析得出结论的过程；控制是根据得出的结论利用控制论的理论和方法对受控对象的训练过程进行干预和调整的过程，以确保运动训练能够按照预先制订的训练计划进行，保证训练目标的实现。综上对训练监控的分析不难看出，无论从哪个角度去理解训练监控，它们都有着共同的本质特征。

在上述分析的基础上，我们可以将训练监控定义如下：训练监控是指在训练过程中，从现实条件出发，以提高竞技能力和取得比赛胜利为目的，运用系统论、控制论和信息论的相关原理和方法，对整个训练过程所实施的科学有效的训练控制过程。训练的监控过程包括训练监测和训练控制两个过程。训练监测是通过对运动员的训练实施情况的检查与评定，获得大量信息的过程。训练控制是通过对训练监测获得的大量信息进行处理、分析，找出训练过程中不符合运动员实际情况的部分并及时加以修正和调节，保证运动员能够顺利进入目标状态的过程。在对运动员的训练进行监控过程中，教练员、运动员都是施控主体，控制的对象则是训练本身。因此，在训练过程中，教练员必须及时收集反映训练过程中运动员的各种信息，并根据信息选择控制行为或者对控制行为进行调节和修正，使整个训练在科学监控状态下完成，最后实现成功参加竞技比赛的目标。

二、体能训练监控目的

（一）保证运动员具备良好的身体机能状态，预防过度疲劳与损伤的出现

在运动训练中，运动员的机能状态是科学安排训练负荷的基础。在一定范围内给予机体一定负荷的刺激，机体会产生一系列的变化，这就是生物体的最基本特征——应激性。在运动训练中，负荷的量度越大，对机体的刺激越深，所引起的应激越强烈，机体产生的变化越大，人体竞技能力的提高越快。但是机体的生物适应是有一定范围的，当负荷超过了一定程度或者机体受到连续的负荷刺激而无法恢复时，不但无法提高运动员的竞技能力，而且机体还会产生过度疲劳，因此，给予机体适宜的负荷刺激是改变机体机能状态和提高竞技能力的根本保证。多项生理生化指标的测定与分析，可以准确判断运动员的疲劳程度及恢复情况，这对于预防过度训练与运动损伤具有积极的作用。

（二）保证训练中运动负荷与训练方法、手段的合理性与有效性

运动负荷的本质就是一种外部刺激，它会导致机体产生一系列的应答性变化，产生应答性变化的标志就是机体内部脏器及一系列血液、激素等生物化学指标的变化，因此可以通过测定某些针对性很强的生理生化指标来反映负荷的强度与量的大小，并通过测定相关的训练学指标和生理生化指标来判断训练的效果。监控的过程可以保证运动负荷的合理性与有效性。

（三）保证运动员的心理稳定性

一般来讲，在某种程度上影响最佳运动能力的维度有三个层面，即生物学、心理学和生物力学层面。生物学因素影响能量的产生，生物力学因素影响能量的有效利用，心理学因素影响对能量的控制。在现实中，当面对重大比赛时，运动员往往很容易出现心理的波动，运动员可能会因为近期成绩不佳导致信心不足，因为压力过大导致赛前焦虑，因为长期伤病带来心理阴影等，因此对运动员心理

状态进行监控，可以及时了解运动员的心理状态，对运动员出现的各种问题进行积极的干预，保证运动员在训练、比赛中有一个稳定的心理状态，从而保证运动员竞技能力的稳定发挥。

（四）评定运动员训练、比赛的竞技能力及其发挥，保证新训练阶段计划制订的合理性

教练员和科研人员可以根据运动员在比赛过程中的机能特征和规律，制订有针对性的训练计划，选择相应的训练方法以提高训练效率。身体素质测试、比赛体能表现测试，并结合训练计划的负荷特征分析可以了解运动训练过程的有效性。

三、体能训练监控原理

（一）系统科学原理

控制论、系统论和信息论是系统科学的基本理论，也是足球项目运动训练监控形成的基本原理之一。

控制论是足球项目训练监控的理论基础，完整的训练控制过程必须具备以下基本环节和条件。

（1）施控主体和被控对象。

（2）控制信息和前向信息控制通路。

（3）反馈信息和反馈信息控制通路。

（4）前向和反馈信息控制通路中传递的信息达到适宜的程度。

从控制论的观点来看，足球项目的训练监控过程是一个完整的训练控制过程，主要包括监测和控制两个过程，两者缺少一个，都不能形成完整的训练监控过程。监测是控制的前提，控制是监测的目的。足球训练监控必须有明确的目标，这个目标可以是长期的大的目标（比如多年和年度目标），也可以是短期的小的目标（比如训练分期目标或者一节训练课的目标）。足球训练监控实施前，必须对目前球队的状态做全面的诊断，为训练监控的实施找一个明确的起点。这个诊断主要包括运动员的竞技能力、训练状态和健康状况。足球训练监控系统的“施控”主

体是以教练员为核心，包括科研人员、队医、管理人员等方面人才的“多学科综合控制系统”。教练员在“施控系统”中起主导作用，但是在现代足球训练中，科研教练、营养师、队医及康复人员的作用越来越重要。因此，现代足球训练监控的“施控”系统是一个复合型的团队。足球训练监控的“被控对象”是足球队和运动员，同时必须处理好“施控系统”和“被控对象”的关系，使运动员能够认识到施控团队和自己的目标是一致的，并能充分发挥其自身控制系统的作用。

系统论是指导体育训练和比赛的基本理论。根据钱学森先生对系统的定义，其是由相互作用和相互依赖的若干组成部分结合成具有特定功能的有机整体，这个系统本身又是它所从属的更大系统的组成部分。运动训练理论专家徐本立对运动训练系统进行了界定，认为运动训练系统是由若干相互联系在一起的局部子系统所构成的具有培养优秀运动员特定训练功能的完整系统。从系统论的角度看，足球训练监控的对象应该是足球训练这个大的系统。因此，要以“系统”的视角看足球训练监控。足球训练本身就是一个大的系统，它的内部又包含了很多小的系统，如运动队系统、教练员系统、运动员系统等。只有充分分析足球训练系统的构成、作用机制和影响因素，才能从整体上把握足球训练监控的方向。根据贝塔郎菲定律的理论，我们要分析影响足球训练的各种因素及内在的纵向、横向联系，争取发挥系统功能的“放大效益”。足球训练监控的最终目的是使运动队的整体能力得到提高，而运动队能力的提高又是以运动员个体能力的提高为基础的。因此，实施足球训练监控，应在注重运动员“个体系统”监控的基础上，加强对运动队“团队系统”的监控。

信息化训练控制是指把训练全过程看作一个信息化过程，在训练全过程中树立信息观，广泛获取、处理和运用好信息，对训练全过程进行最有效的控制。信息化训练控制的基本内容包括：训练信息源的确立；训练信息的监测、获取；训练信息的处理、交换和存储；训练信息的传递；训练信息的检索；训练信息的使用；训练信息的反馈等。现代科学和训练控制中信息化训练的表现包括：信息观的确立；运动训练信息化系统的建立；训练状态监控和诊断系统的建立；训练过程的预测和决策；信息反馈和闭合式训练系统的确立；运动训练的科学研究和探索；现代运动训练理论的建设、推广和运用；体育竞赛中的情报战；教练员、运动员的智力结构与培训体制；现代训练信息化手段的研制和运用等。训练信息的应用主要体现在：用控制信息有效地调控训练；用信息反馈监控训练过程；用选材信息进行科学的选材；用情报信息和比赛信息有效地组织赛前训练和比赛，改进训练工作；用获取的信息对训练进行科学研究、创新；用扩大知识信息量提高教练员、运动员的知识和智能水平；用各种不同学科领域的信息对训练过程进行多学科综合调控；用舆论信息的扰动作用影响和控制对手的战术决策。

从信息论的角度来看，足球训练监控过程是一个“信息化”的过程，是一个对训练信息监测采集、处理传递及使用反馈的过程。因此，在足球训练过程中，一定要树立训练的“信息观”。信息的收集过程包括运动员现实状态信息、训练负荷信息和训练效果信息等。信息的收集是实施训练监控的前提，信息收集的质量直接关系到训练监控的成败，因此，一定要确保训练信息收集的科学性和有效性。收集的信息必须经过处理，传递给教练员，才能对训练起到控制作用，这个过程也就是反馈过程。

（二）物质能量代谢原理

从国内日前的研究成果来看，关于足球运动物质能量代谢特征的观点主要存在以下三种。

第一种观点是足球能量代谢特征是以磷酸原系统为主要供能系统的。该观点认为足球运动属于非周期性的速度和速度耐力兼而有之的激烈对抗项目，主要以ATP-CP 系统供能，也有乳酸系统和有氧供能。足球运动属于非周期性的速度耐力项目，其中最突出的是短距离反复冲刺跑的能力，应主要以 ATP-CP 系统供能和间歇时的有氧再合成供能为主。

第二种观点认为，足球运动属于以磷酸原供能与糖酵解供能为主的运动项目。该观点认为在足球比赛中运动员需要反复地进行高强度跑动，运动员需要更多的是磷酸原供能与糖酵解供能。

第三种观点认为，足球比赛具有时间长、强度大和间歇运动的特点，决定了有氧代谢供能系统和无氧代谢供能系统都需要充分动员。足球运动员在比赛中的活动是长时间、无规律的，进行高、中、低三种有球和无球运动的间歇运动，运动员在比赛中需要具备出色的有氧耐力和 ATP-CP 系统供能能力。

上述研究所得结论是对比赛持续时间、比赛中断时间、运动员每一种行动的次数等情况进行统计分析得出的，论据较单薄，论述的逻辑性极为牵强，可以说他们对此问题的研究仅处于较初级的了解阶段，缺乏综合、系统性的研究。因此，以上观点均有待考证。

从国外的相关研究成果来看，荷兰的观点是，足球运动员在足球比赛中完成的绝大多数活动主要是依靠磷酸原供能系统完成的。其主要依据是足球运动员的动作很少有持续 10 s 以上的活动。氧气是非周期性有氧耐力运动的间接燃料，有氧系统在运动员身体进行两次极限负荷的恢复过程中扮演着极为重要的角色，尤其在运动员站立、行走和慢跑时。

瑞典足球专家布罗姆博士认为，尽管运动员在一场比赛中会不断地动用乳酸系统，但并没产生大量的乳酸堆积。在比赛中乳酸系统不会持续活跃 20 ~ 30 s，所以不会产生大量乳酸。因此，没必要让足球运动员进行和田径运动员一样的速度训练（如 8 ×400 m 或 5 ×800 m），即便在准备阶段也是如此。非循环无氧耐力的训练可以从快速百米跑开始，然后再进行高强度间歇训练。

关于乳酸的研究，笔者认为，过去乳酸的测定通常是在比赛结束后或半场休息时进行，而不是在比赛过程中测定，因此测得的信息不能反映乳酸量的波动，尽管足球运动员在比赛中虽然经历大量乳酸堆积的过程，但是乳酸系统在足球运动中的作用要比早期对它的研究中所描述的作用更大。

足球比赛具有时间长、强度大和间歇运动的特点，在比赛中运动员往往要长时间进行高、中、低三种有球和无球运动强度的间歇运动，因此在足球比赛中，运动员的供能是以有氧供能为运动基础、以 ATP-CP 系统供能为突出表现，间或有乳酸系统供能的一种配合形式，而且由于比赛水平、节奏、流畅性不同，以及足球水平的不断发展，其供能的特点应会发生稍许的变化。

足球运动员完成全场比赛，有氧代谢能力是基础。足球比赛时间长、高强度冲刺跑比例占整场比赛时间短的特点，这决定了足球比赛大部分时间主要依靠有氧代谢方式供能。要保证 90 min 比赛时间内的能量供应，延迟疲劳的出现，减轻疲劳程度，保证比赛过程运动间歇恢复能力，就必须提高机体的有氧工作能力。

需要指出的是，尽管对女子足球比赛的研究相对较少，但是科研人员普遍认同的观点是，女子足球运动员需要具备与男子足球运动员相似的身体素质才能在高水平比赛中获得成功。研究表明，女子足球运动员在一场比赛中的总跑动距离与男子足球运动员十分接近，而且不同强度的运动时间也十分相似。因此，可以得出足球比赛对男、女运动员的体能需求特征没有显著区别的结论。

（三）比赛负荷的非周期变化原理

尽管足球比赛中运动员的运动行为都是偶发性的，但从整场比赛来看比赛负荷和强度还是遵循了一定的变化规律。

1. 负荷量特征

众所周知，在所有球类项目中足球项目比赛场地最大，且比赛时间长，因而运动员在比赛中的跑动距离最多。从 20 世纪中后期开始，就有研究人员通过不同的技术手段对运动员在比赛中的跑动情况进行测量，主要包括 Time-motion 分析法、录像记录技术和无线电遥测技术等。

（1）跑动距离特征。长距离的跑动能力是足球比赛对运动员体能的基本要求，确定运动员的比赛跑动距离对足球体能训练有重要的意义。20 世纪 50 年代，国外就有利用人工记录的方法来统计足球运动员跑动距离的研究（温特伯托姆、韦德），由于不同年代统计距离手段的不同，不同年代足球运动员跑动距离存在较大的差异。20 世纪 80 年代后，国外学者开始采用录像结合计算机技术的方法来计算足球比赛中运动员的跑动距离。

（2）比赛时间特征。足球比赛的时间为 90 min。在实际比赛中，球出界、裁判鸣哨等状况的出现会使比赛暂停，从而导致比赛时间的损耗。因此，比赛净时间等于 90 min 比赛时间减去比赛中的各种停顿时间（即死球状态所占的时间）。国际足联从 1998 年第 16 届世界杯开始，对规则中有关时间的条款进行了重大修改，即实行多球备用、增大补时时间、限制守门员接回传球和守门员持球时间等。其目的是增加足球比赛的净时间，减少人为的时间损耗，从而促进足球运动的发展。

足球比赛是一场持续时间超过 90 min 的运动项目，其跑动距离、运动形式会随着时间的推移产生变化，例如，在比赛中，往往比赛开始的第一个 15 min 跑动总距离、高强度跑动距离高于最后一个 15 min，冲刺跑的频率会随着比赛的进行逐步降低等，表现出一定的时间规律特征。

2. 负荷强度特征

（1）跑动强度特征。训练学中将负荷强度划分为极限强度、亚极限强度、中等强度和小强度四个等级。根据足球比赛中运动的跑动速度变化，可以将足球比赛中的跑动也划分为四个强度等级。研究者可以根据不同年龄、不同性别确定不同的速度标准，分析不同类型、不同位置运动员的跑动特征（如不同跑速的距离、次数、间歇时间等），从而指导训练。

（2）机能负荷特征。在足球比赛中无法对运动员的供能方式进行直接评定，往往通过其他相关指标进行间接分析，如通过运动员的心率判断运动的负荷强度，进而再通过运动强度判断运动员的供能方式。此外，也有研究者在教学比赛时对运动员进行不定时的血乳酸测试分析，以了解运动员的能量代谢变化。

（四）负荷的反馈控制原理

在负荷的反馈和控制系统中，训练和比赛的负荷测量评价是给教练员反馈训练效果的信息，以不断修正训练过程与训练目标之间的偏差，从而实现控制训练、科学规划竞技状态的目标，这就是负荷的反馈控制原理。

足球训练和比赛负荷的监督是一项复杂性的任务。首先，这主要是由足球训练和比赛负荷的复杂性所致，负荷中既包含了不定期的间歇，还包括多种运动。其次，对负荷难以进行单一手段的评定，必须综合生理、生化及运动学指标，通过即定检测和延时检测两种方式，才能较准确地评定负荷的效果。最后，由于足球比赛规则的限制，无法对比赛负荷进行直接测量，只能通过遥测及录像等手段进行测量，无法反映比赛时运动员的即时的生理机能变化。

四、体能训练监控原则

（一）指标选择上的科学性原则

科学性原则是指足球训练与比赛监控的每个步骤都要有科学依据，确保能够准确客观地评价足球运动员的训练和比赛状况，是足球训练与比赛监控应遵循的最基本的原则。其主要包括两个方面，即监控指标的科学性与监控过程的科学性。

监控指标的科学性首先表现在准确性和客观性上，即指标体系一定要建立在科学基础上，指标概念明确，并拥有一定的科学内涵，能够度量和反映专项复合

系统结构和功能现状及发展趋势，能比较客观地反映足球运动员训练和比赛水平的实际情况，能从本质上反映足球运动的基本特征；其次表现为监控指标体系的合理性，即监控要在公平、合理的条件下进行，对拥有不同条件的监控对象不对等的条件转化为等效对等的条件。

同时，测试过程要遵循科学性原则，力求减小测量误差。测试方法、时间、条件和程序、测试过程的管理等方面要力求高效、精确，并确保测试过程的标准化，使测量的结果客观、准确。

（二）监控过程的可操作性原则

可操作性原则是指足球训练与比赛监控要从训练实践出发，能为训练科学化的实现提供支持。可操作性原则主要体现在以下两个方面。

（1）指标的选取。指标的基本特性之一就是联系统计理论与实践操作的结合点，监控指标体系的构建也是如此，它既应以理论分析为基础，又必须考虑统计的可操作性和现实数据资料支持的可行性。在实际调查中，指标数据要易于通过统计方法整理。那些不可测的指标，或者理论上可测、实际中不可测的指标不应纳入评价体系中。同时，在保证能够准确反映体能水平及评估的前提下，指标数据应力求简单易行，突出重点，含义明确，数据易取。在选择测试指标时，还必须考虑设备、时间、天气以及运动员的状态等综合因素，确定测试的可行性。

（2）对测试结果的解释。评价方案应该简单易行，方案中的指标体系、权重分值应具有很强的可操作性，容易被人们接受并能够在大范围内推广运用。因此，指标方案的选择要力求实用性。

（三）结果分析上的差异性原则

差异性原则也称区别对待原则，是指足球训练与比赛监控过程中要针对不同的个体差异和不同训练时期的特点，在评价内容、方法选择及测试结果的解释等方面区别对待的原则。

每名运动员的生理、心理和场上位置特点都有所不同，即便是同一名运动员在不同时期的竞技状态也不相同，因此在进行训练与比赛监控时，必须考虑这些影响因素。比如，在测试前，要充分了解运动员的生理和心理的基本状态，是否有明显的疲劳和伤病等情况。另外，还要考虑运动员的位置特点。随着现代运动训练的发展，专项化程度越来越高，不同位置的运动员的体能特征有所不同，在进行足球训练与比赛监控时，要根据运动员的不同位置特点进行区别对待。

除考虑运动员个体的差异性外，还要根据不同训练时期的特点，进行有针对性的监控，使训练和比赛监控真正能为训练实践服务。比如，在准备期，通常注重对运动员的体能状况进行全面的综合评价，力求发现体能的优势因素和劣势因素，为训练计划的制订提供依据；而在比赛期的体能评价通常侧重对运动员赛前机能状态的评价，并采取相应的调控措施，以确保运动员以最佳的竞技状态投入比赛。恢复期的体能评价主要是为了解运动员的体能恢复情况、为新的体能计划的实施提供参考。总之，对训练和比赛的监控应该根据具体的情况选择适应的监控方案，避免训练与比赛监控教条主义的出现。

（四）监控过程的先整体后局部原则

足球训练监控要从训练整体出发，把握整体训练目标，寻求竞技状态最佳发展模式。有了明确的目标才能把握监控的方向，才能合理采取监控手段、方法，选择正确的监控指标，以便从整体反映出球队和个体的现实能力、水平及竞技状态的发展变化。

在训练中要考虑阶段性比赛任务、阶段性训练目标与任务，以及每周、每次课的训练任务，制订详细的监控计划，具体反映出每次课、每个练习的训练效果，为教练员及时地调整训练计划提供依据。

在监控的发展过程中，可能某些技术会优先发展，如比赛技战术分析技术、生理生化的检测技术、营养补充的新发明等。不断地吸收各学科发展的新成果，科研工作某个部分的发展必将带动科研工作整体前进。

第二节 体能训练监控体系的结构

一、足球体能训练监控构成

在保证训练与比赛科学化的过程中，构成训练与比赛的各种元素就成了监控的实质性内容，这些元素涵盖了运动员的身体机能状况、训练负荷、训练手段与方法、训练效果、营养、运动损伤、心理状况、比赛中运动员的机能状态、比赛中运动员的跑动能力与技战术的运用情况。由于训练与比赛中的监测内容都有其自身的特点，所以针对不同的内容就必须用不同的监控方法，这就形成了监测体系中的方法系统，包括生理生化方法、营养学方法、心理学方法、运动医学方法、训练学方法与比赛分析方法（图 7－1）。每一种监测方法都有其较为成熟的监测指标，如生理生化监控中的最大摄氧量、乳酸阈、乳酸、血清睾酮等指标，训练学监控中速度测试、灵敏测试、快速力量测试等指标，这就形成了监控的指标体系。事实上，从比赛监控的目的确定的那一刻起，监控的内容、方法、指标与模式也已经确定。在整个监控体系中，各类监控的指标就是我们了解训练与比赛状况的信息来源。监控过程是一个动态过程，获取各类指标的信息并不是监控的终极目标，而是通过对这些信息的加工、处理、分析获得反馈信息，以便及时对训练过程进行科学调控，最终实现提高运动员竞技能力并尽可能获取比赛的胜利。

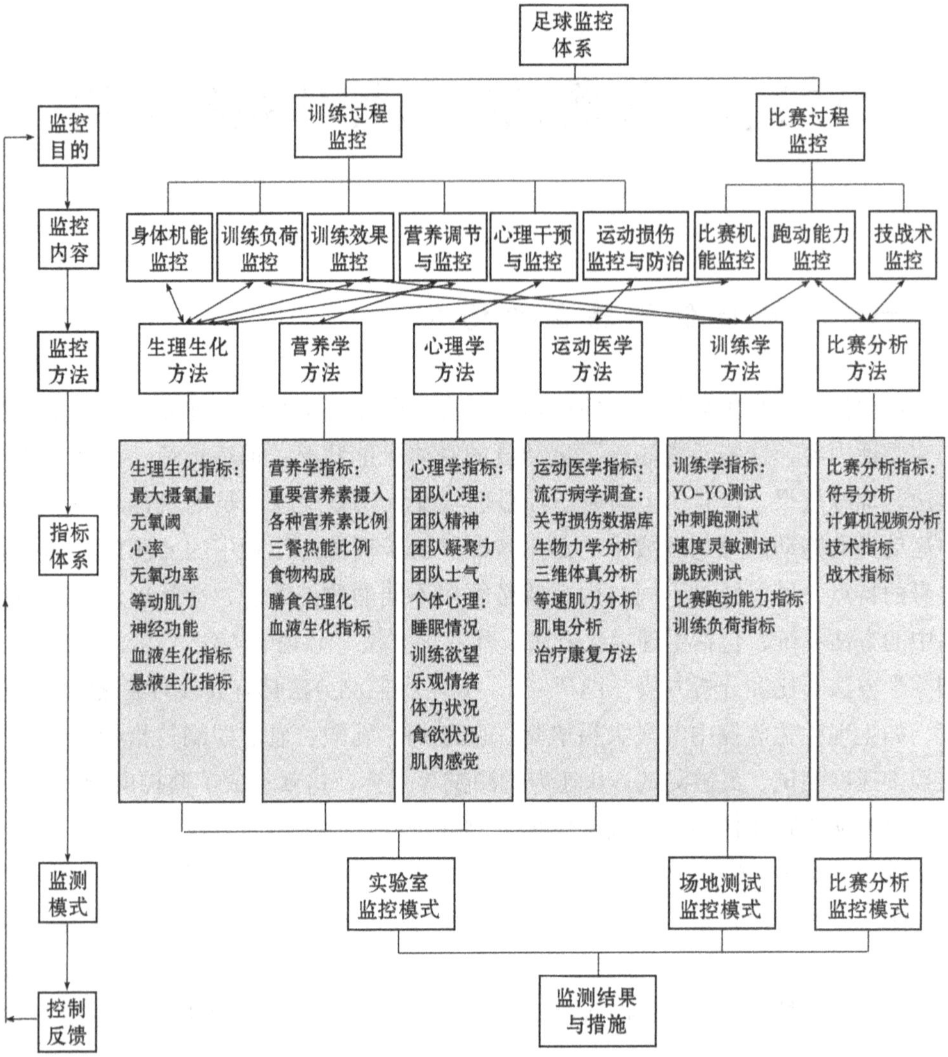

足球监控体系

训练过程监控 | 比赛过程监控

监控目的 → 监控内容 → 监控方法 → 指标体系 → 监测模式 → 控制反馈

身体机能监控 | 训练负荷监控 | 训练效果监控 | 营养调节与监控 | 心理干预与监控 | 运动损伤监控与防治 | 比赛机能监控 | 跑动能力监控 | 技战术监控

生理生化方法 | 营养学方法 | 心理学方法 | 运动医学方法 | 训练学方法 | 比赛分析方法

生理生化指标：最大摄氧量 无氧阈 心率 无氧功率 等动肌力 神经功能 血液生化指标 悬液生化指标

营养学指标：重要营养素摄入 各种营养素比例 三餐热能比例 食物构成 膳食合理化 血液生化指标

心理学指标：团队心理：团队精神 团队凝聚力 团队士气 个体心理：睡眠情况 训练欲望 乐观情绪 体力状况 食欲状况 肌肉感觉

运动医学指标：流行病学调查：关节损伤数据库 生物力学分析 三维体真分析 等速肌力分析 肌电分析 治疗康复方法

训练学指标：YO-YO测试 冲刺跑测试 速度灵敏测试 跳跃测试 比赛跑动能力指标 训练负荷指标

比赛分析指标：符号分析 计算机视频分析 技术指标 战术指标

实验室监控模式 | 场地测试监控模式 | 比赛分析监控模式

监测结果与措施

图 7－1　足球训练与比赛监控体系图

实现最终的成功参赛并不是监控的最终目的，因为比赛实际上是一个新的训练阶段的开始。监控过程只是具有相对的边界，进行科学化训练，实现一次成功的参赛只是整个大监控过程中的一个小监控周期。整个监控过程是由无数个训练

阶段和无数次成功参赛组成的，是一个永无止境的过程。

二、足球体能训练监控模式

（一）实验室监控模式

实验室监控模式是足球监控中最为传统的模式，主要是在实验室环境下由专业人员利用相关的仪器设备对运动员的竞技能力做出评定的过程。主要的评价内容包括身体形态和身体机能评价。其中，身体机能评价是实验室评价模式的主要内容，包括有氧机能评价、无氧机能评价和肌肉力量评价。

实验室测试通常在封闭的环境下进行，以尽量排除外界因素的干扰。通常情况下，实验室测试得出的数据比较精确和详细，但是要对测试设备的可靠性给予高度重视。在测试中建议重复相同的测试以确保测试的可靠性。体能教练和相关科研工作者可以通过全面的测试了解运动员的机能状况。运动员有氧能力、乳酸阈、无氧能力和肌肉力量的精确测试数据可以为运动员制订个体训练计划和策略提供参考和依据。

然而，实验室测试往往比较费时、费力、费物，使得有些足球俱乐部很难实施这样的测试。此外，由于实验室条件的限制，在实验室条件下很难对运动员的专项运动能力进行评价。因此，如何提高测试的专项化程度是目前实验室测试的热点问题。

（二）场地测试监控模式

场地测试是指在足球场地上实施的体能测试过程，是相对比较专项化的足球体能测试方法。场地测试的主要评价内容有足球专项耐力测试、速度灵敏性测试、力量爆发力测试等。各种各样的现场测试结合实验室测试被用来评估运动员的机能状态。当前，根据测试结果建立运动员选材模型和高水平运动员监控模型是研究的一个重要课题。

现场测试有其自身的优势，在足球场进行的场地测试虽然不如实验室测试精确，但它能更紧密地结合足球专项特点。场地测试相比实验室测试，其专项化程度更高。此外，场地测试需要的仪器设备较简单，对场地和环境要求不高。但是在测试过程中必须保证测试程序的标准化，以提高测试结果的可靠性，增加结果的可比性，甚至测试的场地、风向、温度等外部因素也是测试中需要考虑的因素。

当测试结果涉及时间计量时，测试设备的准确性必须很高，否则就可能产生较大的误差。场地测试可以在整个赛季的间歇期定期进行，这样就可以有效地监测运动员专项体能的变化情况。

（三）比赛分析监控模式

对足球比赛过程中的运动表现进行分析与监控，可以获得最直接的数据信息。比赛分析监控模式是根据一定的需要利用各种技术手段对比赛过程中的相关数据进行获取，并利用相关学科的方法对数据进行整理、分析，从而获得有用的信息，主要评价内容有技战术评价和体能评价。其中，体能评价主要包括身体机能和比赛跑动能力评价两个方面的内容，技战术评价主要包括技战术使用效果的结果评价和战术过程的执行评价。

比赛分析监控直接指向运动员的比赛表现，是对运动员比赛表现的一种记录和分析。但是，由于运动员受到对手、天气、个人心理等多方面因素影响，教练员和科研人员在进行分析时要综合考量。

三、足球体能训练监控内容

（一）身体机能监控

利用现代科技手段对运动员的身体机能进行监控和评定是现代训练监控的核心环节，也是训练科学化的重要体现。赛前训练是整个训练过程中的重要组成部分，也直接关系到运动员比赛中竞技能力的发挥。如何利用有效的手段和指标对运动员赛前训练过程中的身体机能状态进行有效的评定和调控成为现代训练监控研究领域的重要课题。

（二）训练负荷监控

训练负荷监控对训练中及训练后运动员某些简单易测的生理指标（如心率）、生化指标（如血乳酸）进行测试和分析，对运动员的训练负荷（包括负荷量和负荷强度）进行定性和/或定量分析。大多数测试可以即时得到测试结果，当场向教练员反馈训练效果，有利于教练员即时调整训练计划。

（三）营养调节与监控

运动员良好的营养可以为其身体活动提供良好的物质和能量保证，因此，通过科学的手段了解运动员的营养状况并采取相应的改善措施是运动训练监控中的重要环节。通常营养状况的评价可以通过体成分测试、膳食状况的调查、血液和尿液等指标了解。

第三节　体能训练的身体机能监控

运用多学科的理论和方法对运动员的身体机能进行监测与评价，可以客观地诊断足球运动员的机能水平、运动性疲劳的程度、机体恢复的情况，对于科学调整训练计划、合理安排运动负荷、预防过度训练和运动损伤有积极的作用。

一、身体机能监控目的

（一）评价运动员的身体机能水平，为训练计划的制订提供参考

在现代运动训练中，特别是在训练或集训初期客观地评定运动员身体机能水平是十分重要的。在训练的初期对运动员的身体机能水平进行科学监测是运动训练监控的基础和核心内容，通过科学的方法与手段对运动员的身体机能水平进行

评估可以帮助教练员了解运动员的现实状态，而现实状态的确立就为教练员科学制订训练计划提供了现实依据。

（二）评定运动员的身体机能状态，为实现科学化训练提供保证

在运动训练中，运动员的身体机能状况对科学安排训练负荷至关重要。只有运动负荷量与强度足够大，机体承受最大应激状态，才能有效地提高运动能力。过高或过低的运动负荷都无法对机体产生良好刺激，过低的运动负荷对机体刺激不够，机体不会产生良好的适应，过高的负荷则会导致运动员产生运动疲劳，甚至引起运动损伤。这就要求教练员在训练过程中必须科学合理地调控运动负荷，使训练负荷始终保持在适宜的程度。

（三）综合评定赛前机能状态，确保以最佳的身体状态进入比赛

运动员经过系统的训练后，身体机能水平会得到提高，对赛前运动员的身体机能状态进行综合评定可以了解运动员的赛前机能状态，教练员根据运动员的赛前机能状态可以制订更加有针对性的赛前训练调控方案，以确保机体以适宜的状态进入比赛。

二、身体机能监控体系

身体机能监控分为身体机能水平监控和身体机能状态监控。身体机能水平监控通常在准备期开始前和结束后进行。准备期开始前，为了制订更有针对性的训练计划，就需要通过相应的测试对运动员身体机能进行全面的了解，掌握了运动员的身体机能状况，就能制订出有针对性的训练计划，这样就能做到训练的有的放矢。在准备期结束后进行同样的测试，可以了解运动员的身体机能变化情况，从而判断训练的效果。身体机能状态监控主要是对训练过程中身体的反应程度适宜与否进行评定，以实现对训练过程的控制。对身体机能状态的监控可以贯穿训练的全过程。

足球运动员身体机能监控的体系如图 7 – 2 所示。身体机能水平监控主要包括三部分内容，分别是有氧机能监控、无氧机能监控和肌肉功能监控。身体机能状

态监控主要包括两部分内容，分别是血液指标监控和神经系统功能监控。从监控内容看，身体机能水平监控的性质更加倾向于终结性监控，而身体机能状态监控则更倾向于形成性评价，即过程评价。

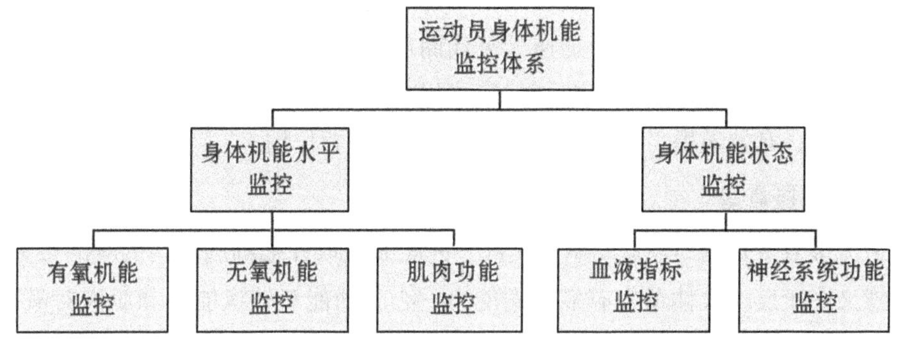

图7－2　足球运动员身体机能监控体系结构图

体能和机能是相互影响、相互作用的，运动员一个比赛周期中体能和机能有四种变化组合方式。第一，体能水平提高，机能水平也提高。研究证明，在准备期，运动员的体能水平提高，机能水平也稳定增长。第二，体能水平稳定，机能水平稳定。在比赛期的第一阶段，运动员通过准备期的训练后，体能水平达到一个较高的稳定水平后，而机能水平也相对稳定。体能和机能的稳定是相对的稳定，是一个时间阶段的整体稳定。第三，体能水平稳定，机能水平下滑。在比赛期运动员虽然还能维持稳定的体能水平，但是由于长期大负荷的训练和比赛所产生的刺激，机体机能逐渐下降。第四，体能水平下降，机能水平下降。机能水平的逐渐下降最终导致了体能水平的下降。因此，在对运动员的体能状况进行评价时，要结合体能和机能两个方面进行，以实现体能训练过程的控制目标。

三、身体机能水平监控指标

（一）有氧机能测试

足球比赛时间长、高强度冲刺跑占整场比赛时间短的特点决定了足球比赛大部分时间主要依靠有氧代谢供能。要保证90 min甚至更长比赛时间内的能量供应，延迟疲劳的出现，减轻疲劳程度，保证比赛过程运动间歇的恢复能力，必须提高有氧能力。高水平的有氧能力不仅能够有效地促进氧化的过程，尽快消除无氧代谢所堆积的乳酸，使之重新合成糖原，而且还能有效地提高肌肉中糖原贮备。因此，良好的有氧代谢能力对于加速无氧代谢后的恢复速率、延缓疲劳的出现、使机体在承受高强度负荷等方面起到保障作用。有氧能力主要指标的监控对于科学地指导训练、有效地提高运动员的有氧能力起着重要作用。

1. 最大摄氧量

最大摄氧量是动力性运动中机体每分钟能够摄取并被细胞利用的氧的最大值，它的意义在于反映人体最大有氧代谢能力、心肺功能氧转运能力和肌肉对氧的吸收、利用能力。良好的有氧能力对于高能磷酸化合物迅速再合成、加快乳酸的廓清速率、延缓疲劳等方面起着非常重要的作用。

有研究指出，在挪威的甲级足球联赛中，排名靠前和靠后的球队运动员的平均最大摄氧量存在显著差异，由此可以看出，优秀足球运动员的最大摄氧量必须在70 mL/(kg · min）以上，而有学者却认为最大摄氧量应该在65 mL/(kg · min）以上，但也有文献并不支持上述结论，有的研究表明，1992年欧洲足球锦标赛冠军球队丹麦队运动员的平均最大摄氧量相比优秀运动员较低，只有53 mL/(kg · min）左右。戈麦斯的研究指出，1994年足球世界杯冠军巴西队的最大摄氧量也不到60 mL/(kg · min)。以上的研究成果说明，最大摄氧量似乎并不是球队成功的决定因素，因为运动员的竞技能力是多方面的，某方面弱势竞技能力可以由其他强势竞技能力来弥补。

截至目前，对最大摄氧量的争论已经持续了很长时间，运动员的有氧能力仅仅用最大摄氧量值来衡量是否科学一直是一个值得探讨的问题。有学者认为，摄氧量与体重之间存在一种线性关系，这意味着对于拥有更低体重的运动员来说，他的有氧能力可能被低估，而对于体重相对较重的运动员来说，则有可能被高估。而当用“最大摄氧量/75%的体重”来统计时，可以有效消除体重的影响，而且这种表达形式似乎更有实践意义。

早期欧洲对最大摄氧量的研究较多，有学者对英格兰联赛中不同位置运动员

的最大摄氧量进行了研究与分析，结果为中场运动员最好，而中后卫相比其他位置运动员最低，边后卫和前锋则在两者之间。当用相对最大摄氧量进行统计分析时，位置差异更加明显。守门员的最大摄氧量比中后卫的还低，大量的研究已经证实了这一点，而有关肥胖守门员最大摄氧量的研究也支持了这种观点。有研究对4名德国国家队守门员的最大摄氧量进行测试，结果的平均值为（56.2 ±1.2）mL/(kg · min)，而整个球队的平均值为（67.0 ±4.5）mL/(kg · min)。有研究对19名葡萄牙职业联赛运动员的平均最大摄氧量进行了测试，得出的值为（59.6 ±7.7）mL/(kg · min)，而守门员和中后卫的平均值低于该水平，同时中场运动员和前锋高于60 mL/(kg · min)。以上研究结果表明，中场运动员较其他位置的运动员确实具有较高的最大摄氧量水平，这是因为在比赛中中场运动员作为进攻与防守的枢纽，必须具备较强的跑动能力，最大摄氧量则与跑动能力呈显著相关，因此中场运动员表现出较高的摄氧量水平。综述以上研究表明，最大摄氧量仍是评价运动员有氧工作能力的一项重要指标。

2. 无氧阈

足球运动员的专项耐力水平除了与最大摄氧量相关，在长时间的运动过程中还与有效利用氧的能力相关，即最大摄氧量利用率。有研究对马拉松项目的两名世界冠军和一名优秀运动员的 $\dot{V}O_2max$ 和% $\dot{V}O_2max$ 进行了测定。研究结果显示，世界冠军的 $\dot{V}O_2max$ 低于另一名优秀运动员，而最大摄氧量利用率，世界冠军却比优秀运动员要高。由此可见，% $\dot{V}O_2max$ 是决定专项耐力的重要因素。% $\dot{V}O_2max$ 的一个重要指标就是无氧阈，它反映了人体在渐增负荷运动中血乳酸开始积累时的最大摄氧量利用率，无氧阈值越高，有氧工作能力越强。由此看来，无氧阈比最大摄氧量更能反映人体的有氧工作能力。

无氧阈强度通常是指运动时血液中的乳酸浓度达到4 mmol/L 的运动强度。研究表明，芬兰职业足球运动员在渐增强度负荷的运动中，其无氧阈强度约为最大摄氧量的83.9%。有研究对丹麦足球运动员进行了研究，结果发现，血乳酸浓度达到3mmol/L 时，其运动强度约为最大摄氧量的80%。对挪威优秀足球运动员的研究发现，进行无间歇跑时，其乳酸浓度与比赛中运动员的跑动距离呈高度相关，其乳酸阈强度相当于最大摄氧量的80% ~86%。对英格兰优秀足球运动员、西班牙甲级足球联赛的运动员及沙特阿拉伯国家队运动员的研究表明，其无氧阈强度分别为最大摄氧量的77%、79%和76%。

由于场上位置的差异，无酸阈的测试结果也会有所不同。对丹麦优秀足球运动员的研究表明，中场运动员和后卫的无氧阈要比守门员和中后卫的高。从研究结果来看，不同位置运动员的无氧阈有一定差异。对于比赛期或赛季的不同阶段，无氧阈的测试结果也不尽相同。研究以丹麦的四名职业足球选手为对象，在赛季结束前后，以及随后为期四周的训练期结束后进行了最大摄氧量值测定，并且实施了肌肉活体检测，测试表明，最大摄氧量没有发生显著变化，但是标志肌肉氧化能力的酵素活性及毛细血管密度在赛季结束造成的训练中断和其后的锻炼期的训练中呈现出很大的增减变化。日本学者星川佳广对日本职业联赛运动员也做了同样的实验，在赛季前和赛季后最大摄氧量值没有变化，可是其最大下肢常规运动的血乳酸浓度有显著的变化。这些研究表明，无氧阈的敏感性较最大摄氧量更强，对运动员机体有氧工作能力具有更高的依赖性，能够更加有效地反映运动员的有氧工作能力。

（二）无氧机能测试

在足球比赛中，要进行大量的短距离冲刺、急停急转、起动等爆发性动作，运动员必须具备出色的快速运动能力和良好的爆发力。因此，以ATP-CP系统供能为主的无氧运动能力在足球比赛中非常重要。

无氧功测试是评定足球运动员机体无氧供能的重要指标。无氧功也称无氧功率，是指机体在最短的时间内，在无氧条件下发挥出最大力量和速度的能力。无氧代谢能力表示肌肉在磷酸原和糖酵解供能条件下的做功能力，其供能方式由ATP-CP系统分解供能和无氧糖酵解供能组成。无氧功能够反映无氧机能水平，特别是以速度和爆发力为主要运动特征的项目，对这些项目的运动员进行无氧功评价更有实践意义。

无氧测试可以分为短、中、长时间三种测试形式。其中，短时间无氧测试是指在最大运动强度时持续10 s左右时的总输出量，中时间无氧测试和长时间无氧测试是指持续时间分别为30 s和90 s时的总输出量。测试形式主要在实验室环境下进行，主要利用功率自行车和跑台，还可以采用跳跃测试的方法。

Wingate（温盖特）测试要求运动员在跑台或者功率自行车上进行最大负荷的运动（阻力 =0.8 × 体重）。主要评价指标有：最高功率、平均功率、疲劳指数及运动前后血乳酸变化值。最高功率主要评价 ATP-CP 系统的能力，平均功率主要评价 ATP-CP 系统和部分糖酵解系统的能力，疲劳指数代表 30 s 内功率的下降幅度。输出功率大、血乳酸增值低、疲劳指数小，是良好磷酸原供能能力的标志。

从戴维斯对不同位置运动员的研究来看，守门员最好，最大功率和平均功率分别为 1 273 W 和 841 W；中后卫和前锋较好，最大功率分别为 1 189 W 和 1 144 W，平均功率分别为 833 W 和 754 W；而边后卫和前卫相对较差，最大功率为 1 119 W 和 1 037 W，平均功率分别为 723 W 和 684 W。从疲劳指数来看，结果基本类似，中后卫和前锋下降最慢，而边后卫和前卫下降较快。

从国内的研究来看，刘丹等对 2002—2003 届中国女子足球运动员进行了多次无氧功率的测试，测试结果不尽相同，但是各个位置运动员的无氧功率具有显著差异性，总体上前锋和后卫相对较强，而前卫相对较弱。同时将中国运动员的测试数据与国外优秀运动员进行了对比，结果显示，2002—2003 届中国女子足球运动员的无氧能力明显低于国外优秀运动员。

（三）肌肉功能测试

1. 等动肌力

一些研究表明，肌肉在实验室条件下的动力性表现和其在现场条件下的动力性表现存在着一定程度的相关。但也有学者对等动力量测试的科学性存在质疑，他们认为在足球的技术动作中，关节的整个收缩过程几乎不存在等速收缩，所以用等动测力仪器不能真实地反映足球运动的特征。使用等动测试的方法评价足球运动员的专项力量饱受争议，但是该方法评价肌肉非衡性与预防损伤的有效性却得到了认可。

对运动员的下肢进行等动力量测试，可以了解运动员下肢的力量情况，一方面可以了解运动员的力量特征，发现运动员的薄弱环节；另一方面可以制定出有针对性的力量训练方案。

足球运动员在跳跃、踢球、抢断、转身和变速时股四头肌、腘绳肌和小腿三头肌必须产生很大的力。对守门员来说，几乎身体的所有肌群都是很重要的。而对其他位置的运动员来说，髋、膝和踝三个关节的力量无疑是比较重要的。

国外有关研究表明，运动员大腿后侧肌群是最薄弱环节，其肌力应该提高到大腿前侧肌群的80%～100%，最低标准应达到大腿前侧肌群的75%～80%。有研究认为在低速度和等长条件下，膝关节屈伸比应该为0.6～0.65。屈伸比能反映大腿前后侧肌群的平衡性，肌群的非衡性可以影响动作协调性与灵敏性，甚至引起运动损伤。

在近年来的科研攻关与科技服务过程中，本书作者主要采用的美国CYBEX等速力量测试系统对运动员进行髋、膝、踝关节屈伸等速向心力量测试。测试时，每个动作连续完成4次，根据足球项目的运动特点，测试角速度分别选择60°/s和240°/s来反映足球运动员下肢关节屈伸肌群的绝对力量和快速力量。对几个指标的概念解释如下：①屈伸峰力矩是关节屈伸过程中最大力矩的表达，可以反映肌肉的最大负荷，测试具有较好的信度。②相对峰力矩是屈伸峰力矩与体重的比值，它可以消除体重对肌力的影响，使得个体之间具有可比性。③屈伸比是指关节屈伸峰力矩的比值，可反映主动肌与对抗肌的平衡性。④左右屈差与左右伸差是指左右对称关节屈峰力矩或伸峰力矩之差与该关节屈力或伸力的比值，可反映人体左右两侧的均衡性。

在测试部分的选择上，我们选择了对于足球运动员最为重要的三个关节：膝关节、髋关节和踝关节。

2. 爆发力

腿部爆发力对足球运动员来说是至关重要的，刘丹利用OmegaWave测试仪对运动员的腿部跳跃能力进行了测试，以评定其爆发力。用单次垂直纵跳和10 s连续垂直纵跳的方法对运动员进行弹跳力的测试。单次垂直纵跳共进行5次，每次之间充分间歇，取成绩最好的一次。10 s连续纵跳要求受试运动员每次尽最大努力向上跳，尽量缩短落地时间，然后根据相关指标计算出运动员的磷酸原系统供能指数。

四、身体机能状态监控指标

运动时人体的一些生理生化变化是机体对运动负荷的客观反映，对人体安静时、运动时和恢复期各时段血液、汗液某些化学成分进行测定和比较，可以为机能状态评定提供客观依据。反映机体应激程度和恢复情况的指标有很多，因此在选取时既要能充分判定机能状态，又要筛选掉一些不必要、重复性不强、反映问题不够准确的指标，以降低运动员测试的烦琐性和达到节约的目的，提高测评效率。经过对足球运动特征的充分研究，以及对中国男、女足历次集训的系统跟踪监测，我们筛选出一系列实用的测试指标，在实践中主要从以下几个方面全面诊断与监控运动员机能状态。

（一）物质能量代谢系统测试指标

主要指标：血尿素氮（BUN）、尿酮体（KET）。

足球运动由于持续时间较长，需要机体有充足的能源物质储备，因此碳水化合物的补充非常重要。BUN 是蛋白质代谢的产物，KET 是脂肪酸不完全氧化的产物。检测运动后 BUN 和 KET 可以显示出机体能源物质消耗情况，当 BUN 升高或尿中出现 KET 时表示机体能源物质不足，机体呈现消耗状态，需加强补糖。但 BUN 受饮食因素影响较大，在实际应用时要加以注意。

（二）体液储备测试指标

主要指标：血细胞比容（Hct）、尿比重（SG）。

足球比赛时间长、跑动多、出汗量大，需要及时补水。当体液不足时，机体各种生化反应都会减慢，影响运动和恢复，损害运动员身体健康。检测 Hct 和 SG 可以及时了解机体水分补充情况。

（三）疲劳恢复能力测试指标

主要指标：血清皮质醇、血清睾酮。

这两项代谢调节指标共同影响着运动员从训练到恢复的整个过程，在运动员机能状态监控中较为重要，血清皮质醇水平主要与应激状态有关，血清睾酮水平则主要影响疲劳后的恢复。当运动员过度疲劳时，两项指标可能同时下降，表现为低代谢状态，恢复功能不良。

（四）氧转运能力测试指标

主要指标：血红蛋白（Hb）、红细胞（RBC）、红细胞分布宽度（RDW）、血清铁。

目前，用于评价氧转运和贫血的指标主要有Hb、红细胞系和铁代谢的各项指标。血液RBC计数、Hb与Hct三项指标可以反映血液携带氧的能力、蛋白质含量和血液流变能力，一般来讲，RBC越多，Hb含量越高，血液携带氧的能力越高，越有利于增强机体的有氧代谢能力，但是并不是RBC越多越好，当RBC超过正常范围时，血液的Hct会增大。研究表明，Hct最适宜值是45%～50%，当Hct上升到50%～60%时，血液黏滞性会增加，当超过这一水平时血液黏滞性则呈指数增大。因此，适宜的训练应将其控制在最适宜的范围内，使RBC性能达到最佳状态。

（五）免疫功能测试指标

主要指标：白细胞数、白细胞分类、免疫球蛋白G、免疫球蛋白M、免疫球蛋白A。

这几项指标可以很好地判断女子足球运动员在大负荷训练后或赛前的免疫功能状态。

（六）神经系统功能测试指标

主要指标：迷走神经因子、交感神经因子、紧张度指数、反应速度。

神经疲劳有时独立于身体疲劳出现，可能更加难于发现和纠正，在女子足球科研服务中要引起注意。应用美国引进的OmegaWave神经疲劳测试系统，可以全面评价自主神经及运动神经功能，结合血液生化指标，可以帮助判断女子足球运动员生理疲劳及神经疲劳的程度。

以上方面的测试指标构成了中国女子足球运动员机能状态诊断与监控系统，在实际应用中取样简便，可以阶段性进行，一般安排在集训前、大负荷训练后和

赛前10 d，所有测试结果录入数据库，根据运动员的个体标准对结果进行分析，并形成机能状态诊断报告。

第四节　体能训练的负荷监控

一、训练负荷监控的目的

训练负荷监控是训练监控体系中的重要组成部分，也是科学化训练的体现。训练负荷监控可以达到以下目的。

（一）评价训练负荷大小的合理性

运动员在训练中承受一定的负荷后，会产生相应的训练效应。训练负荷是引发训练效应的最主要因素。负荷过小，机体不会引发必要的应激反应，只有适宜的负荷才能保证良好训练效应产生。

教练员和科研人员可以利用各种手段和方法对训练负荷量和强度进行监测，并可以根据监测结果有针对性地调控训练负荷，使训练过程始终在预先设定的轨道上运行，从而取得较好的训练效果。

（二）评价训练方法和手段的合理性和有效性

训练负荷监控可以评价某种训练方法的合理性和有效性。如在足球训练中，根据能量的代谢特征，有以磷酸原供能系统为主的训练方法、以糖酵解供能为主的训练方法，还有以有氧供能为主的训练方法。训练负荷监控可以在训练过程中对某种训练方法的负荷特征进行监测，判断训练方法与手段是否与训练目的相一致，并可以根据即时的监测结果调整负荷强度，以达到训练目的。

（三）帮助教练员调整、完善训练计划，最大限度地提高训练效果

在准备期，教练员一般要安排高强度负荷阶段性训练，以强化训练效果，完成体能储备，促进最佳竞技状态的形成。对负荷强度有效的监控，不仅包括对高强度训练阶段中每次训练课的内容与心率、血乳酸等指标进行全方位的测试与定量评价，还包括对阶段性的负荷和生理生化指标进行分析，确保训练目标的实现，并根据每个人的生理反应制定恢复方案，最大限度地提高训练效果。

二、训练负荷监控内容

在足球训练监控实践过程中，往往将训练负荷监控分为训练课的负荷监控、阶段训练的负荷监控和特殊时期或者地点的负荷监控（如赛前训练负荷监控、高原训练监控等）。

（一）训练课负荷监控

通过一节训练课的监控，我们可以了解运动量和运动强度对运动员身体产生的刺激程度、了解运动量的实施情况是否对运动员产生了一定程度的刺激。根据监测的时间节点，训练课的负荷监控可以分为即时监测和延时监测两种。

1. 即时监测

即时监测的主要内容如下：

（1）遥测部分训练课及部分阶段运动员的心率。

（2）训练课内容安排、负荷强度及负荷量评定。

（3）定期身体训练或对抗训练后血乳酸的测定。

（4）定期尿液生化测试。

2. 延时监测

重点观察运动员身体的疲劳是否已经消除，体能是否恢复到前一天训练前的正常水平，并据此判断训练负荷的强度，进一步确定训练是需要加大训练负荷还是需要减小训练负荷。训练课后的第二天早晨监测的主要内容如下：

（1）晨脉：起床前（与正常相比 >5 次/min，说明该运动员疲劳未全部消除）。

（2）血红蛋白、血尿素氮（ >20）、血清睾酮、游离睾酮、皮质醇（ >20）、尿液生化指标（尿蛋白 + +、尿潜血 + 等）：早饭后训练前进行。

（二）阶段训练负荷监控

在阶段训练负荷监控过程中，一个重要的目标就是对训练计划的制订和实施情况进行监督，以确保预定训练目标的实现。足球训练计划的监控应尽量不要影响训练的正常进行。阶段训练负荷监控的主要内容包括：

（1）阶段负荷计划分析、负荷量度变化。

（2）阶段运动员生理生化指标分析。

（3）阶段疲劳程度变化分析。

这可通过三个途径来实现足球训练计划监控。

1. 录像分析

由于足球技战术训练的复杂性，以前评定足球训练负荷常常把足球技战术训练排除在外，而足球技战术训练是足球训练中最重要的成分。通过现场录像，训练后分析运动员的跑动距离、速度、时间就可较准确地评定足球训练的负荷。

2. 遥测心率

遥测心率不影响训练的正常进行，又能较准确地反映训练的负荷，是足球训练中教练员经常采用的监控手段。

3. 生理生化指标

足球训练过程中的生化指标的变化主要反映了运动员训练后的疲劳及恢复情况。由于测试方法复杂，影响因素多，又对训练有影响，因此在评定运动员机体恢复情况而对运动员的生理生化指标进行测试时，次数不应过于频繁，有条件的情况下一周测试一次；结合其他的监控手段综合分析，能较准确地反映运动员机体变化的实际情况。

三、训练负荷监控指标和方法

（一）心　率

运动中心率的快慢与运动强度有关，强度越大，心率越快。相同运动负荷时，运动员心率上升越慢，提示运动员身体机能状况越好。进行同一强度的运动训练后运动员的最大心率值降低，则表明运动员的身体机能增强。相同运动负荷后，运动员心率恢复加快，提示运动员对训练负荷适应，运动员的机能状况良好。

（二）血　压

训练中血压的变化与运动强度有关，一般来说，大强度训练后收缩压上升和舒张压下降明显，且恢复较快，表明身体机能良好。训练后收缩压明显上升，舒张压亦上升或血压反应与强度刺激不一致，恢复时间延长等说明机能状况不佳。运动时脉压差增加的程度比平时减少或出现梯形反应，预示运动员机能不良。如果安静时血压突然升高或降低，则是运动员身体机能下降的表现。

（三）最大摄氧量

最大摄氧量是在心肺功能和全身各器官、系统充分动员的条件下，在单位时间内机体吸收和利用的氧容量。它反映人体最大有氧代谢能力、心肺功能氧的转运能力和肌肉对氧的吸收和利用能力。最大摄氧量指标一般包括绝对最大摄氧量和相对最大摄氧量。

（四）血象指标

血象指标包括红细胞数（RBC）、血红蛋白（Hb）和血细胞比容（Hct）等。运动员在大运动量训练开始时，易出现血红蛋白下降，经过一个阶段训练后，身体对运动量适应时，血红蛋白的浓度又会回升，这是机能改善和运动能力提高的表现。如果训练一个阶段后血红蛋白仍未回升，则应注意调整训练计划，并加强营养补充。有研究表明，当运动员血红蛋白较训练前下降20%时，运动员有氧能力明显下降。因此，定期测定血红蛋白的含量有助于了解运动员的营养、对负荷的适应及身体机能水平等情况。关于血液 RBC 计数、Hb 与 Hct 三项指标的关系，以及对人体运动的影响已在前面章节中陈述，不再赘述。

（五）血尿素氮

血尿素氮（BUN）是评定训练负荷量和机能恢复的重要指标。优秀运动员一次训练课后，以次日晨起血尿素氮水平在 8 mmol/L 以下较为合适。在训练期中，晨起血尿素氮安静值较低者，为对运动负荷适应、恢复能力良好、身体机能状态较好者。训练后血尿素氮值增幅较小，恢复也快的运动员能承受大负荷的训练，反之则表明运动员难以承受大负荷的训练。在赛前最佳状态时，优秀运动员晨起血尿素氮值应在正常参考范围的上限，即 4 ~ 7 mmol/L。

（六）血清肌酸激酶

血清肌酸激酶（CK）是调整训练强度的依据之一，对防止过度疲劳有重要意义。血清 CK 是赛前进行机能评定的一项重要指标，常常与血红蛋白结合使用。良好的状态应是，血红蛋白数量逐渐上升，血清 CK 活性逐渐下降。反之，则应调整运动负荷，或采取增加营养、服用补剂等措施加以调节。一般认为，赛前 1 ~ 2 d 血清 CK 应降至 300 U/L 以下。若连续几日晨安静时 CK 超过 300 U/L，并伴有其他指标异常，表明运动员机能状态较差，疲劳没有恢复，应及时调整训练负荷。

（七）血乳酸

足球运动的特点决定其是由 ATP-CP 系统、糖酵解供能系统和有氧供能系统混合供能的一项运动。不同的训练目标，运动员血乳酸的目标值也不一样。正常情况下，血乳酸的浓度为 1 ~ 2 mmol/L；以磷酸原供能为主时，血乳酸较少，一般不超过 4 mmol/L；以糖酵解系统供能为主时，可达 15 mmol/L 以上；以有氧氧化系统供能为主时，则在 2 mmol/L 左右。可根据专项训练课和重点训练课中测试的血乳酸浓度，评定训练效果和运动员的机能状况。

（八）血清睾酮与皮脂醇

一般来说，身体机能良好时，血清睾酮变化不大，且有体能增强伴有血清睾酮增加的趋势。在疲劳、过度训练或机能状态不好时，血清睾酮水平则会下降。

皮质醇是代表机体分解代谢快慢的指标，运动后血清皮质醇如果仍然保持较高水平，就会导致机体分解代谢过于旺盛，不利于疲劳的消除。如果皮质醇长期保持较高浓度而无法恢复到正常水平，不仅反映运动员过度训练，甚至还会抑制机体的免疫功能。

在训练实践中，可用血清睾酮与皮脂醇的比值来监控运动员的机能状况。如果该比值出现大幅度下降，则有可能是分解速度大于合成速度，不利于运动员消除疲劳，需要通过调整训练强度和加强营养等手段帮助运动员恢复。如果该比值不变或升高则表明机体的分解代谢没有超过合成代谢，运动员机能状况正常。

（九）白细胞和免疫球蛋白

白细胞和免疫球蛋白是评价机体免疫能力的重要指标。它们的增强和降低与运动员身体疲劳、疾病和营养状况都有一定关系。如果运动员免疫球蛋白值低于参考值下限或在参考范围内较低，说明免疫机能可能下降，应采用免疫调节措施；如高于参考值上限，提示运动员可能患有疾病。

（十）尿液生化指标

运动的机能评定中常用的尿生化指标主要包括尿蛋白、尿胆原、尿潜血和尿酮体。运动后尿蛋白和尿胆原含量较训练前有所增加。运动后尿蛋白浓度越高，表明运动负荷越大。大强度训练后有时会出现尿潜血，如果碳水化合物补充不足，也可能使尿酮体增多。

尿蛋白存在着一定的个体差异，当训练负荷增加或身体疲劳时，其值在个体基础值上上升。如果训练负荷和身体情况没有较大变化，个体尿蛋白一夜排出量相对稳定，波动幅度为10%～15%。一夜尿蛋白排出量在20 mg以下为一般负荷训练、20～30 mg为较大负荷训练，若超过30 mg，则显示运动员处于疲劳状态；但是，在一定阶段出现的这种疲劳可能是提高运动能力所需要的。若超过50 mg，则需要教练员对负荷进行调整。

四、训练负荷监控体系构建

训练负荷监控的实质就是判断运动负荷是否达到了运动员能承受的合理刺激范围的上限，并且机体能够产生积极的适应。在训练监控过程中，运动负荷是监测的目的，其手段就是检测反映人体机能变化的系列指标，继而通过对系列指标的综合分析，判断运动负荷的适宜程度并进行相应的调整。训练负荷的监控体系如图 7－3 所示。

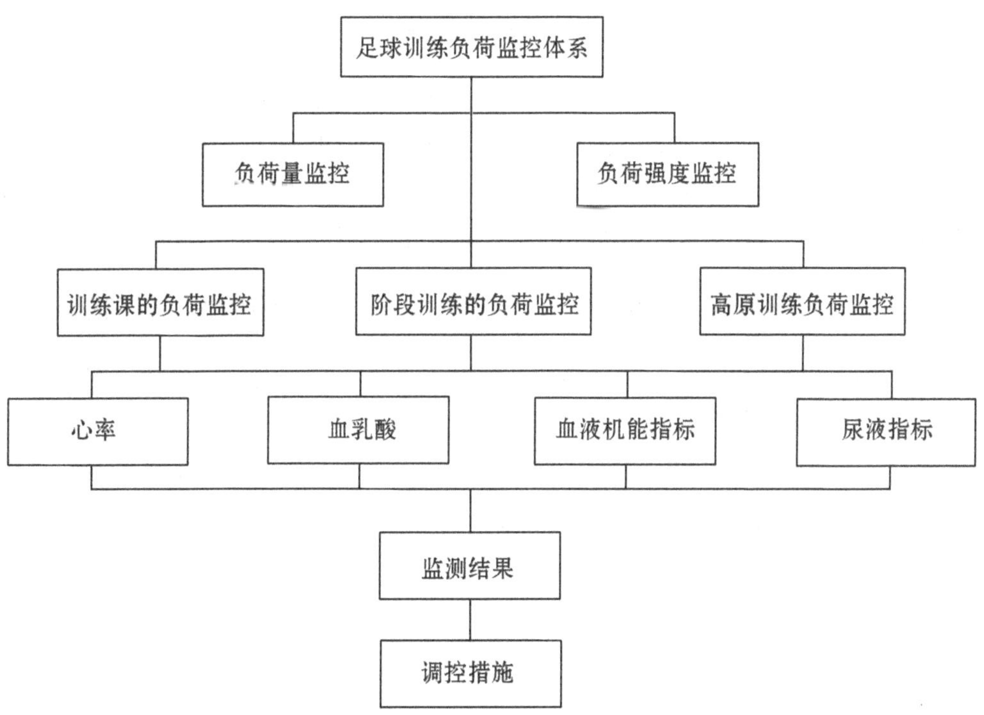

图 7－3　足球体能训练负荷监控体系图

第五节　体能训练的营养监控

一、营养监控目的

（一）精准化营养供给，促进机体恢复

足球运动员的体能训练体系越来越精细化，一方面表现为各种体能训练内容的体系化，另一方面表现为体能训练的位置化，即根据运动员比赛中的位置安排体能训练。足球运动员的体能训练复杂多样，不同体能训练内容及不同训练强度对营养的要求会存在差异。精准化的营养供给可以更加有效地促进机体恢复。

（二）保障合理的饮食摄入，维持合理身体成分和健康身体状态

合理的饮食是运动员维持健康状态的基本条件，特别对于女性运动员尤为重要。通过膳食调查等方法可以实现对运动员营养状况的监控，保障运动员日常合理饮食：既要保证碳水化合物、蛋白质、脂肪及维生素等营养素能够满足机体需求，又要保证不同营养素摄入的合理结构。

二、营养监控内容

（一）身体成分的评价

适宜的脂肪含量是维持高水平运动表现的基础，在进行营养监控的过程中有必要掌握身体成分的变化，尤其是体脂变化，以便在饮食和各种物质的摄入中尽可能做到精确化。

（二）膳食状况的调查

随着现代训练科学化的发展，运动员的营养需求越来越受到关注，利用营养学手段帮助运动员进行恢复，将有助于运动员竞技能力的提高。因此，利用相关手段对运动员的营养状况进行调查，并采取相应策略调整其营养状况就显得十分重要。

（三）日常生活中的饮食评价

对运动员的膳食状况可以从两个方面进行评价：第一，运动员的膳食量是否能够满足运动员的热量需要及各种营养素的需要；第二，膳食的结构与各种营养素占供给量的比例。无论从哪一个角度进行评价，其根本目的都是尽可能地保证运动员膳食的合理化，有效促进运动员体能的恢复。

三、营养监控指标和方法

（一）克托莱指数和 BMI

克托莱指数和 BMI 两个指标是反映人体充实度的指标。这两个指标对于帮助了解人体外部形态结构、生长发育水平具有一定的意义。

（二）体脂含量

对职业足球运动员来说，保持合理的体脂含量是十分必要的，因为过多的体脂可能会影响其身体素质的发挥；而体脂含量也在一定程度上反映其营养状况和训练情况。因此，科学地测定运动员的体脂含量具有很强的实践意义。

测定体脂含量的方法有很多，主要有水下称重法、双能 X 射线吸取法、皮褶厚度测量法和生物抗阻电抗法。在足球训练实践中，比较常用的是皮褶厚度测量法和生物抗阻电抗法。

有研究对几种测试方法进行了比较，研究表明，水下称重法的误差为 2% ~ 3%；皮褶厚度测量法的误差为 7% ~8%；生物抗阻电的误差为 8%。在这些方法中，皮褶厚度测量法和生物抗阻电法具有简单易行的特点，在训练实践中利用价值较高。但是在实践测试中要注意严格控制测试条件，以尽量减少误差。

（三）膳食调查

膳食调查的方法有三种：询问或回忆法、记账法和称重法。将膳食调查收集到的数据输入相应的软件就可以进行数据计算和分析。

膳食结果可从以下几个方面进行评价：

（1）膳食实际摄入是否能满足运动员热能及各种营养素要求。

（2）评价能量及各种营养素占供给量标准的百分比。

（3）三餐热能比例。

（4）食物构成。

（5）膳食合理化。

在实践中，通过上述五个方面的评价，可以很好地了解运动员的膳食与营养状况，为实施营养干预提供科学依据。

第八章　基于中国女子足球队的体能训练体系实证研究

前面章节的内容主要对高水平女子足球比赛中运动员的体能表现特征及生理负荷特征进行了系统分析，总结了运动员的高强度跑动与低强度跑动交替变化特征、不同位置运动员的跑动特征、高强度跑动特征、比赛中跑动能力的动态变化特征和机体的生理负荷特征等，然后以此为基础构建了优秀女子足球运动员的体能训练体系，主要包括目标体系、内容体系、方法体系、板块组织体系和监控体系。为了检验体能训练体系的效度，同时为中国女子足球队备战奥运会提供体能训练方面的指导，本研究基于构建的体能训练体系设计了中国女子足球队的体能训练计划。

第一节　体能训练计划的制订

一、目标赛事的确定及集训周期的安排

为了备战2011年9月伦敦奥运会预选赛，中国足球协会于2010年8月组建了新一届中国女子足球队，并制定了以参加伦敦奥运会预选赛为最终目标的2010—

2011 年度训练计划。本年度计划中共安排集训 10 次，具体如表 8－1 所示。

表 8－1　中国女子足球队年度周期训练计划

集训安排		集训日期	持续时间/d	间隔时间/d	集训地点	赛事目标
2010 年度	第一次	8 月 9 日—8 月 17 日	9		香河	备战亚运会
	第二次	9 月 6 日—9 月 24 日	19	20	香河	备战亚运会
		9 月 25 日—10 月 7 日	12		加拿大、美国	备战亚运会
		10 月 8 日—11 月 1 日	24		上海	备战亚运会
	第三次	11 月 12 日—11 月 22 日	11		广州	亚运会比赛
	第四次	12 月 12 日—12 月 22 日	11	20	香河	备战四国赛
2011 年度	第五次	1 月 3 日—1 月 20 日	18	11	广州	备战四国赛
		1 月 21 日—1 月 25 日	5		永川	永川四国赛
	第六次	2 月 10 日—2 月 24 日	15	16	广州	备战阿尔加夫赛
		2 月 25 日—3 月 9 日	16		葡萄牙	阿尔加夫杯比赛
	第七次	3 月 20 日—4 月 21 日	33	11	青岛	青岛邀请赛
	第八次	5 月 12 日—5 月 21 日	10	20	济南、潍坊	邀请赛
	第九次	5 月 28 日—6 月 7 日	10	7	济南	备战奥运会预选赛
	第十次	7 月 7 日—7 月 31 日	24	30	长春	备战奥运会预选赛
		8 月 1 日—8 月 15 日	15		沈阳	备战奥运会预选赛
		8 月 16 日—8 月 25 日	10		呼和浩特	备战奥运会预选赛
		8 月 26 日—8 月 31 日	6		济南	备战奥运会预选赛
		9 月 1 日—9 月 11 日	11		济南	奥运会预选赛

注：“间隔时间”指本次集训开始时间距上次集训结束时间。

由中国女子足球的年度训练计划可知，每次集训持续时间为 9 ~ 75 d，多数集训的持续时间为 10 ~ 20 d。最长的两次时间为备战亚运会的集训，时间长达 75 d（含比赛 11 d），其次为备战奥运会预选赛的最后一次集训（第十次），时间长达 66 d（含比赛 11 d）。从持续时间来看，两个阶段为典型的中周期，由于时间较长，可以适当增加积累期的持续时间，使运动员的运动能力得到全面的发展。在每两次集训的间隔时间中，最长时间间隔为 30 d、最短时间间隔为 7 d，绝大多数为 10 ~ 20 d。10 ~ 20 d 的间歇时间，对于运动员来讲，运动痕迹仍未消退，在下一个周期的积累期，运动员只需要通过一定负荷唤醒机体就能恢复到较高的体能水平，保证技战术训练的顺利进行。但是如果间隔时间超过 30 d，运动员的各项能力就会消退严重，在下期集训的初始阶段，就需要安排较长时间的身体恢复与适应阶段，从而相对减少了技战术的训练时间。因此，这两次集训的安排时间有待考虑，理想的方法是在其中加一个保持小周期，以保证运动员以较高的体能水平进入下一个集训期。

二、中国女子足球队体能训练计划分析：以备战四国赛与伦敦奥运会预选赛为例

（一）永川四国赛训练计划分析

备战永川四国赛的训练计划见附件 D。该阶段的集训持续时间为 24 d，距离上次集训结束时间有 11 d，运动员的各种运动能力理论上并未显著降低。该阶段共由 3 个基本训练周组成。

1. 第 1 周

体能储备、恢复周，主要是力量训练与有氧能力训练。

2. 第 2 周

专项耐力训练与力量训练周，由于女子足球运动员的力量消退快，所以较频繁地安排了力量训练。

3. 第3周

赛前训练与比赛周，该周主要安排协调灵敏、定位球等专项训练，负荷低，促进运动员恢复。第1周由于初始2~3 d运动员需要恢复与适应，所以本周为单峰训练小周期；第2周运动员适应后加大了训练负荷，同时为了避免疲劳堆积严重，本周采用了波浪式负荷安排方式；第3周则在第2周基础上降低了训练负荷量，但保持了一定强度，促进运动恢复。从训练内容与负荷的安排看，该训练计划是比较合理的。

（二）伦敦奥运会预选赛训练计划分析

备战奥运会预选赛的最后一次集训的训练计划见附件E。该阶段集训时间共66 d（含比赛期），实际训练时间为55 d。本期集训共分为4个阶段，第一阶段的任务是提高有氧能力和基础力量，战术上主要解决进攻问题（长春集训），以2场对俄罗斯女子足球国家队的比赛为结束标志；第二阶段的任务是提高速度、灵敏、快速力量等无氧能力，战术主要解决反击问题（沈阳集训）；第三阶段的任务主要是保持体能水平，并转化为比赛能力，所以该阶段内容安排多以战术训练为主要表现形式，在战术上主要解决防守问题（呼和浩特集训）；第四阶段主要任务是赛前训练并参加比赛。从整个周期的安排时间看，4个训练阶段（不含比赛阶段）持续时间分别为24 d、15 d、10 d和6 d，时间安排较为合理。从训练内容的安排顺序看也较为合理，但是从呼和浩特集训开始，练习内容并未安排有氧高强度训练，取而代之的是专项性更强的战术练习，例如压迫防守、区域防守等。如果这些练习形式给运动员的机体刺激不够大，无法给予运动员有氧系统适宜刺激，在比赛期有氧能力可能会出现消退，因此该阶段应该插入一个高强度有氧训练微型小周期。

第二节　体能训练的实施

一、有氧能力训练

根据体能训练中有氧能力训练的理论体系，提高有氧能力的最有效方法为90% ~95% HRmax负荷强度持续4 min、间歇4 min（60 ~70% HRmax积极性恢复）的训练方法。根据本届国家队的实际情况，国家队在高强度有氧能力训练中一般采用3 VS 3、4 VS 4、6 VS 6的小场地比赛形式，小场地的大小由训练人数与目标负荷强度确定。

以4 VS 4为例，场地的规格设置为30 m×40 m，共进行8组训练，分别为：（3 min练习+3 min间歇）×2组、（3 min练习+2 min间歇）×2组、（3 min练习+1.5 min间歇）×2组、（3 min练习+1 min间歇）×2组。该练习形式的特点为：（1）保证负荷强度高于90% HRmax，提高心脏泵血供能；（2）在练习的前段，保证间歇期内运动员乳酸有较大程度的清除，以确保下组练习能达到目标负荷；（3）随着练习的进行，间歇期逐渐缩短，运动员就会有较高的乳酸堆积，提高运动员的耐酸能力；（4）具有较强的专项性，可以提高运动员的快速传接球能力和疲劳状态下的传接球能力。心率监测表明，运动员的心率基本保持在>90% HRmax。特别是在训练后期，心率可达到97% HRmax，能够最大程度提高心脏功能。

二、无氧能力训练

（一）速度与加速度的训练

速度训练主要包括移动速度训练、动作速度训练和反应速度训练。移动速度训练与反应速度的训练往往结合起来进行，根据练习的形式与足球专项特征的相似程度可分为一般速度训练和专项速度训练。一般速度训练主要采用 10 m、20 m、30 m 全速冲刺跑动的方法，要求运动员听到信号后开始加速跑动，每次跑动的间歇时间充分。专项速度练习多采用结合球的方式，例如，在进攻前场，持球运动员先将球传至边路，然后另一运动员从静止以最大速度追球，之后完成传中，最后由传球的运动员完成射门，一次练习结束。间歇时间可以根据练习目的确定，当进行最大速度或加速度练习时，间歇时间应该充分；当进行速度耐力练习时，缩短间歇时间或增加类似练习形式，形成多个练习站，以缩短间歇时间，达到提高速度耐力的目的。动作速度的练习则主要与灵敏训练和力量训练相结合，通过灵敏与力量训练提高动作速度。同时在设计时，有时也将速度训练与灵敏协调训练结合起来。

此外，速度与加速度的训练还可以通过 1 VS 1 攻防训练，该形式共分两种。第一种是进攻运动员可以利用守门员，形成 2 VS 1；第二种是不能利用守门员，只能自己完成进攻。每种形式的练习 4 min 为 1 节，共 3 节，间歇时间为 1 min。

运动员在两种练习中共完成了 24 次进攻或防守行动。进行第一种练习时，每次运动时间为 5 ~8 s，间歇时间为 40 ~50 s；进行第二种练习时，每名运动员每次运动时间为 5 ~12 s，间歇时间为 40 ~60 s 不等。间歇时间约为比赛时间的 5 ~12 倍。根据训练学原理，从体能训练角度出发，本训练属于 ATP-CP 系统快速恢复能力的训练。

（二）速度耐力的训练

速度耐力的训练主要以场地比赛的形式进行，专项化程度非常高，一方面完成速度耐力的训练目标，另一方面提高运动员在快速运动中的技战术运用能力。基于此，国家队在速度耐力的训练中主要采用5 VS 5 大场地的训练，训练的持续时间可长达30 min，甚至50 min。有时也采用9 VS 9 的大场地训练方式，该方式的一次训练持续时间为12 min、间歇3～5 min，在训练强度上低于5 VS 5 的大场地训练。对于训练方式的选择主要根据战术训练的安排进行，将速度耐力的训练融入战术训练中，使得训练达到最大实战化。

（三）灵敏协调的训练

灵敏训练由于对神经兴奋性要求较高，所以灵敏协调的训练安排在训练课的第一部分。灵敏、加速度、制动、协调4种能力的共同特点就是对神经系统的兴奋性要求高，因此在组织训练时常常将它们组合起来进行。一般情况下，灵敏训练多采用软梯进行步法练习、采用绕桩进行改变运动方向能力的练习。

在练习中将练习内容设置为4～6站。运动员在每一站进行4次练习后，进入下一站。练习中运动员除了要进行灵敏和步法练习，还要完成2个快速起动和2个快速制动，以加强运动员爆发起动与突然制动的能力。

三、肌肉力量训练

由于女子足球运动员生理特征的特殊性，其力量消退快，所以力量训练的频率较高。力量训练的安排是基于不同的训练周期进行设计的。在体能恢复期主要采用适应性力量训练，采用的方式多是克服自身体重的方式。当运动员身体机能适应进入提高期后，则根据运动员个体实际情况安排不同的专项力量训练。力量训练的类别主要有6种，其类型与组织方式见表8－2。

表 8－2　力量训练的类型及应用特征

训练目的	组织方式与工具	负荷要求
提高肌肉离心、向心收缩能力	负重蹲起、前后弓步、侧弓步等	强度：高；重复次数：少；间歇：充分
提高肌肉力量耐力的训练	负重蹲起、联合器械、弹力带等	强度：中；重复次数：多；间歇：不充分
提高薄弱肌群力量的能力	拉弹力绳、联合器械等	强度：较高；重复次数：较少；间歇：充分
增加肌肉体积的训练	负重蹲起、联合器械等方式均可	强度：低；重复次数：多；间歇：较充分
核心力量训练	瑞士球、实心球、徒手等	强度：较高；一次练习的持续时间较长
本体感觉训练	平衡球、徒手等	强度：中；练习总持续时间短

由于足球队人数较多，并且要求运动员需要发展的力量类型也较复杂，因此，为了提高训练效率，在训练组织上常常采用循环练习，即将不同练习目的的训练设置成 8～14 站，运动员依次完成每站的训练任务，或者教练员根据运动员的实际情况要求运动员完成某几个训练站的训练。图 8－1 展示了某个运动员在体能转换期的某次训练课情况。

根据实际情况，有时也将核心力量训练设置为独立的训练课，但是训练的总时间持续较短。例如，在训练课的结束阶段安排 4 个动作，以分别练习背肌、髂腰肌、腹外侧肌肉（腹内斜肌、腹外斜肌和腹横肌）和臂部肌肉，每个动作练习时间约为 60 s，每个动作练习 2 次，有运动员在训练后期出现动作规格下降的现象，对于该类运动员可将每次练习持续时间缩至 30 s。

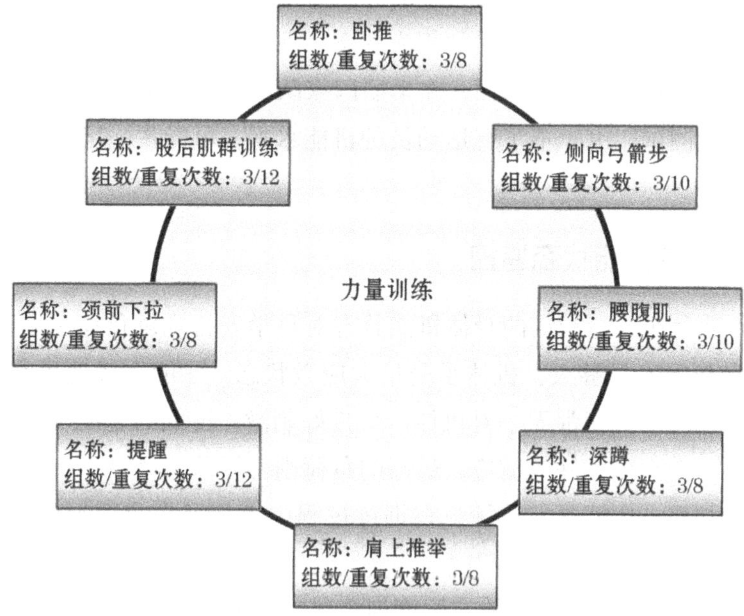

图8－1　运动员力量训练课示例

第三节　体能训练过程的监控

一、身体机能监控

（一）身体机能水平监控

在现代运动训练中，特别是在训练或集训初期客观地评定运动员身体机能水平是十分重要的。在训练的初期对运动员的身体机能水平进行科学监测是运动训练监控的基础和核心内容，通过科学的方法与手段对运动员的身体机能水平进行评估可以帮助教练员了解运动员的现实状态，现实状态的确立就为教练科学制订训练计划提供了现实依据。然而，在本届国家队的各个集训期并未对运动员的机能水平进行过测试。由于不了解运动员的机能水平，可能在一定程度上降低训练的针对性。

（二）身体机能状态监控

在运动训练中，运动员的身体机能状态对科学安排训练负荷至关重要。只有运动负荷量与强度足够大，机体承受最大应激状态，才能有效地提高运动能力。过高或过低的运动负荷都无法对机体产生良好刺激，过低的运动负荷对机体刺激不够，机体不会产生良好的适应，过高的负荷则会导致运动员产生运动疲劳，甚至引起运动损伤。这就要求教练员在训练过程中必须科学合理地调控运动负荷，使训练负荷始终保持在适宜的程度。

身体机能状态监控可以放在高强度训练课或者小周期训练后，表 8－3 为一个高强度小周期训练后对运动员的机能状态进行监控的结果。结果表明，在高强度训练小周期结束后，只有 2 名运动员仍能保持较好的机能状态，有 3 名运动员机能状态不理想，其中 2 号运动员血红蛋白与睾酮含量较低，身体恢复能力较差，肌肉反应也较大，应注意训练结束后的牵拉，总体上该运动员未处于最佳身体状态，需积极地促进恢复，补充营养。3 号运动员恢复能力中等，但是血红蛋白偏低、肌酸激酶偏高，肌肉反应大，该运动员需要加强恢复与营养补充。5 号运动员恢复能力中等、肌肉反应较小，身体状态中等，也需要及时补充营养。

表 8－3　运动员机能状态测试结果一览表

	血红蛋白/（$g \cdot L^{-1}$）	肌酸激酶/（$U \cdot L^{-1}$）	血尿素氮/（$mmol \cdot L^{-1}$）	睾酮/（$nmol \cdot L^{-1}$）	皮质醇/（$\mu g \cdot dl^{-1}$）
参考值	110～150	10～200	4～7	0.35～3.50	5～25
NO.1	133	153	4.6	1.13	19.48
NO.2	120	341	5.17	0.39	14.30

续表

	血红蛋白/（g·L^{-1}）	肌酸激酶/（U·L^{-1}）	血尿素氮/（mmol·L^{-1}）	睾酮/（nmol·L^{-1}）	皮质醇/（μg·dl^{-1}）
NO. 3	130	131	3.19	1.57	13.22
NO. 4	110	232	6.59	1.33	12.75
NO. 5	126	118	3.51	1.62	20.87

除了血液生化指标测试，还引进了 OmegaWave 身体机能状态监测系统，该系统具有监测人体多种生物系统的功能，其最大优势在于监测过程简单易行，无创伤，可随时随地进行。监测结果可以给教练员提供全面即时的生理数据，可以帮助教练员了解运动员特定时刻的身体机能状态。同时，还可以发现运动员身体功能的优势和存在的风险，防止过度训练的发生，缩短疲劳的恢复时间，减少负面压力的影响，提高训练效率，改善和保护运动员的全面身体健康等。因此，OmegaWave 系统是一个至关重要的、全面的预防和康复的工具。

该测试主要包括四个方面，它们分别是身体疲劳状况测试、反应速度测试、中枢神经系统调节能力测试及能量代谢系统测试，测试完成后就可以做出每名运动员的详细诊断报告，如表 8－4 所示，然后根据诊断报告就可以进行机能状态的调控。

表 8－4　OmegaWave 身体机能状态测试结果示例

运动员机能状况测试报告

测试日期：2011 年 7 月 24 日　　**队　别：**国家女子足球队

运动员姓名：张×　性别：女　年龄：24 岁　身高：163 cm　体重：55 kg

一、身体疲劳状况分析

序号	参数	测试值	正常范围
1	迷走神经影响因数	0.42	0.16～0.41
2	交感神经影响因数	25	15～55
3	紧张度指数	22	15～180
4	非周期性因素影响因数	1.32	1.25～3.05
5	呼吸波标准差（影响因数）	0.040	0.018～0.054

评价：1. 运动员目前对比赛或训练的适应能力良好，并且很稳定；

2. 体能储备充足；

3. 心脏功能能够很好地承受任何运动训练负荷。

二、中枢神经系统调节能力测试

1. 中枢神经系统：中枢神经应激调节能力一般，中枢神经能够承受较低强度的训练（生理和心理）负荷，中枢神经兴奋度偏低。

2. 心肺系统调节能力：正常。

3. 肝脏代谢调节能力：肝脏等解毒系统功能负担过重。

4. 下丘脑—垂体—肾上腺内分泌调节能力：正常。

三、反应速率测试

1. 平均反应速度一般（0.143 s）。

2. 运动神经紧张度较高。

3. 中枢神经应对突发事件的能力较灵敏。

4. 运动神经应对突发事件的稳定性很好。

四、能量代谢系统测试

序号	能量代谢系统相关参数	测试值	正常范围
1	有氧能力指数	126	110～160
2	无氧能力指数	143	132～190
3	磷酸原系统能力指数	16	12～25
4	系统适应与调节能力指数	215	195～250

评价：1. 能量代谢系统功能储备充足；

2. 恢复速度中等；

3. 耐乳酸能力中等；

4. 有氧耐力提高潜力大。

二、训练负荷监控

（一）阶段训练负荷监控

表 8－5 是一个集训初期的训练内容分配表。结果表明，集训的第 1 天安排了 8 VS 8 的对抗训练，其主要作用是促进恢复。第 2 天开始出现力量训练，并且力量训练较为频繁，60 min 以上的力量训练一般为多肌肉群、多练习站的循环训练，强度较大；而 20 min 的力量训练一般为核心力量训练或其他功能性训练，强度较小。该阶段较多的力量安排可以为运动员第二阶段的训练打下坚实的基础。有氧高强度训练在 13 d 共安排了 3 次，按照前文建立的理论体系，在该期应该主要发展有氧能力和基础力量，显然该阶段的高强度有氧能力训练偏少，可适当再增加 1～2 次。位置技术训练第 4 天开始出现，其强度为有氧中等强度，一般将其放在两个高强度训练日中间，以促进机体恢复。全队比赛的练习在第 7 天出现，共安排了 3 次课，强度较大，其主要目的是演练战术。全场比赛的安排大大提高了当日的训练负荷。

表 8－5　集训初期训练内容时间分配一览表　　单位：min

训练内容	1	2	3	4	5	6	7	8	9	10	11	12	13
有氧高强度					40			36			40		
有氧中强度	70			80		80	80		80				
速度耐力			60										
力量训练		60			70	20		70	20		60		60
全场比赛							80			80		80	

根据每天训练内容的安排绘制了训练的负荷变化图（图8－2），由图8－2可知，该阶段的训练负荷呈波浪形，既可使训练达到一定强度，又可避免疲劳堆积。经过一个较高强度的小周期训练后，运动员的机能状态从图8－3可以看出，运动员的机能状态不但没有降低，反而有所提高和恢复，全队身体状况良好。由此可见，运动员的机体能力适应性是很强的，运动员的营养补充也较合理，同时也说明教练组制订的训练计划在负荷安排上有很大的提升空间，在下阶段初期可适当增加有氧高强度训练。

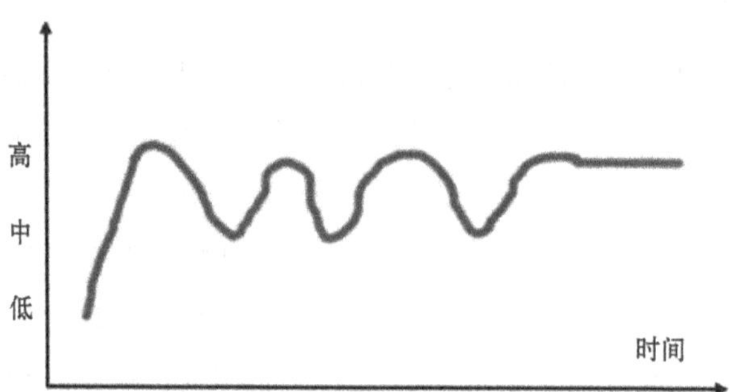

注：训练中的技战术训练根据训练中运动员承受的刺激程度转化为体能训练强度。

图8－2　集训初期负荷变化示意图

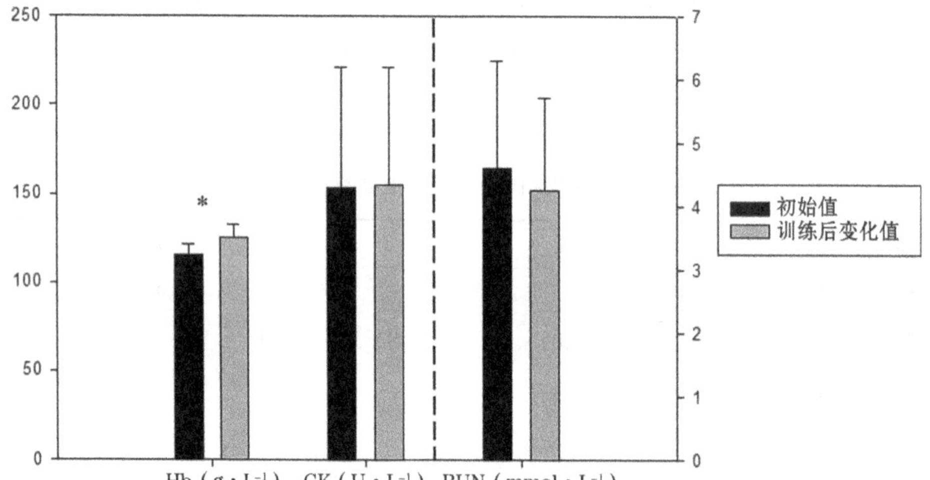

注：图中Hb与CK的坐标轴为左侧主坐标轴，BUN的坐标轴为右侧副坐标轴。＊表示$p<0.05$。

图8－3　运动员小周期训练结束后身体机能状态变化图（$N=6$）

（二）重点训练课的负荷监控

通过一节训练课的监控可以了解负荷对运动员身体的刺激程度。根据监测时间的不同可以分为即时监测和延时监测两种手段。即时监测可以通过心率表与生化指标进行测定，属于过程监控；延时监测属于结果监控。为了控制训练的目标强度，一般采用过程监控；若要了解负荷对机体的刺激程度，一般采用延时监控。下面以一次重点训练课为例对心率监控过程进行说明。

在比赛前的状态调整阶段，训练的安排多以比赛或模拟比赛的高度专项手段为主。该阶段的目的主要有两个：第一，降低负荷，促进机体恢复；第二，专项战术和全队战术训练。如果训练的效果既达到了演练战术的目的，同时又进行了适宜的体能训练，无疑本次训练是成功的。为了控制训练过程中的负荷强度，本次训练采用了心率监测的方法。

训练课的形式为 11 VS 11 分队比赛，时间安排在上午热身训练结束后，练习主题为通过传递球层层向前推进。要求将场地分成四等份，控球一方在 1/4 区域的场地连续传球 6 次后，方可进行相邻的另一个区域。20 min 为 1 组，共 3 组。图 8 -4为训练过程中某运动员的心率变化图，图 8 -5 为本次训练课与上次训练课心率对比图（练习形式相同、规则不同）。结果显示，该运动员在前后两天不同规则的 11 VS 11 比赛中，心率分布发生了明显变化。由于规则的变化，该运动员 85% ~95% 最大心率百分比由 50.9% 下降至 15.1% 。训练控制达到了训练前的设想，即将强度降至 70% ~80% 最大心率强度。

此外，通过心率监测还可以控制有氧高强度训练的负荷强度、训练的持续时间与间歇时间等，详细过程在此不再赘述。

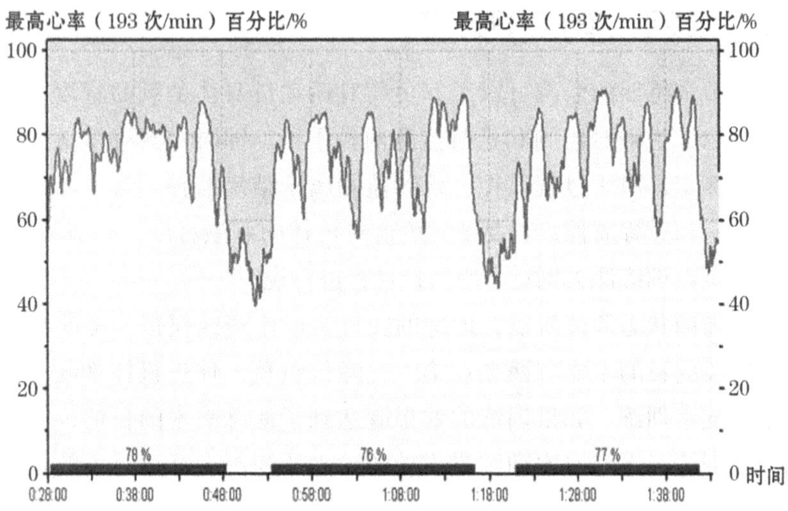

图 8－4　李×训练课的心率变化图

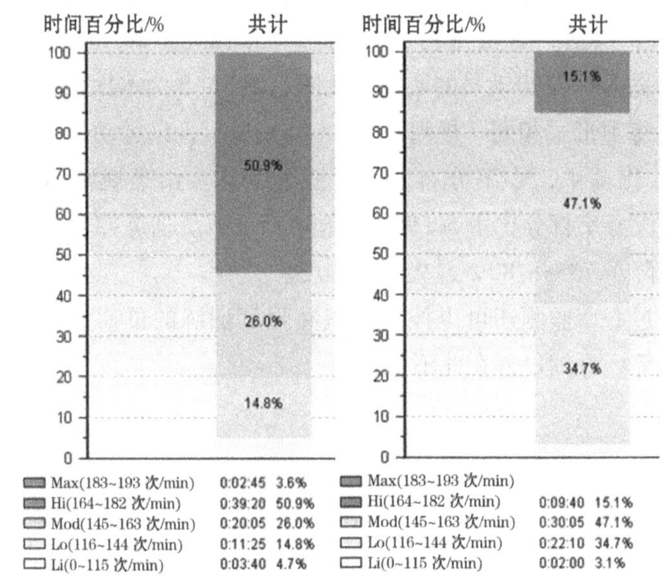

注：右侧图为本次训练课。

图 8－5　李×相邻两天相同练习形式、不同规则的训练心率变化对比图

第四节 体能训练效果的评价

一、身体机能评价

通过身体机能评价可以判定运动员机能水平提高的程度，如 $\dot{V}O_2max$、LT、无氧功率峰值等。但是有些评价方法在测试过程中运动强度比较大，可能会对运动员机体造成影响，扰乱运动员的负荷节奏，因此在比赛前期不宜运用高强度的评价方法。利用运动员完成额定负荷时的心率变化可以代替上述评价方法，运动员完成同等负荷时的心率下降表明机能水平提高。本研究利用了这一方法对运动员的机能进行了评价，即利用 YO-YO 测试的方法，比较同一运动员完成同一等级的心率情况（图 8－6）。

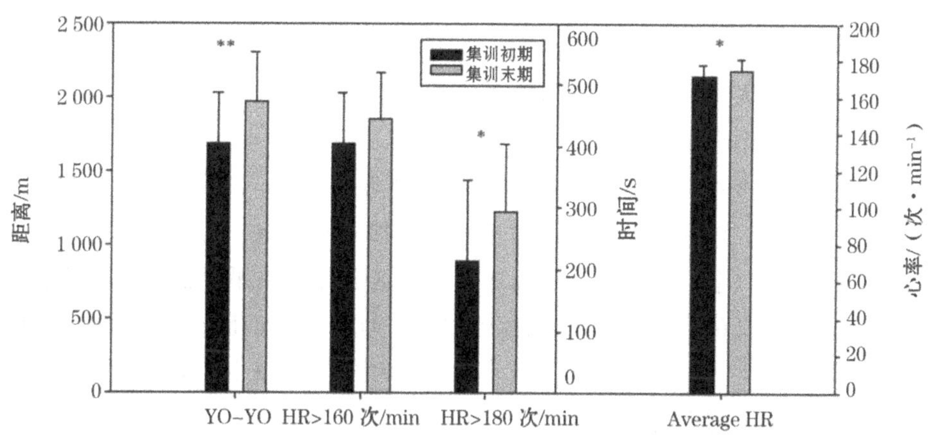

注：YO-YO 测试成绩的坐标轴为左侧坐标轴；HR＞160 次/min 与 HR＞180 次/min 的坐标轴为中间坐标轴；Average HR 的坐标轴为右侧坐标轴。＊表示 $p<0.05$，＊＊表示 $p<0.01$。

图 8－6 集训初期与集训末期 YO-YO 测试与心率变化图（$N=12$）

由图 8 - 6 可知，运动员在集训末期的 YO-YO 测试成绩提高了近 300 m（1 688 m VS 1 960 m，$p < 0.01$），两次测试的平均心率虽然有统计学差异，但差异非常小，差值仅为 3 次/min（172 次/min VS 175 次/min，$p < 0.05$）。而 160 次/min以上心率和 180 次/min 以上心率的时间却呈明显上升趋势（403 s VS 444 s，$p > 0.05$；215 s VS 293 s，$p < 0.05$），表明运动员每次测试跑动距离的增加主要是由于大强度运动跑动时间的增加引起的，说明运动员承受大强度运动的能力得到提高，心肺功能得到改善。大于 160 次/min 的持续时间无统计学意义，可能是因样本量较小造成的。

运动员之间平均心率和最高心率变化范围很大，最高和最低相差均超过 20 次，表明运动员的最高心率个体差异很大，且运动员的跑动距离与最高心率没有显著的相关性，主要与身体机能的改善有关。

二、跑动能力评价

前文的研究已经表明，运动员的比赛跑动能力能够反映运动员的体能特征。因此对跑动能力的实证将通过奥运会预选赛与四国赛的对比实现。四国赛属于 2010—2011 年度周期的一次赛事，旨在磨合队伍、检验训练成果及寻找自身存在的问题与不足。奥运会预选赛为本年度的最高目标赛事，获得奥运会资格也是本届中国女子足球队的终极目标。为了检验训练效果，本研究对两次赛事的运动员跑动能力进行对比研究。

表 8 - 6、图 8 - 7 为两次赛事运动员的比赛表现情况。结果显示，在奥运会预选赛上，运动员的总跑动距离较四国赛有所增加，冲刺跑、高速跑的距离显著增加，并且二者的频率也显著增加，而二者正是区分体能水平高低的重要指标。基于此认为，运动员的高强度活动能力通过一定时间的集训已经显著提高。此外，在奥运会预选赛中，比赛最后 15 min 高强度跑动的下降率也显著降低，同时说明了运动员体能水平的提高。

表8-6 中国女子足球运动员四国赛与伦敦奥运会预选赛跑动表现对比一览表

单位：m

	冲刺跑	高速跑	中速跑	总距离
四国赛	390 ± 111.45	621 ± 179.03	1 478.67 ± 499.37	9 618.5 ± 798.19
奥运会预选赛	450.20 ± 158.02*	714.29 ± 214.56*	1 516. ± 348.78	10 876.17 ± 457.28*

注：四国赛12人，奥运会预选赛16人；* 表示 $p<0.05$。

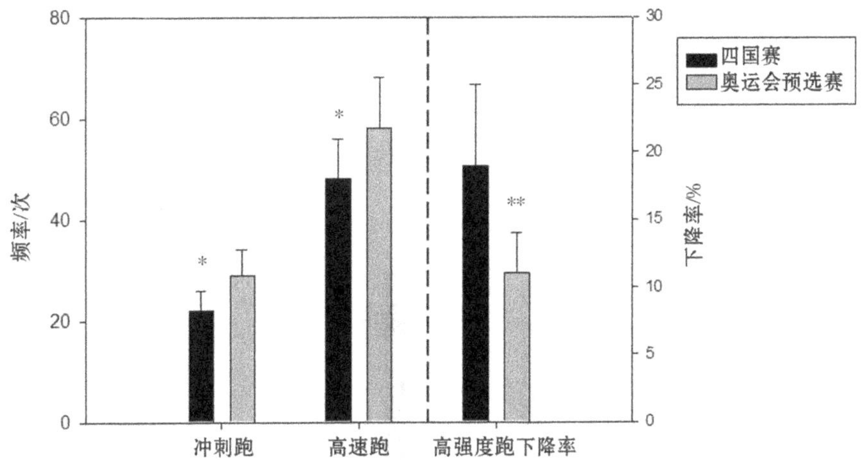

注：高强度跑动下降率 =（第一个15 min跑动距离 - 最后一个15 min跑动距离）/第一个15 min跑动距离（下同）。四国赛12人，奥运会预选赛16人；* 表示 $p<0.05$，** 表示 $p<0.01$。

图8-7 中国女子足球运动员四国赛与奥运会预选赛比赛跑动相关参数对比图

表8-7、图8-8为奥运会预选赛中国队与对手的比赛跑动能力对比结果。结果显示，在跑动能力的各项指标上，跑动总距离、高速跑、中速跑、下降率等指标均无显著性差异，只有在冲刺跑距离与频率上低于对手，尽管多数指标无统计学差异，但是在数值上差别较大。在对对手的跑动情况进行统计学处理时，将其他所有球队作为一个样本，由于体能水平参差不齐，可能导致数据的离散程度较大，这可能就造成了与中国队跑动能力的各项指标比较并无统计学差异的现象，

尽管这只是理论推测，但整体上却表明，运动员在比赛跑动能力上，尤其是反复冲刺跑能力上与其他强队还存在差异。

表 8-7 奥运会预选赛中国女子足球运动员与对手跑动表现对比一览表

单位：m；$N=16$

	冲刺跑	高速跑	中速跑	总距离
比赛对手	516.78 ± 21 302	779.76 ± 335.37	1 235.77 ± 478.43	11 123.96 ± 572.80
中国队	450.20 ± 158.02*	714.29 ± 214.56	1 516.0 ± 348.78	10 876.17 ± 457.28

注：比赛对手指参加预选赛除中国队外的其他球队，* 表示 $p<0.05$。

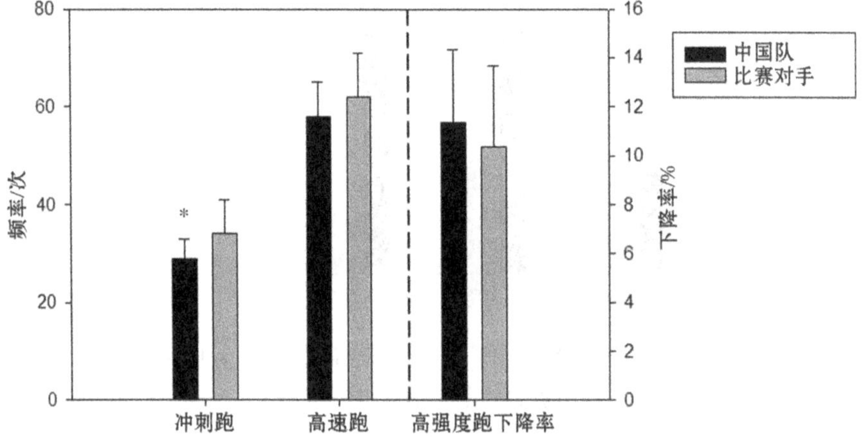

图 8-8 中国女子足球运动员与比赛对手比赛跑动相关参数对比图（$N=16$）

第五节　中国女子足球队体能训练过程述评

体能训练的效果评价已经表明，运动员经过系统训练后体能水平已经显著提高。除运动员在跑动能力上的提高外，运动员在比赛中的对抗能力、灵敏性等方面也表现出较高的水平，虽然未对该方面进行定量评价，但该观点已经被教练组、科研人员所认可。单从体能的角度考虑，达到了预期的目的。但与其他几只强队相比，中国女子足球队的体能水平仍明显不足，需要深入分析其中的原因，在今后训练中加以改进。

从整个训练过程来看，整体安排与设计较为合理，但是仍存在一定的问题，主要表现在三个方面：①小周期训练中核心训练课与支持训练课的安排，主要表现在安排的顺序及负荷的节奏上；②缺少微型小周期板块的插入，主要表现在集训时间长，在集训后期主要以比赛或高度专项的方式进行技战术演练，而经过较长时间后，运动员的高强度有氧活动能力就会消退，以技战术演练为主要形式的训练强度达不到刺激心脏的程度，就可能使得运动员的有氧能力在消退的时候进入比赛期；③个别高强度有氧训练课达不到既定负荷，主要表现在以小场地比赛形式的高强度有氧训练虽然具有很高的专项化程度，但是其受运动员的动机、接应能力等因素的影响，负荷强度可能达不到目标要求，会降低训练效果。此外，对于已经具备较好最大摄氧量的运动员，该练习形式的负荷强度不够，应该通过足球专项有氧耐力的训练方法进行，如霍夫训练模式。

总之，体能训练是一项系统工程，既要考虑体能涵盖的所有元素，又要考虑各元素的训练效应与训练效应的持续时间，还要考虑人作为生物体的适应能力等各种因素，其复杂性决定了体能训练的理论与实践仍待进一步探索、完善。

第九章 主要研究结论、不足与展望

第一节 体能表现、负荷特征与体能训练体系

一、体能外在表现与负荷特征

（1）女子足球运动是一项以有氧供能为主，并伴有急停、急转、冲刺等爆发性无氧活动形式的间歇性运动项目。运动员在比赛中的高、低强度活动比率约为1∶8.52～1∶10.81，其中前卫的高强度活动比率最高，两次高强度活动的间歇时间最短，前锋居中，边后卫与中后卫最低。运动员一次高强度跑动的持续时间多数在8 s以内，且主要集中于4 s以内；间歇时间表现出的位置特征较高强度跑动持续时间明显，中场运动员的间歇时间一般在20 s以内，前锋的间歇时间为20～45 s，后卫则具有较多的超过45 s的间歇。总体上表现出运动员平均每间隔30 s左右出现一次平均持续时间为3 s的高强度活动的特征。

（2）在比赛中，运动员的跑动距离约为10 000 m，跑动次数约为1 303 次，其

中无氧跑动次数或无氧供能占优势的跑动次数约为163次，跑动距离约占总距离的23.13%。运动员的跑动具有明显的位置特征，前锋具有更多的冲刺跑，中场运动员与边后卫具有更多的高速跑与中速跑。在总跑动距离上前卫最多、边后卫居中、前锋与中后卫最少。前锋的跑动，特别是冲刺跑多发生于进攻中，前卫则均衡分布在进攻与防守中，后卫则多集中于防守中。高强度跑动距离、高强度跑动频率、高强度运球距离和高强度活动的下降率对比赛结果有较大程度的影响，这些因素均存在明显的位置差异，在训练中应充分考虑。

（3）运动员的各种无氧跑动能力是区分优秀运动员与一般运动员的重要指标。运动员的各种跑动在下半场会出现下降，特别是冲刺跑、高强度跑动以及无氧跑动能力，无论在频率上还是总时间百分比上均明显下降，这种下降在进攻与防守中均有发生。运动员的疲劳主要发生在两个时间段，即比赛结束阶段与频繁的高强度活动的后续时段。前者是由能源储备的消耗引起的，该类型疲劳产生后无法恢复，必须通过高强度有氧训练与营养补充延迟该类型疲劳在比赛中的发生；后者的机制则未确定，但是该阶段运动员高强度跑动能力的下降是暂时的，通过积极的恢复调整可以消除。两种类型的疲劳发生时，运动员的技术运用能力均出现不同程度的下降。

（4）运动员在接球时的平均跑动速度约为3 m/s，在训练中安排“接球—运球”组合技术训练时要有一定的速度，而非静止。除此之外，在提高运球技术的训练模式中运球最低速度的设计一般要大于3.3 m/s，并且最大速度要接近6 m/s。对于前卫的平均运球速度与最大运球速度较其他位置运动员大，在针对类似特殊位置设计训练模式时，要根据比赛提供的信息进行，以满足比赛中对该位置运动员的需求。

（5）女子足球比赛的平均强度约为81% HRreserve，最高强度约为96% HRreserve。运动员的 $\dot{V}O_2max$ 水平越高，高强度跑动与中强度跑动持续的时间越长，运动员在比赛中承受生理负荷的能力越强，比赛中越能占据主动。此外，运动员在比赛中承受的负荷强度存在明显位置差异，前卫较其他位置运动员承受的负荷更大。

二、体能训练体系

女子足球运动员的体能训练体系包含目标体系、内容体系、方法体系、周期体系和监控体系。对于优秀女子足球运动员的体能训练，其训练目标主要以提高长时间运动能力、高强度跑动能力、反复高强度跑动能力、短时间恢复能力和抵抗运动损伤的能力等为主。训练内容则主要包括以高强度有氧训练为主、中等强度训练为辅的有氧能力训练，以速度、加速度、速度耐力和灵敏等形式的无氧能力训练，以基础力量、功能力量、力量耐力、爆发力等形式的力量训练，以及柔韧性与关节灵活性训练。所有的训练内容应根据运动员位置特征及个体情况进行有针对性的安排。方法体系要根据训练目标与内容，结合人体对负荷刺激的适应性规律进行安排，练习的形式可以在确定训练负荷后根据训练目的进行设定。训练周期的组织方式应以传统周期与板块理论相组合的板块周期组织训练，相比传统的周期训练，板块周期组织方式更适用于中国女子足球队的集训安排。

第二节　研究存在的不足与后续研究建议

本研究通过 Time-motion 分析法对高水平女子足球比赛的体能表现特征、体能需求进行了分析与归纳，并以此为基础建立了优秀女子足球运动员的体能训练体系。所建立的体能训练体系主要是基于比赛活动表现形式与体能需求完成的，完全来源于实践需要，整体上具有较高的外部效度，对于指导优秀女子足球运动员进行体能训练具有一定的意义。但是研究存在的局限性也给予关注。首先，比赛解构的对象均为世界各国女子足球国家队的比赛，比赛水平较高，体能训练体系也是基于高水平比赛建立的，因此体系可能不适合一般运动员或水平较低运动员，而更适合国家队的训练。后续研究可通过对优秀运动员与一般运动员进行比较研究，确定运动员在比赛中是否存在显著差异，并以此确立体系的适用范围。其次，由于研究内容较为详细、数据需求大，个别研究内容在进行统计学处理时可能存在样本不足或样本不理想的状况，还需在后续研究中做进一步验证。最后，有些研究还需要深入，以探索运动员机能水平与比赛表现能力的关系，如 $\dot{V}O_2max$ 与比赛结束阶段跑动能力下降的关系、LT 与冲刺跑能力的关系等。

主要参考文献

[1]袁运平．运动员体能与专项体能特征的研究[J]．体育科学,2004,24(9):48 – 52.

[2]陈月亮,王旋,赵玉华．体能概念研究综述[J]．体育科学研究,2009,13(4):41 – 43.

[3]苟波,李之俊,高郦宏,等．“体能”概念辨析[J]．体育科研,2008,29(2):47 – 52.

[4]百度百科．定义[EB/OL]. http://baike. baidu. com/view/25538. htm.

[5]REILLY T,THOMAS V. A motion analysis of work – rate in different positional roles in professional football match – play[J]. Journal of Human Movement Studies,1976(2):87 – 97.

[6]RIENZI E,DRUST B,REILLY T,et al. Investigation of anthropometric and work – rate profiles of elite South American international players[J]. Journal of Sports Medicine and Physical Fitness,2000,40(2):162 – 169.

[7]REILLY T. Motion characteristics[M]//EKBLOM B. Football(soccer). Oxford:Blackwell Scientific,1994:31 – 42.

[8]MAYHEW S R,WENGER H A. Time-motion analysis of professional soccer[J]. Journal of Human Movement Studies,1985(11):49 – 52.

[9]DRUST B,REILLY T,RIENZI E. Analysis of work – rate in soccer[J]. Sports Exerciseand Injury,1998,4(4):151 – 155.

[10]REILLY T. An ergonomics model of the soccer training process[J]. Journal of Sports Sciences,2005,23(6):561 – 572.

[11]CARLING C,WILLIAMS A M,REILLY T. Handbook of soccer match analysis:a systematic approach to improving performance[M]. London:Routledge,2005.

[12]SAFRIT M J. An overview of measurement[M]//SAFRIT MJ,WOOD TM. Measurement concepts in physical education and exercise science. Champaign:Human Kinetics,1989:3 – 20.

[13]NICHOLAS C W,NUTTALL F E,WILLIAMS C. The Louthborough Intermittent Shuttle Test:a field test than simulates the activity pattern of soccer[J]. Journal of Sports Science,2000,18(2):97 – 104.

[14]BANGSBO J,LAIA F M,KRUSTRUP P. The YO-YO Intermittent Recovery Test [J]. Sports-

Medicine,2008,38(1):37 –51.

[15]MOHR M,KRUSTRUP P,BANGSBO J. Match performance of high – standard soccer players with special reference to development of fatigue[J]. Journal of Sports Sciences,2003,21(7):519 –528.

[16]MOHR M,KRUSTRUP P,BANGSBO J. Fatigue in soccer:a brief review[J]. Journal of Sports Sciences,2005,23(6):593 –599.

[17]THATCHER R,BATTERHAM A M. Development and validation of a sport – specific exercise protocol for elite youth soccer players[J]. Journal of Sports Medicine and Physical Fitness,2004,44(1):15 –22.

[18]FERNANDES O,MALTA P. Techno – tactics and running distance analysis by camera [J]. Journal of Sports Sciences and Medicine,2007,6:204.

[19]KRUSTRUP P,MOHR M,ELLINGSGAARD H,et al. Physical demands during an elite female soccer game:importance of training status[J]. Medicine and Science in Sports and Exercise,2005,37(7):1242 –1248.

[20]ANDERSSON H,KRUSTRUP P,MOHR M. Differences in movement pattern,heart rate and fatigue development in international versus national league matches of Swedish and Danish elite female soccer players[J]. Journal of Sports Sciences and Medicinc,2007,6:109.

[21]STRUDWICK T,REILLY T. Work-rate profiles of elite premier league football players[J]. FA Coaches Association Journal,2001,5(3):59.

[22]陈超. 基于活动距离和心率对高水平女足运动员比赛负荷特征的研究[D]. 北京:北京体育大学,2010.

[23]刘丹,曹晓东,赵刚,等. 2007 年女子足球世界杯赛运动员跑动能力研究[J]. 体育科学,2009,29(10):51 –60.

[24]CLARKE M J,FOY A B,GARCES Y I,et al. Performance characteristics according to playing position in elite soccer[J]. International Journal of Sports Medicine,2007,28(3):222 –227.

[25]KIRKENDALL D T. Issues in training the female player[J]. British Journal of Sports Medicine,2007,41(Supplement 1):i64 – i67.

[26]RANDERS M B,ROSTGAARD T,KRUSTRUP P. Physical match performance and yo – yo IR2 test results of successful and unsuccessful football teams in the Danish premier league[J]. Journal of Sports Sciences and Medicine,2007,6(Supplement 10):16.

[27]CARLING C. Analysis of physical activity profiles when running with the ball in a professional soccer team[J]. Journal of Sports Sciences,2010,28(3):319 –326.

[28]RUPF R,THOMAS S,WELLS G. Quantifying energy expenditure of dribbling a soccer ball in a field test[J]. Journal of Sports Sciences and Medicine,2007,6(Supplement 10):132.

[29]BLOOMFIELD J,POLMAN R C J,O'DONOGHUE P G. Deceleration movements performed during FA Premier League soccermatches[J]. Journal of Sports Sciences and Medicine,2007,6(Supplement 10):6 - 9.

[30]IMPELLIZZERI F M,RAMPININI E,MARCORA S M. Physiological assessment of aerobic training in soccer[J]. Journal of Sports Sciences,2005,23(6):583 - 592.

[31]MOHR M,KRUSTRUP P,ANDERSSON H,et al. Match activities of elite women soccer players at different performance levels[J]. Journal of Strength and Conditioning Research,2008,22(2):341 - 349.

[32]刘丹,王新洛,朴刚,等. 对国家男子足球队运动员比赛活动能力的研究[J]. 中国体育科技,2006,42(4):10 - 15.

[33]WILLIAMS A,WILLIAMS A M,HORN R. Physical and technical demands of different playing positions[J]. Insight FA Coaches Assoc J,2003,2(1):24 - 28.

[34]BURGESS D J,NAUGHTON G,NORTON K I. Profile of movement demands of national football players in Australia[J]. Journal of Science and Medicine in Sport,2006,9(4):334 - 341.

[35]KRUSTRUP P,MOHR M,STEENSBERG A,et al. Muscle and blood metabolites during a soccer game:Implications for sprint performance[J]. Medicine and Science in Sports and Exercise,2006,38(6):1165 - 1174.

[36]部义峰,李世明. 足球比赛中真、假运动性疲劳的产生及生理机制[J]. 中国临床康复,2006,10(48):167 - 170.

[37]KRUSTRUP P,BANGSBO J. Physiological demands of top - class soccer refereeing in relation to physical capacity:effect of intense intermittent exercise training[J]. Journal of Sports Sciences,2001,19(11):881 - 891.

[38]DUTHIE G,PYNE D,HOOPER S. The reliability of video based time motion analysis [J]. Journal of Human Movement Studies,2003,44(3):259 - 271.

[39]邱世海,部义峰. YO-YO 间歇测试与足球运动员比赛跑动能力关联研究[J]. 中国体育科技,2012,48(1):76 - 80,101.

[40]DRUST B,ATKINSON G,REILLY T. Future perspectives in the evaluation of the physiological demands of soccer[J]. Sports Medicine,2007,37(9):783 - 805.

[41]RANDERS M B,MUJIKA I,HEWITT A,et al. Application of four different football match anal-

ysis systems:a comparative study[J]. Journal of sports science,2010,28(2):171 – 182.

[42]VALTER D S,ADAM C,BARRY M,et al. Validation of prozone:a new video – based performance analysis system[J]. International Journal of Performance Analysis in Sport,2006,6(1):108 – 119.

[43]ROBERTS S,TREWARTHA G,STOKES K. A comparison of time – motion analysis methods for field based sports[J]. International Journal of Sports Physiology and Performance,2006,1(4):388 – 399.

[44]AINSLIE P,REILLY T,WESTERTERP K. Estimating human energy expenditure:a review of techniques with particular reference to doubly labelled water[J]. Sports Medicine,2003,33(9):683 – 698.

[45]DURNIN J V G A,PASSMORE R. Energy,work and leisure[M]. London:Heinemann,1967.

[46]COVELL B,EL DIN N,PASSMORE R. Energy expenditure of young men during the weekend[J]. Lancet,1965,285(7388):727 – 728.

[47]KAWAKAMI Y,NOZAKI D,MATSUO A,et al. Reliability of measurement of oxygen uptake by a portable telemetric system[J]. European Journal of Applied Physiology and Occupational Physiology,1992,65(5):409 – 414.

[48]HOFF J. Soccer specific aerobic endurance training[J]. British Journal of Sports Medicine,2002,36(3):218 – 221.

[49]BOT S D M,HOLLANDER A P. The relationship between heart rate and oxygen uptake during non – steady state exercise[J]. Ergonomics,2000,43:1578 – 1592.

[50]BANGSBO J. The physiology of soccer with special reference to intense intermittent exercise[J]. Acta Physiologica Scandinavica,1994,619:1 – 155.

[51]CATTERALL C,REILLY T,ATKINSON G,et al. Analysis of work rate and heart rates of association football referees[J]. British Journal of Sports Medicine,1993,27(3):193 – 196.

[52]REILLY T,GREGSON W. Special populations:the referee and assistant referee[J]. Journal of Sports Sciences,2006,24(7):795 – 801.

[53]DWARDS A M. Thermoregulatory observations in soccer match – play:professional and recreational level applications using an intestinal pill system to measure core temperature[J]. British Journal of Sports Medicine,2006,40(2):133 – 138.

[54]刘丹,赵刚,曹晓东,等. 中国女子足球队 2008 年北京奥运会科研成果汇编[Z]. 国家体育总局,2008.

[55]STØLEN T,CHAMARI K,CASTAGNA C,et al. Physiology of soccer:an update[J]. Sports Medicine,2005,35(6):501 – 536.

[56]HOFF J,HELGERUD J. Endurance and strength training for soccer players[J]. Sports Medicine,2004,34(3):165 – 180.

[57]HELGERUD J,ENGEN L C,WISLØFF U,et al. Aerobic endurance training improves soccer performance[J]. Medicine and Science in Sports and Exercise,2001,33(11):1925 – 1931.

[58]POLLOCK M L,GAESSER G A,BUTCHER J D,et al. ACSM position stand:the recommended quantity and quality of exercise for developing and maintaining cardiorespiratory and muscular fitness,and flexibility in healthy adults[J]. Medicine & Science in Sports & Exercise,1998,30(6):975 – 991.

[59]HELGERUD J,KEMI O J,HOFF J. Pre – season concurrent strength and endurance development in elite soccer players[M]//HOFF J,HELGERUD J. Football(soccer):new developments in physical training research. Trondheim:Norwegian University of Science and Technology,2002:55 – 66.

[60]POLLOCK M L. The quantification of endurance training program[J]. Exercise and Sport Sciences Reviews,1973,1(1):155 – 188.

[61]IAIA F M,ERMANNO R,BANGSBO J. High – intensity training in football[J]. International Journal of Sports Physiology and Performance,2009,4(3):291 – 306.

[62]REILLY T. Physiological aspects of soccer[J]. Biol Sport,1994,11(1):3 – 20.

[63]PLATT D,MAXWELL A,HORN R,et al. Physiological and technical analysis 3v3 and 5v5 youth football matches[J]. Insight FA Coaches Assoc J,2001,4(4):23 – 24.

[64]HELGERUD J,INGJER F,STRØMME S B. Sex differences in performance – matched marathon runners[J]. European Journal of Applied Physiology and Occupational Physiology,1990,61(5/6):433 – 439.

[65] HELGERUD J. Central and peripheral limitations of aerobic endurance in distance runners [D]. Trondheim:Norwegian University of Science and Technology,1996.

[66]CHAMARI K. Endurance training and testing with the ball in young elite soccer players [J]. British Journal of Sports Medicine,2005,39(1):24 – 28.

[67]ØSTERÅS H,HELGERUD J,HOFF J. Maximal strength training effects on force – velocity and force – power relationships explain increases in aerobic performancein Humans[J]. European Journal of Applied Physiology,2002,88(3):255 – 263.

[68]DUPONT G,AKAKPO K,BERTHOIN S. The effect of in – season,high – intensity interval training insoccer players[J]. Journal of Strength and Conditioning Research,2004,18(3):584 – 589.

[69]HILL – HAAS S V,COUTTS A J,ROWSELL G J,et al. Generic versus small – sided game training in soccer[J]. International Journal of Sports Medicine,2009,30(9):636 – 642.

[70]BRAVO D,IMPELLIZZERI F,RAMPININI E,et al. Sprintvs. interval training in football [J]. International Journal of Sports Medicine,2008,29(8):668 – 674.

[71]BÜHRLE M,SCHMIDTBLEICHER D. The influence of maximal strength training on movement velocity[J]. Leistungssport,1977,7(1):3 – 10.

[72] SCHMIDTBLEICHER D. Training for power event [M]//KOMI P. Strength and power in sport. London:Blackwell,1992:381 – 395.

[73]HOFF J,BERDAHL O,BRATEN S. Jumping height development and body weight considerations in ski jumping[M]//MULLER E,SCHWAMEDER H,RASCHNER C,et al. Science and skiing II. Hamburg:VerlagDrKovac,2001:403 – 412.

[74]BANGSBO J L,NØRREGAARD L,THORSØ F N. Activity profile of competition soccer [J]. Canadian journal of sport sciences,1991,16(2):110 – 116.

[75]HOFF J,HELGERUD J. Maximal strength training enhances running economy and aerobic endurance performance[M]//HOFF J,HELGERUD J. Football (soccer): new developments in physical training research. Trondheim:Norwegian University of Science and Technology,2002:39 – 55.

[76]PAAVOLAINEN L,HÄKKINEN K,HÄMÄLÄINEN I,et al. Explosive – strength training improves 5 – km running time by improving running economy and muscle power[J]. Journal of Applied Physiology,1999,86(5):1527 – 1533.

[77]ØSTERÅS H,HELGERUD J,HOFF J. Maximal strength – training effects on force – velocity and force – power relationships explain increases in aerobic performancein humans[J]. European Journal of Applied Physiology,2002,88(3):255 – 263.

[78]赵刚. 优秀足球运动员体能训练过程研究[D]. 上海:上海体育学院,2006.

[79]REILLY T. Science and soccer[M]. Abingdon:Taylor&FrancisGroup,2003.

[80]ISSURIN V. 板块周期:运动训练的创新突破[M]. 王乔君,毕业,陈飞飞,译. 北京:北京体育大学出版社,2011.

[81]O'DONOGUE P G,PARKER D. Time-motion analysis of FA Premier League soccer competition[M]. Cardiff:UWIC,2011:263 – 267.

[82]O'DONOGUEP P G. Time-motion analysis of work – rate in English FA Premier League soccer[J]. International Journal of Performance Analysis in Sport,2002,2(1):36 – 43.

[83]TUMILTY D. Physiological characteristics of elite soccer players[J]. Sports Medicine,1993,16(2):80 – 96.

[84]DI SALVO V,GREGSON W,ATKINSON G,et al. Analysis of high intensity activity in premier

league soccer[J]. International Journal of Sports Medicine,2009,30(3),205 – 212.

[85]BRADLEY P S, SHELDON W, WOOSTER B, et al. High – intensity running in English FA premier league soccer matches[J]. Journal of Sports Sciences,2009,27(2):159 – 168.

[86]LAGO C,CASAIS L,DOMINGUEZ E,et al. The effects of situational variables on distance covered at various speeds inelite soccer[J]. European Journal of Sport Science,2010,10(2):103 – 109.

[87]顾晓敏. 中国优秀女足运动员比赛活动距离特征的研究[D]. 北京:北京体育大学,2007.

[88]VIGNE G,GAUDINO C,ROGOWSKI I,et al. Activity profile in elite Italian soccer team [J]. International Journal of Sports Medicine,2010,31(5):304 – 310.

[89]刘丹,赵刚,部义峰,等. 中国男子足球队 2008 年北京奥运会科研成果汇编[Z]. 国家体育总局内部材料,2008.

[90]BANGSBO J. The physiology of intermittent activity in football[M]//REILLY T,BANGSBO J, HUGHES M. Science and Football III. London:E&FNSpon,1997:43 – 53.

[91]WOOTTON S A,WILLIAMS C. The influence of recovery duration on repeated maximal sprints [M]//KNUTTGEN H G,VOGEL J A,POORTMANS J. Biochemistry of Exercise. Champaign:Human Kinetics Publishers,1983:269 – 273.

[92]BALSOM P,SEGER J,SJÖDIN B,et al. Maximal – intensity intermittent exercise:effect of the recovery duration[J]. International Journal of Sports Medicine,1992,13(7):528 – 533.

[93]GASTIN P B. Energy system interaction and relative contribution during maximal exercise [J]. Sports Medicine,2001,31(10):725 – 741.

[94]RAMPININI E,IMPELLIZZERI F M,CASTAGNA C,et al. Technical performance during soccer matches of the Italian Serie A League:effect of fatigue and competitive level[J]. Journal of Science and Medicine in Sport,2009,12(1):227 – 233.

[95]BROWN P I,HUGHES M G,TONG R J. Relationship between $\dot{V}O_2max$ and repeated sprint ability using non – motorised treadmill ergometry[J]. Journal of Sports Medicine and Physical Fitness, 2007,47(2):186 – 190.

[96]AZIZ A R,MUKHERJEE S,CHIA M Y,et al. Relationship between measured maximal oxygen uptake and aerobic endurance performance with running repeated sprint ability in young elite soccer players[J]. Journal of Sports Medicine and Physical Fitness,2007,47(4):401 – 407.

[97]BILLAT V L,HAMARD L,KORALSZTEIN J P. The influence of exercise duration at $\dot{V}O_2max$ on the offtransient pulmonary oxygen uptake phase during high intensity running activity [J]. Archives of

Physiology and Biochemistry,2002,110(5):383 – 392.

[98]BURNLEY M,JONES A M. Oxygen uptake kinetics as a determinant of sports performance [J]. European Journal of Sport Science,2007,7(2):63 – 79.

[99]BALSOM P. High intensity intermittent exercise,performance and metabolic responses with very high intensity short duration works periods[D]. Stockholm:KarolinskaInstitute,1995.

[100]LEMMINK K A P M,VISSCHER C. Effect of intermittent exercise on multiple – choice reaction times of soccer players[J]. Perceptual and Motor Skills,2005,100(2):85 – 95.

[101]DI SALVO V,BARON R,GONZÁLEZ-HARO C,et al. Sprinting analysis of elite soccer players during European Champions League and UEFA Cup matches[J]. Journal of Sports Sciences,2010,28(14):1489 – 1494.

[102]RAMPININI E,COUTTS A,CASTAGNA C,et al. Variation in top level soccer match performance[J]. International Journal of Sports Medicine,2007,28(12):1018 – 1024.

[103]CARLING C,BLOOMFIELD J,NELSEN L,et al. The role of motion analysis in elite soccer: Contemporary performance measurement techniques and work – rate data[J]. Sports Medicine,2008,38(10):839 – 862.

[104]LYONS M,AL – NAKEEB Y,NEVILL A. Performance of soccer passing skills under moderate and high – intensity localized muscle fatigue[J]. Journal of Strength and Conditioning Research,2006,20(1):197 – 202.

[105]WILLIAMS A M,REILLY T. Talent identification and development in soccer[J]. Journal of Sports Sciences,2000,18(9):657 – 667.

[106]RAMPININI E,IMPELLIZZERI F M,CASTAGNA C,et al. Effect of match – related fatigue on short – passing ability in young soccer players[J]. Medicine & Science in Sports & Exercise,2008,40(5):934 – 942.

[107]BRADLEY P S,CARLING C,ARCHER D,et al. The effect of playing formation on high – intensity running and technical profiles in English FA Premier League soccer matches[J]. Journal of Sports Sciences,2011,29(8):821 – 830.

[108]常芸,高晓嶙,熊正英,等. 中国不同项目优秀运动员安静心率研究[J]. 中国运动医学杂志,2007,26(1):34 – 37.

[109]CASTAGNA C,IMPELLIZZERI F M,CHAOUACHI A,et al. Effect of training intensity distribution on aerobic fitness variables in elite soccer players:a case study[J]. Journal of strength and conditioning research,2011,25(1):66 – 71.

[110] IMPELLIZZERI F M, RAMPININI E, MARCORA S M. Physiological assessment of aerobic training in soccer[J]. journal of sports sciences, 2005, 23(6): 583 – 592.

[111] SWAIN D P, LEUTHOLTZ B C. Heart rate reserve is equivalent to % VO2reserve, not to % $\dot{V}O_2$max[J]. Medicine and Science in Sports and Exercise, 1997, 29(3): 410 – 414.

[112] SWAIN D P, LEUTHOLTZ B C, KING M E, et al. Relationship between % heart rate reserve and % VO2reserve in treadmill exercise[J]. Medicine and Science in Sports and Exercise, 1998, 30(2): 318 – 321.

[113] EKBLOM B. Applied physiology of soccer[J]. Sports Medicine, 1986, 3(1): 50 – 60.

[114] 田麦久. 运动训练学[M]. 北京: 人民体育出版社, 2000.

[115] BISANZ G, VIETH N. Fussball Von Morgen – leistungstraining fuer B – /A – Junioren und Amateure[M]. Deutschland: Deutschen Fussball – Bund unter Mitwirkung des DFB – Trainerstabes, 2000: 61.

[116] ESPOSITO F, IMPELLIZZERI F M, MARGONATO V, et al. Validity of heart rate as an indicator of aerobic demand during soccer activities in amateur soccer players[J]. European Journal of Applied Physiology, 2004, 93(1/2): 167 – 172.

[117] BANGSBO J, MOHR M, KRUSTRUP P. Physical and metabolic demands of training and match – play in the elite football player[J]. Journal of Sports Sciences, 2006, 24(7): 665 – 674.

[118] TOMLIN D L, WENGER H A. The relationship between aerobic fitness and recovery from high intensity intermittentexercise[J]. Sports Medicine, 2001, 31(1): 1 – 11.

[119] MACRAE H S, DENNIS S C, BOSCH A N, et al. Effects of training in lactate production and removal during progressive exercise in humans[J]. Journal of Applied Physiology, 1992, 72(5): 1649 – 1656.

[120] ÅSTRAND P, RODAHL K. Textbook of Work Physiology: Physiological Bases of Exercise [J]. Physiotherapy Practice, 2004, 20(1): 73.

[121] HERMANSEN L, STENSVOLD I. Production and removal of lactate during exercise in man [J]. ActaPhysiologicaScandinavica, 1972, 86(2): 191 – 201.

[122] WRAGG C B, MAXWELL N S, DOUST J H. Evaluation of the reliability and validity of a soccer – specific field test of repeated sprint ability[J]. European Journal of Applied Physiology, 2000, 83(1): 77 – 83.

[123] ARNASON A, SIGURDSSON S B, GUDMUNDSSON A, et al. Physical Fitness, Injuries, and Team Performance in Soccer[J]. Medicine & Science in Sports & Exercise, 2004, 36(2): 278 – 285.

[124]LEHNHARD R A,LEHNHARD H R,YOUNG R,et al. Monitoring injuries on a college soccer team:the effect of strength training[J]. The Journal of Strength and Conditioning Research,1996,10(2):115 - 119.

[125]KRUSTRUP P,MOHR M,AMSTRUP T,et al. The Yo - Yo intermittent recovery test:physiological response,reliability and validity[J]. Medicine & Science in Sports & Exercise,2003,35(4):697 - 705.

[126]LEWIS D A,KAMON E,HODGSON J L. Physiological differences between genders implications for sports conditioning[J]. Sports Medicine,1986,3(5):357 - 369.

[127]SHEPHARD R J. Exercise and training in women,part I:influence of gender on exercise and training responses[J]. Canadian Journal of Applied Physiology,2000,25(1):19 - 34.

[128]刘丹,部义峰,赵刚,等. 足球运动训练与比赛监控的理论及实证[M]. 北京:人民体育出版社,2011.

[129]WISLØFF U,CASTAGNA C,HELGERUD J,et al. Strong correlation of maximal squat strength with sprint performance and vertical jump height in elite soccer players[J]. British Journal of Sports Medicine,2004,38(3):285 - 288.

[130]PATE R R,KRISKA A. Physiological basis of the sex difference in cardiorespiratory endurance[J]. Sports Medicine,1984,1(2):87 - 98.

[131]DI PRAMPERO P E,ATCHOU G,BRÜCKNER J C,et al. The energetic of endurance running[J]. European Journal of Applied Physiology and Occupational Physiology,1986,55(3):259 - 266.

[132]BUNC V,HELLER J. Energy cost of running in similarly trained men and women [J]. European Journal of Applied Physiology and Occupational Physiology,1989,59(3):178 - 183.

[133]WAGNER P D. Determinants of maximal oxygen transport and utilization[J]. Annual Review of Physiology,1996,58(1):21 - 50.

[134]WAGNER P D. New ideas on limitations to $\dot{V}O_2max$[J]. Exercise & Sport Sciences Reviews,2000,28(1):10 - 14.

[135]RICHARDSON R S. What governs skeletal muscle $\dot{V}O_2max$? New evidence[J]. Medicine & Science in Sports & Exercise,2000,32(1):100 - 107.

[136]ZHOU B,CONLEE R K,JENSEN R,et al. Stroke volume does not plateau during graded exercise in elite male distance runners[J]. Medicine and Science in Sports and Exercise,2001,33(11):1849 - 1854.

[137]COSTILL D L,THOMASON H,ROBERTS E. Fractional utilization of the aerobic capacity dur-

ing distance running[J]. Medicine and Science in Sports and Exercise,1973,5(4):248 - 252.

[138]VLADIMIR M Z,KRAEMER W J. Science and practice of strength training[M]. Champaign: Human Kinetics,2006.

[139]朱军凯. 男子足球位置体能特征及训练策略[D]. 北京:北京体育大学,2011.

[140]李志才. 方法论全书[M]. 南京:南京大学出版社,1995.

[141]WILSON D. The physiological basis of speed endurance[J]. FA Coaches Association Journal, 2001,4(3),36 - 37.

[142]田麦久. 运动训练学词解[M]. 北京:北京体育大学出版社,2002.

[143]BEHM D G,SALE D G. Velocity specificity of resistance training[J]. Sports Medicine,1993, 15(6):374 - 388.

[144]TESCH P A,LARSSON L. Muscle hypertrophy in bodybuilders[J]. European Journal of Applied Physiology and Occupational Physiology,1982,49(3):301 - 306.

[145]TESCH P A. Short and long term photochemical and biological adaptations in muscle [M]. KOMI P. Strength and power in sport. London:Blackwell,1992:381 - 395.

[146]BEHM D G. Neuromuscular implications and applications of resistance training[J]. Journal of Strength and Conditioning Research,1995,9(4):264 - 274.

[147]MCDONAGH M J N,DAVIES C T M. Adaptive response of mammalian skeletal muscle to exercise with high loads[J]. European Journal of Applied Physiology and Occupational Physiology,1984,52(2):139 - 155.

[148]ISSURIN V. A modern approach to high - performance training:the block composition concept [M]//BLUMENSTEIN B,LIDOR R,TENENBAUM G. Physiological of sport training. Oxford:Meyer & Meyer sport,2007:216 - 234.

附 件

附件A 专家访谈提纲

访谈对象：足球体能教练、科研教练、科研工作者。

访谈形式：面谈。

访谈提纲：

（1）您认为女子足球与男子足球的最主要区别表现在哪些方面？对于这些差异您采取了什么样的措施？

Tip：主要从身体机能与身体素质的差异方面谈起。

（2）您是如何确定训练目标的，或者您认为训练目标应该如何确立？训练目标应该如何体现？

Tip：目标确立的方法、途径及表现形式。

（3）您觉得女子足球的体能训练应该主要包括哪些内容？

Tip：要从一般训练内容具体到专项训练内容。

（4）您是如何安排有氧能力训练的？采用的方法与负荷是怎么安排的？

Tip：训练方法与负荷如何安排，依据是什么？是否进行了一般有氧训练与专项有氧训练的区分，在周期安排中是如何组织的？应该注意哪些问题？

（5）您是如何安排无氧能力训练的？采用的方法与负荷是怎么安排的？

Tip：训练方法与负荷如何安排，依据是什么？是否进行了一般无氧训练与专项无氧训练的区分，在周期安排中是如何组织的？应该注意哪些问题？

（6）您是如何安排肌肉力量训练的？采用的方法与负荷是怎么安排的？

Tip：训练方法与负荷如何安排，依据是什么？是否进行了一般力量训练与专项力量训练的区分，在周期安排中是如何组织的？应该注意哪些问题？

（7）在长时间的集训中，您认为应该如何组织训练？

Tip：主要以传统周期与板块周期展开，每个周期（大、小周期）是如何组织训练的？

（8）您认为当前中国女子足球存在的主要问题有哪些？

Tip：与欧洲球队相比，日本、朝鲜等球队主要的差异在哪儿（体能方面）？

附件 B 年度体能训练计划安排

		休整期		准备期		竞赛期							
有氧训练	中强度	3344	4445	5555	4433	4343	4343	4343	4343	4343	4343	4343	4343
	大强度	2223	3234	4445	4555	5545	5545	5545	5545	5545	5545	5545	5444
无氧训练	速度耐力	1111	1111	2234	4555	4353	4353	4353	4353	4353	4353	4353	3453
	速度	1111	1111	2234	4555	5555	5555	5555	5555	5555	5555	5555	5554
肌肉力量	基础力量	3334	5555	5543	2323	2323	2323	2323	2323	2323	2323	2323	2322
	功能力量	2222	3333	3344	4343	4343	4343	4343	4343	4343	4343	4343	4322
	肌肉速度	1111	1112	3333	3333	3333	3333	3333	3333	3333	3333	3333	3333
	柔韧性	3232	3434	4444	4444	4444	4444	4444	4444	4444	4444	4444	4444

注：数字大小代表重要程度，数字越大表示越重要。

附件 C 运动员在系列比赛中的心率变化特征

比赛	比分	比赛时段	平均强度	最高强度	低负荷区	中负荷区	高负荷区	极限负荷区
中国 VS 加拿大	3:1	全场	87.54 ± 4.21	98.97 ± 2.33	0.84 ± 0.82	11.80 ± 7.09	23.60 ± 9.86	63.76 ± 16.63
		上半场	88.85 ± 4.23	98.97 ± 2.74	0.32 ± 0.13	7.56 ± 3.49	19.38 ± 5.57	72.76 ± 8.97
		下半场	83.72 ± 4.20	96.33 ± 2.28	2.42 ± 3.10	23.52 ± 19.26	26.22 ± 8.72	47.20 ± 22.18
中国 VS 美国	0:0	全场	86.17 ± 4.85	98.56 ± 3.52	1.66 ± 0.73	15.20 ± 5.61	23.02 ± 5.62	60.12 ± 11.28
		上半场	87.46 ± 4.75	97.55 ± 3.55	1.38 ± 1.59	10.72 ± 5.70	22.10 ± 5.83	65.86 ± 12.77
		下半场	84.01 ± 7.86	97.12 ± 3.54	2.88 ± 1.16	23.22 ± 7.56	25.38 ± 6.36	48.44 ± 13.21
中国 VS 泰国	4:0	全场	84.86 ± 3.98	96.85 ± 2.87	2.26 ± 1.79	21.10 ± 9.13	28.54 ± 7.24	48.10 ± 16.69
		上半场	84.86 ± 4.12	96.40 ± 2.78	1.76 ± 1.50	17.32 ± 6.31	27.30 ± 4.32	53.62 ± 11.36
		下半场	85.01 ± 4.00	95.50 ± 2.75	1.40 ± 2.31	20.02 ± 8.97	26.32 ± 4.64	52.26 ± 13.67

续表

比赛	比分	比赛时段	平均强度	最高强度	低负荷区	中负荷区	高负荷区	极限负荷区
中国 VS 加拿大	2:1	全场	84. 39 ± 3. 93	96. 91 ± 3. 21	3. 54 ± 3. 19	21. 92 ± 7. 04	27. 26 ± 7. 66	47. 28 ± 9. 43
		上半场	85. 15 ± 3. 99	96. 91 ± 3. 21	1. 92 ± 1. 89	19. 14 ± 8. 48	21. 96 ± 4. 18	56. 56 ± 9. 18
		下半场	82. 91 ± 3. 88	95. 29 ± 3. 20	2. 88 ± 3. 58	22. 24 ± 10. 76	28. 46 ± 6. 18	45. 18 ± 13. 55
中国 VS 澳大利亚	2:2	全场	82. 84 ± 5. 00	96. 12 ± 2. 57	4. 64 ± 2. 64	24. 24 ± 8. 93	32. 08 ± 7. 48	39. 04 ± 14. 28
		上半场	84. 92 ± 4. 78	96. 12 ± 2. 64	1. 95 ± 2. 32	18. 20 ± 11. 33	24. 93 ± 2. 55	54. 82 ± 15. 04
		下半场	79. 85 ± 5. 11	92. 91 ± 2. 35	7. 25 ± 5. 71	27. 50 ± 5. 71	28. 63 ± 2. 81	34. 80 ± 9. 39
中国 VS 韩国	5:2	全场	81. 86 ± 3. 67	96. 10 ± 3. 21	7. 20 ± 6. 31	26. 54 ± 10. 03	27. 46 ± 7. 57	38. 80 ± 18. 17
		上半场	80. 66 ± 3. 87	95. 80 ± 2. 28	6. 12 ± 4. 21	27. 20 ± 8. 81	24. 10 ± 4. 15	40. 38 ± 18. 29
		下半场	83. 80 ± 3. 74	95. 35 ± 3. 51	3. 10 ± 3. 69	17. 32 ± 15. 83	25. 32 ± 4. 28	53. 06 ± 21. 87
中国 VS 阿根廷	1:0	全场	80. 03 ± 5. 48	95. 24 ± 2. 66	9. 01 ± 5. 04	29. 58 ± 7. 78	31. 95 ± 3. 83	29. 45 ± 9. 75
		上半场	80. 83 ± 5. 44	94. 66 ± 2. 75	5. 30 ± 2. 07	25. 17 ± 11. 18	29. 10 ± 3. 42	37. 71 ± 16. 62
		下半场	79. 51 ± 5. 50	93. 56 ± 2. 64	6. 71 ± 5. 68	29. 55 ± 9. 53	32. 43 ± 7. 30	29. 16 ± 9. 71

续表

比赛	比分	比赛时段	平均强度	最高强度	低负荷区	中负荷区	高负荷区	极限负荷区
中国 VS 阿根廷	1:0	全场	86.17 ± 5.45	98.56 ± 3.33	20.89 ± 6.75	36.91 ± 8.12	23.50 ± 3.79	18.70 ± 11.42
		上半场	74.76 ± 5.41	92.98 ± 3.35	13.97 ± 6.85	38.05 ± 7.17	23.54 ± 4.39	17.98 ± 10.55
		下半场	74.76 ± 5.44	91.08 ± 3.20	13.93 ± 7.02	35.24 ± 11.30	23.32 ± 4.94	20.21 ± 15.23

附件 D　备战永川四国赛训练计划

表 1　中国女子足球队第一周训练计划

（日期：2011 年 01 月 03 日—01 月 09 日；地点：广州）

主题:(1)体能储备;(2)1 VS 1、2 VS 2;(3)基础力量				训练时间	min	训练负荷	强度:中 量:中
	星期一 (01.03)	星期二 (01.04)	星期三 (01.05)	星期四 (01.06)	星期五 (01.07)	星期六 (01.08)	星期日 (01.09)
上午 9:30		80 min 任务:力量训练、位置技术 准备部分:(40 min) 1. 热身 2. 力量训练 主体部分:(40 min) 位置技术	70 min 任务:1 VS 1 准备部分:(20 min) 协调灵敏 主体部分:(50 min) 1 VS 1(背身防守)	70 min 任务:1 VS 1 准备部分:(20 min) 协调灵敏 主体部分:(50 min) 1 VS 1(正面防守)	90 min 任务:1 VS 1、力量训练 准备部分:(20 min) 结合球热身 主体部分:(70 min) 1. 1 VS 1 2. 力量训练	70 min 任务:位置技术 准备部分:(20 min) 协调灵敏 主体部分:(50 min) 位置技术	90 min 任务:9 VS 9 分队 准备部分:(20 min) 结合球热身 主体部分:(70 min) 9 VS 9 分队
负荷		强度:中小 量:中小	强度:中 量:中小	强度:中 量:中小	强度:中 量:中	强度:中小 量:中小	强度:中大 量:中大
下午 3:30	报到 晚上队会	70 min 任务:有氧训练 准备部分:(20 min) 慢跑、牵拉 主体部分:(50 min) 结合球有氧训练	90 min 任务:9 VS 9 人盯人 准备部分:(30 min) 结合球热身 主体部分:(60 min) 9 VS 9 人盯人 (守门员在中圈,7 分钟,间歇 3 min)	业务学习	90 min 任务:高强度有氧训练 准备部分:(20 min) 结合球热身 主体部分:(70 min) 小场区 4 VS 4	90 min 任务:定位球、力量训练 准备部分:(20 min) 结合球热身 主体部分:(70 min) 1. 定位球 2. 力量训练	休息
负荷		强度:中 量:中	强度:中大 量:中		强度:大 量:中大	强度:中小 量:中小	

备注：早餐 8：00，午餐 12：30，晚餐 18：30。

表2　中国女子足球队第二周训练计划

（日期：2011 年 01 月 10 日—01 月 16 日；地点：广州）

主题:(1)专项耐力训练;(2)攻守战术;(3)力量训练					训练时间	min	训练负荷	强度:中 量:中
	星期一 (01.10)	星期二 (01.11)	星期三 (01.12)	星期四 (01.13)	星期五 (01.14)	星期六 (01.15)	星期日 (01.16)	
上午 9:30	80 min 任务:速度训练、位置技术 准备部分:(30 min) 协调灵敏、结合速度 主体部分:(50 min) 分组位置技术	休息	80 min 任务:力量训练、位置技术 准备部分:(40 min) 1. 热身 2. 力量训练 主体部分:(40 min) 位置技术	业务学习	80 min 任务:力量训练、位置技术 准备部分:(40 min) 1. 热身 2. 力量训练 主体部分:(40 min) 位置技术	业务学习	80 min 任务:力量训练、位置技术 准备部分:(40 min) 1. 热身 2. 力量训练 主体部分:(40 min) 位置技术	
负荷	强度:中 量:中小		强度:中 量:中小		强度:中 量:中小		强度:中 量:中小	
下午 3:30	90 min 任务:专项耐力训练 准备部分:(20 min) 结合球热身 主体部分:(70 min) 大场区 5 VS 5	休息	90 min 任务:进攻战术 准备部分:(20 min) 协调灵敏 主体部分:(70 min) 中路进攻	90 min 任务:专项耐力训练 准备部分:(20 min) 结合球热身 主体部分:(70 min) 大场区 5 VS 5	90 min 任务:定位球 准备部分:(20 min) 协调灵敏 主体部分:(70 min) 定位球	90 min 任务:9 VS 9 分队 准备部分:(20 min) 结合球热身 主体部分:(70 min) 9 VS 9 分队	90 min 任务:防守战术 准备部分:(20 min) 协调灵敏 主体部分:(70 min) 区域防守	
负荷	强度:中大 量:大		强度:中 量:中	强度:中大 量:大	强度:中小 量:小	强度:中大 量:中大	强度:中 量:中小	

备注：早餐 8：00，午餐 12：30，晚餐 18：30。

表3 中国女子足球队第三周训练计划

(日期：2011 年 01 月 17 日—01 月 23 日；地点：广州、永川)

主题：赛前训练					训练时间	min	训练负荷	强度：中 量：中
	星期一 (01.17)	星期二 (01.18)	星期三 (01.19)	星期四 (01.20)	星期五 (01.21)	星期六 (01.22)	星期日 (01.23)	
上午 9:30	休息	70 min 任务:定位球 准备部分:(20 min) 协调灵敏 主体部分:(50 min) 定位球	赴永川参加四国赛 CA4398 广州一重庆 10:10—12:10		10:00—11:30 训练		10:00—11:30 训练	
负荷		强度:中小 量:中小						
下午 3:30	分队比赛	90 min 任务:防守战术 准备部分:(20 min) 协调灵敏 主体部分:(70 min) 区域防守	5:00—7:00 训练	4:00—6:30 训练	四国赛 6:35 中国 VS 加拿大	4:00—5:30 训练	四国赛 4:05 中国 VS 瑞典	
负荷	强度:中大 量:中大	强度:中 量:中						

备注：早餐 8：00，午餐 12：30，晚餐 18：30。

表 4　中国女子足球队第四周训练计划

（日期：2011 年 01 月 24 日—01 月 26 日；地点：永川）

主题：参加四国赛				训练时间		训练负荷	
	星期一（01.24）	星期二（01.25）	星期三（01.26）				
上午 9：30		10：00—11：30 训练	放假/返程				
负荷							
下午 3：30	4：00—5：30 训练	四国赛 6：35 中国 VS 美国					
负荷	强度：中大 量：中大	强度：中 量：中					

备注：早餐 8：00，午餐 12：30，晚餐 18：30。

附件 E　备战奥运会预选赛训练计划

表 1　备战奥运会预选赛 7 月份训练计划

星期一	星期二	星期三	星期四	星期五	星期六	星期日
			7 日	8 日	9 日	10 日
			长春集中	有氧恢复	位置技术（边路进攻）	高强度有氧 3 VS 3
				11 VS 11 比赛	7 VS 7 比赛	休息
			队会	力量训练	力量训练	力量训练
11 日	12 日	13 日	14 日	15 日	16 日	17 日
位置技术（边路进攻）	位置技术（射门）	定位球练习	休息	位置技术（射门）	速度练习	11 VS 11 定位球
高强度有氧 6 VS 6	11 VS 11 比赛	业务学习		高强度有氧 4 VS 4	全场 5 VS 5	休息
力量训练	力量训练			力量训练	力量训练	
18 日	19 日	20 日	21 日	22 日	23 日	24 日
位置技术（1 VS 1）	位置技术（2 VS 2）	业务学习		比赛（俄罗斯）	总结	定位球训练
分队比赛比赛	11 VS 11 进攻练习	战术训练	赛前训练		恢复训练	7 VS 7 训练
25 日	26 日	27 日	28 日	29 日	30 日	31 日
	比赛（俄罗斯）	替补训练	休息	休息	赴沈阳	待定
赛前训练		恢复训练	休息	休息	放假	待定
		赴神农度假村				

表 2　备战奥运会预选赛 8 月份训练计划

1 日	2 日	3 日	4 日	5 日	6 日	7 日
有氧恢复	位置技术（反击）	位置技术（反击）	力量速度训练	定位球	位置技术	休息
力量训练	8 VS 8 分队	11 VS 11 分队	总结比赛	定位球比赛	反应射门练习 10 VS 10	
8 日	9 日	10 日	11 日	12 日	13 日	14 日
速度练习	灵敏练习	1 VS 1 进攻	休息	定位球练习	休息	休息
5 VS 5 全场	4 VS 4 小场区	业务学习	分队比赛	力量训练		分队比赛
15 日	16 日	17 日	18 日	19 日	20 日	21 日
赴呼和浩特市 CZ6663 沈阳—呼和浩特 8:15—10:05	队会	队会	休息	位置技术	位置技术	
训练	区域防守	区域防守 反击	分队比赛	压迫防守	压迫防守 快速进攻	赛前训练
22 日	23 日	24 日	25 日	26 日	27 日	28 日
准备会	总结	准备会	恢复训练			休息
比赛	恢复训练	比赛	赴济南市 SC4982 呼和浩特—济南 19:35—21:00			
29 日	30 日	31 日				
赛前训练	赛前训练	赛前训练	上午训练时间：09:00—11:00 下午训练时间：4:00—6:00			

后 记

本书是“国家女子足球队2012年奥运会科技攻关与服务”课题的核心内容之一。在研究过程中，笔者的导师、国家体育总局科研所刘丹先生给予了极大帮助。本课题从研究方案设计、原始数据采集到研究成果转化的每一环节都得到了刘丹先生的精心指导。他对足球事业的热爱一直鞭策着笔者以热情、饱满的精神状态投入到足球科研工作中。几经修改，本书终于定稿，值此出版之际，谨向他表示衷心的感谢。

课题研究的完成得益于多人的帮助。在研究设计阶段，北京体育大学的陈易章教授、张廷安教授、黄竹杭教授、陈效科教授、孙文新研究员等提出了宝贵的建议。在研究过程中，国家体育总局科教司及足球运动管理中心在经费、人力等方面给予了大力支持；时任中国女子足球队领队的黄中华先生与教练组成员在课题研究上提供了很多帮助。没有他们的鼎力相助，本课题将难以完成。在此，对他们的无私相助表示感谢。

在课题研究期间，吉林师范大学陈超博士在原始数据处理方面提供了极大的帮助。原中国国奥队科研教练赵刚博士、李强博士，中国女子足球队科研教练曹晓东博士在本次科技攻关与服务中提出了宝贵意见。加拿大拉瓦尔大学纳多（Nadeau）教授、德国杜伊斯堡大学的阿尔特霍夫（Althoff）教授为课题研究提供了宝贵的研究资料。得益于他们的帮助，本课题才能够顺利完成，在此一并深表感谢。

转眼之间，笔者已在江苏师范大学任职多年，感谢江苏师范大学在笔者学术成长之路上给予的关怀与帮助。在本书出版之际，向所有帮助过笔者的领导、同事、朋友表示由衷的敬意和感谢！

最后，祝愿中国足球科研事业蒸蒸日上，早日实现中国足球梦；愿本研究能够为中国足球崛起提供强有力的智力支撑。